計画の他にも、環境づくりや保育教材、安全に関わる資料など、初めてクラス
担任になった保育者が手にして、すぐに役立つ保育資料がたくさんあります。

　折しも、平成30年4月から、改定（訂）された保育所保育指針、幼保連携型
認定こども園教育・保育要領、幼稚園教育要領が実施されます。これらの保育
内容については、乳児保育と1歳以上3歳未満児の保育、更に3歳以上児の保
育に分けて示され、各園において、それぞれの発達の段階に応じた、質の高い
保育実践を提供していくことを求めています。0歳児、1歳児、2歳児の保育で
は、おたよりや連絡帳などを通して、保護者ときめ細かな連携をし、一人ひとり
の育ちを支えていくことが大切です。

　多くの保育者が、本書を活用し、自信と誇りをもって、よりよい保育を創って
いくことを願っています。

監修　神長美津子

保育の きほん

大切にしておきたい指針、教育・保育要領のことを分かりやすく解説しています。

2歳児の担任になったぞ！初めての2歳児の担任！いっぱい子どもたちと遊んで、子どもたちが楽しめるように……頑張ろう！

でも…初めてだからちょっと不安かな

あらあら、張り切っているね。けど、少し心配になったかな。初めての担任でも大丈夫！　この本があなたの保育をサポートしてくれますよ♪

保育本

まず、保育を始める前に要領・指針のことや子どもの発達、指導計画について押さえておこうね。
要領・指針についてのラインナップはこんな感じよ。

良かった…！安心しました。もっと知りたい！詳しく教えてください！

じゃあさっそく、「環境を通した保育」から見ていきましょう！

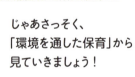

環境を通した保育

発達の様子や興味・関心に応じて、子どもが身の回りに関わっていくための基本です。

まず、保育をするうえで大切にしたいのは「環境を通した保育」をすることなの。それがなぜ大切か分かるかしら?

う〜ん…

それはね、この時期の子どもたちにとっては、身の回りのことに自分から関わって遊び込むことそのものが学びになるからなの。だから関わりたくなるように環境を充実させることが必要なのよ。次の3つが、基本的な考え方です。

安定した情緒で十分に自己発揮できるように

○○ちゃんもいっしょにあそぼう

遊びは発達を促す学びであること

子ども一人ひとりを大切に

上の目標に向かって保育するために必要なのは…

計画的に環境を構成することや

自分でやろうとする姿を認めること、

○○なんだね

子どもが自分の思いを出せるように関わること、などね。

なるほど…

5

3歳未満児の保育

0・1・2歳児保育で大切なことは、まずは子どもの気持ちをしっかりと受け止めて愛着を形成していくことですね。

それ、私も大切にしてます！

まず鉄則は…

なるほど…

養護と教育の一体的な関わり

受容的・応答的保育の重要性

特に0歳児は、運動機能が大きく発達したり、身近な大人との間で、情緒的な絆ができたりするのがポイントです。

上の鉄則から見てみると、しっかり絆を育むように関わっていくことが大切ということですね。

だからねらいも、養護を基盤に身体、社会、精神の3つの視点に大きく分けて考えていきます。

社会 言葉 表現 精神

人間関係

身体

健康 養護

身近な人と気持ちが通じ合う

身近なものと関わり感性が育つ

健やかに伸び伸びと育つ

なぐり描き一つを取っても、それぞれに関連していますね！

6

5つの領域

子どもの生活や遊びを通して、必要な経験を重ねていけるよう、指導を行なう際の視点です。

1歳以降だと、自分でしようとする気持ちや、疑問に思ったことを伝えてくる姿がありますが、それに対してしっかり関わる必要があります。ねらいも、5つの領域で考えていきます。

じぶんで‼

これなに？

子どもの思いを大事にしながらしっかり受け止める必要があるんですね。

5つの領域とは…

健康
表現　人間関係
言葉　環境

それから徐々に子ども同士の関係性にも気を配りましょう。

初めは私たち保育者と子どもとの関わりから、徐々に子ども同士の関わりも広げていくための基盤と考えるといいですね。

ちなみに…
3歳以上だと、「資質・能力」の考え方や5歳後半頃の子どもの姿を示した「幼児期の終わりまでに育ってほしい姿」も関わってくるから、覚えておきましょう！

資質・能力の3つの柱

思考力,判断力
表現力等の基礎
＝
試す,工夫する

知識及び
技能の基礎
＝
気付く,考える

学びに向かう力
人間性等
＝
より良い生活に向けて
自分の世界を豊かにする

幼児期の終わりまでに育ってほしい姿
- 健康な心と体
- 自立心
- 協同性
- 道徳性・規範意識の芽生え
- 社会生活との関わり
- 思考力の芽生え
- 自然との関わり・生命尊重
- 数量や図形、標識や文字などへの関心・感覚
- 言葉による伝え合い
- 豊かな感性と表現

 **養護**

養護の理念では、保育者が行なう援助や関わりを、「生命の保持」と「情緒の安定」に大きく分けて構成されています。保育所保育を通じて、養護と教育の一体性がうたわれています。

環境に気を配ろう

　保健的で清潔・安全な保育環境は欠かせません。保育室・衣類・寝具などが衛生的に保たれるよう気を配りましょう。また、子どもが主体的に活動できるような環境をつくっておくことも養護の理念につながります。休息できるような場を整えておくことも大切です。

受容的な援助を心掛けよう

　子どもは、身近にいる大人から受け止められ、認められることで初めて自分を十分に発揮して周囲の環境に関わっていくことができます。そのため保育者には、常に子どもの思いを受け止めながら、それに対する関わりが求められます。一日の生活の流れを見通して、静と動のバランス良く活動できるように調整することも大切でしょう。

計画・評価

計画をつくり、それをもとに保育を行ない、評価していく中で保育の改善を重ねていく必要があります。

保育者一人ひとりが保育の振り返りをしよう

まずは保育者一人ひとりが立案し、行なった保育を振り返ることから始めましょう。その過程で、子どもへの理解を深めます。肯定的な視点で子ども一人ひとりの良さを認め、また自らの保育の改善点を把握しましょう。

保育者間で共有しよう

職員間でも振り返りを行なってみましょう。そうすることで、互いの理解と協働性が強まります。その保育の見直しが、日々の指導計画の見直し、ひいては全体的な計画の改善へとつながっていきます。

いろいろポイント

幼稚園・保育園・認定こども園、どんな施設であっても、
知っておきたいポイントについて大切なところを確認しておきましょう。

健康

健康状態の把握から始めよう

　子どもの生命を守ることと、心の安定を保つことは保育の基本です。養護の考え方にも重なる部分なので、まずはその認識をもちましょう。

　子どもの発達の状態と、日々の子どもの健康状態を確認することは重要です。0・1・2歳児の場合には、睡眠時の観察も十分に行ない、安全な午睡環境の提供にも努めましょう。

食育

日々の生活で、「食」を楽しいと思えるように

　日々の食事や野菜の栽培、収穫した食材での調理などの経験を通じて、食べることを楽しいと思えるようにすることが食育の大きな意義です。領域「健康」とも密接な関連性があることを意識しながら、日々の生活と深く関わっていることに配慮しましょう。伝統的な食文化を扱う際には、栄養士や調理師など多様な人々と連携することも考えましょう。

安全

事故や災害に備えるための危機管理対策をしよう

　保育者は、保育環境の整備や、職員間での打ち合わせなどを通して、日常の安全管理に留意する必要があります。また、ただ子どもから危険な物を排除するのではなく、子ども自らが危険と判断して回避できるような援助も重要です。災害の際は、引き渡しの配慮なども含め、様々な事態を想定しておきましょう。

子育て支援

保護者と子どもの育ちを喜び合おう

　まずは子どもの育ちを保護者と共に喜び合えるようにしましょう。保育者の側から押し付けるのではなく、保護者の主体性や自己決定を尊重しながら、子育ての支援をできるようにしましょう。園の保護者には連絡帳や登降園時の会話、行事などを通して子どもの育ちを知らせます。地域の未就園児に対しては親子遊びの講座や給食参観などを開いたりすることも子育て支援の一つです。

専門性

研修を通して
知識・技能の向上を図ろう

　保育の場では、管理栄養士や看護師含め、たくさんの職種の人が働いています。保育者として、子どもとの関わり方や保護者に今行なっている保育を十分に説明できるようにするといった、コミュニケーション力やプレゼンテーション力を向上させましょう。

　また、そのためには同僚と行なう園内研修をはじめとした学びの場や、外部での研修に積極的に出向くことも大切です。

認定こども園

多様な背景の子どもたちに
配慮しよう

　登園時間、在園時間、入園した時期や在園期間の違いによる園生活の経験など、認定こども園では多様な背景をもつ子どもたちが在園することが、これまで以上に増えてきます。特に安全の確保や1日の生活のリズムを整えるよう工夫することが大切です。子ども一人ひとりと信頼関係を結び、生活が安定に向かうためにも保育者間での情報の共有などを大切にしましょう。

ここまでは、どんな施設形態でも共通して知っておきたい健康・安全・食育・子育て支援などのポイントについて伝えてきたけど、OKかしら?

最後に、知っておいてほしい病気や災害時の持ち出しグッズについて説明するわね!その前に…保育者としてレベルアップするためのポイントを3つ紹介しておくわね!

① アプローチできる物を増やしてみよう

子どもの思いに応える際、保育者の教材などへの知識が多いほど、より寄り添ったものを選ぶことができます。素材の良いところや特徴を把握しておきましょう。

② 環境について、見える物を増やそう

環境に危険な物がないかどうか、子どもの発達に沿っているかなどはただぼんやりと見ていてはなかなか見えてこないもの。他の保育室も参考にしながら気付きを増やしましょう。

③ 子どもの声を聴こう

保育を組み立てるうえで必要な興味・関心は日々の子どもの声に耳を傾けるところから始まります。

おさえておきたい 基本の病気

園でよく流行する感染症について、その症状と予防・拡大防止のために必要なことをまとめました。

インフルエンザ

症状
感染後1〜4日間の潜伏期を経て高熱が3〜4日間続きます。全身の倦怠感や関節痛、筋肉痛、頭痛が伴い、咽頭痛、鼻汁、せきなどが出ます。一週間ほどでよくなります。

予防・拡大防止策
ワクチンの接種： 乳幼児ではワクチンの有効性が低いので2〜4週間あけて2回の接種が望まれます。
マスクの装着： 患者発生時は全員がマスクの装着を心掛け、せきやくしゃみの際には人に向かってしないことを徹底しましょう。
手洗い・消毒： 手洗いなどの手指衛生を心掛け、またつばなどの体液がついたものを中心にアルコールによる消毒を行ないます。

麻しん

症状
38℃以上の高熱、せき、鼻汁、結膜充血、目やにが見られます。熱が一時下がってから再び高くなり、耳後部に赤みが強く少し盛り上がった発しんが現れます。

予防・拡大防止策
ワクチンの接種： 入園前の健康状況調査で、ワクチンの接種歴を確認します。未接種の場合には接種を強く勧めましょう。解熱した後は、3日を経過するまで登園を避けるように保護者に依頼します。

腸管出血性大腸菌感染症

症状
激しい腹痛とともに、頻回の水様便や血便の症状があります。発熱は軽度です。血便は初期では少量の血液の混入で始まりますが、次第に血液の量が増加し、典型例では血液そのものといった状態になります。

予防・拡大防止策
食材の管理： 適切な温度で食材を保管したり、十分に加熱調理をしたりして、衛生的な取り扱いに留意します。
手洗いの励行： 接触感染の対策として最も重要です。日頃から心掛けましょう。

ノロウイルス

症状
潜伏期間は12〜48時間で、嘔吐、下痢、腹痛、発熱などの症状が出ます。通常3日以内に回復します。嘔吐、下痢が頻繁の場合、脱水症状を起こすことがあるので尿が出ているかどうかの確認が必要です。

予防・拡大防止策
別室への移動： 感染を防ぐために、換気しながら周りの子どもたちを別室に移動させます。職員は速やかに汚染物を処理します。
消毒： 次亜塩素酸ナトリウム0.02%（糞便・おう吐物の場合は0.1%）で消毒します。バケツ、手袋、エプロン、使い捨ての雑巾やペーパータオルなどはひとまとめにしてあらかじめ準備します。

参考：2012年改訂版 保育所における感染症対策ガイドライン（厚生労働省・平成24年11月）

子どもの症状 を見るポイント

毎朝の健康チェックの際、異状があるかどうか気を付けておきたい主要な箇所です。

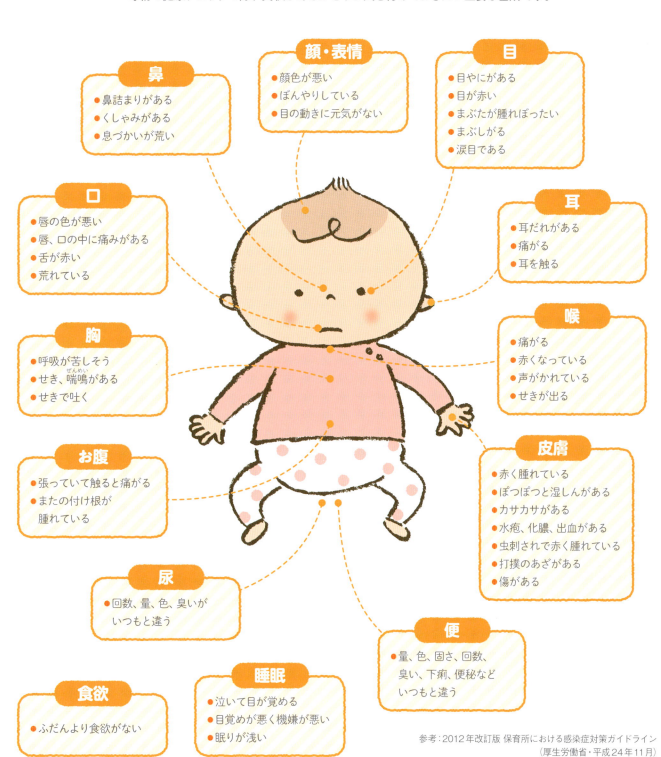

顔・表情
- 顔色が悪い
- ぼんやりしている
- 目の動きに元気がない

目
- 目やにがある
- 目が赤い
- まぶたが腫れぼったい
- まぶしがる
- 涙目である

鼻
- 鼻詰まりがある
- くしゃみがある
- 息づかいが荒い

口
- 唇の色が悪い
- 唇、口の中に痛みがある
- 舌が赤い
- 荒れている

耳
- 耳だれがある
- 痛がる
- 耳を触る

喉
- 痛がる
- 赤くなっている
- 声がかれている
- せきが出る

胸
- 呼吸が苦しそう
- せき、喘鳴（ぜんめい）がある
- せきで吐く

お腹
- 張っていて触ると痛がる
- またの付け根が腫れている

皮膚
- 赤く腫れている
- ぽつぽつと湿しんがある
- カサカサがある
- 水疱、化膿、出血がある
- 虫刺されで赤く腫れている
- 打撲のあざがある
- 傷がある

尿
- 回数、量、色、臭いがいつもと違う

便
- 量、色、固さ、回数、臭い、下痢、便秘などいつもと違う

食欲
- ふだんより食欲がない

睡眠
- 泣いて目が覚める
- 目覚めが悪く機嫌が悪い
- 眠りが浅い

参考：2012年改訂版 保育所における感染症対策ガイドライン
（厚生労働省・平成24年11月）

 防災 のための注意点

持ち出しグッズや注意事項など、災害時の被害を少しでも減らせるようなポイントです。

持ち出しグッズはこれ！

- クラフトテープ
- 紙
- ウェットティッシュ
- フェルトペンなど筆記用具
- 軍手
- お尻拭き
- 紙オムツ
- バスタオル
- ビニール袋・ゴミ袋
- ホイッスルライト
- ミネラルウォーター
- お菓子
- 着替え

保護者と共通で認識しておきたい事項

　災害のときには何かと想定外のことが起こります。引き渡しの方法や緊急連絡先も、祖父母や、近隣の住民など、保護者以外の場合も考えておく必要があります。また避難先についても、認識を共有しておきましょう。

避難訓練の注意事項

　雨の降っている日など、いつもと違う状況での避難訓練も想定しておきましょう。保護者と連携した引き渡し訓練も経験しておく必要があります。また、アレルギーをもつ子どもにも配慮が必要です。

2歳児保育 の きほん

生活と遊び両面の子どもの発達と、

指導計画の書き方の基本を解説しています。

● 0〜5歳児の発達を見通そう　編集／『月刊 保育とカリキュラム』編集委員
● 発達と生活・発達と遊び　監修・執筆／塩谷 香（國學院大學特任教授、NPO法人「びあわらべ」理事）
● 指導計画のきほん　監修・執筆／神長美津子（國學院大學教授）

※発達と生活・発達と遊びは、『月刊 保育とカリキュラム』2015年度の連載『0〜5歳児　発達と保育』に加筆・
　修正を加え、再編集したものです。

0〜5歳児の発達を見通そう

担当する年齢の発達に加え、0〜5歳児の発達過程を見通し、日々の保育や指導計画の参考にしましょう。

※全ての子どもにあてはまるというわけではありません。

	0歳児	**1歳児**	**2歳児**
発達の過程 ※柴崎先生による	特定の保育者との情緒的なきずなが形成され、寝返りやお座りができるようになる。周囲の環境に自発的に興味を示すようになり、手を伸ばして触り、口に持って行くようになる。また自分の気持ちを、表情や喃語などで表現する。	一人で歩き始めるようになり、自分から周囲の環境を積極的に探索するようになる。親しい保育者には簡単な言葉を用いて要求や思いを表現するようになるが、知らない人に対しては人見知りもする。また物を見立てて楽しむようになる。	手指や体の運動能力が向上し、生活習慣を自分から進めていこうとする。だが自我の芽生えや言葉の発達に伴い、自己主張も強くなり友達との物の取り合いが多くなる。また好きなヒーローなどになり切る遊びが盛んになる。

子どもの姿

0歳児

ごくごく飲んで、ぐっすり眠る
生活リズムが大切にされることで、生理的欲求、依存的欲求が満たされ、生命の保持と生活の安定が図られます。清潔で気持ちの良い生活をします。

だっこ 大好き
だっこでにっこりと見つめ合ったり、笑顔を交わしたり、優しく話し掛けてもらったりなど、特定の保育者との愛情豊かで応答的な関わりにより、情緒が安定します。

手足ぐんぐん・伸び伸び
首が据わり、寝返り、腹ばいなど、全身の動きが活発になり、自分の意思で体を動かそうとします。

なんでも、口で試してみたい
オッパイを吸って、たっぷり口唇の力を使います。気になるものがあると、すぐに口元へ持って行き、口の中で感触を確かめ、試してみようとします。

ねえ、ねえ、こっち見て・喃語
泣く、笑う、喃語を発するなどで、自分の欲求を表現して、特定の大人と関わろうとするようになります。

おんも（お外）、大好き！
安心できる人的・物的環境の下で、見たり触ったりする機会を通して、周りの環境に対する興味や好奇心が芽生えてきます。

先生がいるから遊べるよ
保育者に見守られて、玩具や身の回りのもので一人遊びを十分に楽しむようになります。

1歳児

おいしく食べて、よく眠り
楽しい雰囲気の中で、食事、間食をとるようになり、自分で食事をしようとするようになります。安全で健康な環境の中、生活リズムが大切にされ、安心して睡眠をとります。

わーい、歩けた
立って歩き、自分からいろいろな環境に関わろうとするようになります。

自分で、自分で
安心できる保育者との関係の下、食事、排せつ、衣服の着脱などの身の回りのことを通して自分でしようとする気持ちが芽生えます。

なんだろう
手先・指を使って、物のやり取りをしたり、玩具を触ったりなど、探索活動が活発になります。

「マンマ」「マンマ」片言でお話し
応答的な大人との関わりにより、指さし、身ぶり、片言などを使って、自分の気持ちを伝えようとするようになります。

2歳児

よいしょ よいしょ 楽しいね
またぐ・くぐる・走る・よじのぼる・押すなど、全身を使う動きや、つまむ・丸める・めくるなどの手や指を使うことができるようになり、それを遊びとして楽しむことができるようになります。

なんでも「ジブンデ」するの
大人に手助けされながら、食事・排せつ・着替えなど、簡単な身の回りのことを自分でしようとします。「ジブンデ」と、よく言うようになります。

まねっこ、大好き
周りの人の行動に興味を示し、盛んにまねたり、歌ったりするようになります。○○になったつもりの遊び・見立てる遊びが盛んになります。

「なんで？」「これなあに？」
挨拶や返事など、生活に必要な言葉を使ったり、「なんで？」などの質問が盛んになったりします。繰り返しのある言葉を喜んだりもします。

生活習慣が次第に自立するようになる。気の合う友達と一緒の遊びが盛んになり、お店屋さんごっこやヒーローごっこなどのごっこ遊びを楽しむようになる。また言葉への関心が強くなり、新しい言葉や直接体験を通した知識を積極的に取り入れていく。

幾つかの動きを同時にできるようになり、思い切り走る、ボールを蹴る、回転するなどの動きに挑戦するようになる。友達と言葉により気持ちや意思を伝え、一緒に遊びを進めるようになる。また様々な表現を楽しめるようになる。

基本的な運動や生活習慣が身につき、生活や遊びを仲間と協調的に進めていくことができる。友達と協同的な集団活動を展開できるようになり、自分の思いを言葉や様々な方法で表現できるようになる。

見て見て自分で…
食事、排せつ、衣服の脱ぎ着、清潔など、基本的生活習慣がほぼ自分でできるようになり、認めてもらって自信をもち始めます。

「いれて」「だめよ」
初めての集団生活の中で、人と関わることが楽しくもあり、戸惑ったり葛藤したりする姿もあります。

お友達大好き
自我が芽生え、大人との関係から次第に周りの人のことが分かるようになって、友達に興味をもち始め、気の合う友達と遊び出します。

何でも触って…
土、砂、水などの自然物や、身近な動物、昆虫などに関心をもち、怖がらずに見たり、触れたりして、好奇心いっぱいに遊びます。

おしゃべり大好き
自分の思いを言葉にできることを楽しむ姿が見られます。

「わたし」「あなた」
イメージが豊かになり、ごっこを好み、言葉によるやり取りを楽しむ中で「わたし」などの一人称や、「あなた」などの二人称を使えるようになって喜んで遊びます。

ウサギさんぴょーん
ウサギになって2拍子で跳んだり、ギャロップでウマになったり、リズムを聞き分けて身体で表現したり、盛んに歌うようになります。

何でもひとりでするよ
身の回りの始末はほとんど自分でできるようになり、生活の流れに見通しがもてます。

こんなに動けるよ
全身のバランスがとれて、体の動きが巧みになり「〜しながら〜する」というふたつの動きを同時にでき、片足跳びやスキップができます。

どうぞ、いいよ…
友達の思いに気付き「〜だけど〜する」という自分の気持ちを抑えて我慢をしたり、譲ったりができるようになってくる反面、抑えがきかずトラブルも起きます。

やってみたい！
新しい活動にも取り組めるようになり、試す・工夫する・頑張ろうとするなどの気持ちが見られるようになります。

右足には右の靴だよ
自分の位置を基準にして、上下、左右、前後、遠近が分かるようになり、物を分別したりグループ分けができるようになったりします。

「どうして？」
身近な自然など、興味をもったこと、疑問に思ったことの理由を尋ねたり、試したり、質問したりするようになり、自分のイメージをもって話すようになります。

こんなのできたよ
自分なりのイメージをもって、身近な素材を使って、描いたり作ったりするようになり、感じたこと、考えたことを表せるようになります。

園が楽しい
基本的な生活習慣が自立し、見通しをもってみずから健康で安全な生活（食事を含む）を楽しむようになります。年長児として、年下の子どもをいたわるようになります。

動いて、元気！ 先生より跳べるよ！
目と手と体の全ての部位が自由に動かせるようになり、複合応用運動ができます。

みんなと一緒に！
友達同士の仲間意識ができ、集団を意識するとともに友達のよさに気付きます。また、規範意識が高まり、決まりや時間配分をつくり、園生活を自主的に送ろうとします。

そうだ そうだ わかるよ
友達の気持ちや立場が理解でき、他者から見た自分も分かるようになり、葛藤しながら共感性が高まって、協同しつつ共通の目標に向かう姿が見られます。

なにか おもしろそうだな
日常生活の中で、数量、図形、記号、文字、磁石などへの理解が深まり、比べたり、数えたり・科学遊びをしたりして興味をもって関わります。

みんな命があるんだね
動植物の飼育栽培など、様々な環境に関わる中で、友達の違う考えにふれて新しい考えを生み出したり、命の大切さが分かったりするようになります。

黙って考えてるの
一人言が少なくなり、自分の行為、計画を頭の中で思考するようになり、言葉で自分をコントロールするようになります。落ち着いて人の話が聞けるようになります。

言葉遊びができるよ
語彙が増え、想像力が豊かになるとともに、日本語の仕組みに気付き、しりとり遊びや逆さ言葉で遊んだり、伝える喜びを感じたりするようになります。

自分で作ったよ
生活の中での感動によりイメージを膨らませたり、友達の表現にふれたりして、自己表現をしようとするようになります。

みんなで作ったよ
友達と共通のイメージや目的意識をもって、素材や用具を適切に使い、共同でさまざまな表現をするようになります。

（保育年数により経験差が見られる時期ですので、広く捉えてください）

発達の流れ

生活

2歳

- パンツの中に便をしたときは、保育者に知らせる
- 「トイレまで我慢してね」と言われると、しばらく我慢できる
- 大人が付き添っていれば、ひとりで排せつできる

自分でもできることが増えて自信をもつ時期でもできないことの葛藤も多くあります。励ましながら意欲的にできるようにしていきましょう。

保育のポイント

環境・援助

オムツからパンツへ

🔊 こんなことばがけを

今日はおにいちゃんパンツでいられたんですよ!

おにいちゃんパンツ、かっこいいよ

すごいね

保護者には
「おにいちゃん」…なんて魅力的な言葉でしょう。子どもが「明日頑張ろう」、お母さんが「すごい!」と、保育者が「言って良かった」と、みんなのやる気がアップする魔法の言葉です。

子どもには
子どもが興味をもつように、はいてみようと誘います。

⭐ うまく誘うために

● 子どもと選ぶ
新しいパンツを持ってきてもらい、どのパンツをはくのか、子どもと選ぶことで気持ちも違ってきます。

どっちにする?

● 低いイスや台
自分で脱ぎ着できるように、高さ10〜15cm前後の低いイスや台を用意します。カバーはこまめに洗って清潔に。

● 友達のパンツを見て
友達の頑張る姿を「すごいねー」と励ましつつ、意欲を引き出していきます。

すごいねー

保護者との共有
オムツを外す時期を逃さずに
紙オムツが進化したことで、大人は便利になりましたが、子どもがオムツから自由になる時期を遅くしています。その便利さに慣れてしまわないよう保護者にしっかりと伝えてください。

● 時々手づかみもあるが、スプーンやフォークを使ってだいたい食べることができる

● スプーンやフォークを使って、こぼさないように食べようとする

● 食事中のおしゃべりが多くなり、食べるのに手間取る子どもや、よくかまずに食べる子どもが出てくる

子どもが自分でできるように

こんなことばがけを

子どもには
「バイキンさんが来るよ」などマイナスの表現は避けましょう。子どもが主体的にやろうとする気持ちを大切にします。

きれいになって気持ちが良いね

〇〇ちゃんは△△のコップだね、いいなあ

援助のポイント
うがいをしたい気持ちにさせる、また動機になる仕掛けとことばがけをします。

★ 取り組みやすい環境にする

● **洗面台の高さ**
適切な高さの踏み台を用意するなどして調整しましょう。

● **せっけん**
自分で泡立てるのが難しいので、泡状のせっけんを使うといいでしょう。

● **お湯を使う**
寒い冬の冷たい水では手を洗いたくなくなります。お湯での手洗いを行なってみましょう。

★ 生活動線を考える

手洗い・うがいは毎日行なうことなので、子どもが自分で判断してできるよう、動線が混まないようにする工夫が必要です。食後も口すすぎをしたり顔の汚れを洗ったりするので、食事の場などにはできるだけすぐ近くに洗い場があるようにしましょう。

保護者との共有
お気に入りの道具を

家庭と相談しながら、タオルやコップは子どもが気に入っている物を持参してもらうようにお願いしましょう。家庭にも同じ物があれば、家庭でも自分から行なえるようになるでしょう。

- 指しゃぶりをしながら眠る子どももいる

- 夜9時までには寝かしつけるのが健康や脳の発達のために望ましい

- 一般的な睡眠時間の目安は、1日11〜12時間、うち午睡は1〜2時間

保育のポイント　環境・援助

楽しい雰囲気で食事を

🔊 こんなことばがけを

モグモグ
カミカミ
しようね

子どもには
かむことの大切さをよく伝え、楽しくおいしく食事ができるようにしましょう。

食事の環境構成
足台を活用するなどし、子どもの足が床に着くように。

足台

食事の環境構成
場所や席を頻繁に変えないようにします。

食事の環境構成
半円形のテーブルを使うと、複数の子どもを補助しやすくなります。

⭐ 量は少なめにして

あまりたくさんの量を盛り付けずに、少ない量にしてお代わりするようにしましょう。「お皿をからっぽにした」「食べられた」という満足感が得られるようにします。

ごちそうさま

⭐ 好き嫌いには

その日は食べられなくても、ずっと食べられないわけではありません。「これは嫌いなのね」と決めつけずに、何度かアプローチしてみましょう。友達が食べていたり、見た目の違いで食べられたりするものです。「○○、おいしそうだよ。食べてみようね」と促してみましょう。

おいしそうだよ
もぐもぐ

⭐ 楽しく食べることが一番

「好き嫌いがないように」など、保育者がこだわりすぎると、子どもは食べることが苦痛になります。楽しく安心できる食事を一番に考えて援助しましょう。

おいしい

保護者との共有

食事中はテレビを消してもらう
「なかなか難しいかもしれませんが」と前置きして、「家庭でもテレビなどは消して、ゆっくりと食事の時間をとってみてください」と伝えましょう。「なるべく食事に集中できるように」と意識してもらうことが大切です。

● 靴を脱いだり履いたりしようとする

● 着脱を「ジブンデ」と最後までやり遂げようとする

● ブクブクうがいをする

ジブンデ!

ブクブク

「ジブンデ!」の気持ちを大切に

こんなことばがけを

子どもには

「自分で着たい」という気持ちがあるときは、まずは尊重しましょう。うまくいかない場合は、子どもの見えないところで手伝うなど、さりげなく援助しましょう。

もうちょっとだね

おにいちゃんになったから、できるようになったね

できたー

援助のポイント

うまくできなかったときは、「すごいね。でも、こうするともっとかっこよくなるよ」など、子どもの自尊心を傷つけないように声を掛けましょう。

⭐ 挨拶をしっかりと

「おやすみ」「おはよう」を必ず言うようにします。挨拶をするのが楽しくなるように、保育者が率先して笑顔で言うようにしましょう。

⭐ 言葉の理解を深める

「おちゃ、のむ」など2語文で伝えられるようになったら、保育者は「喉が渇いたから、お茶を飲みたいよね」など状況を言葉で補うことで、言語への理解を深めます。

⭐ 生活習慣の自立を意識した環境の工夫

● 手洗い

適度な高さの踏み台を用意するなどして調整しましょう。子どもの様子や季節に合わせて、泡状のせっけんを使う、お湯で手洗いができるようにするなど工夫しましょう。

● 片付け

ままごと遊びの片付けのときに、人形を布団に寝かせる、服をハンガーに掛けるなど現実に近い構成をし、イメージや見通しをもちながら楽しく片付けができるようにしましょう。

おやすみ……

おちゃ のむ

保護者との共有

会話から語彙が広がる

毎日の会話から語彙が広がることを伝え、家庭でも「お茶、冷たいね。おいしい?」など、一つひとつの状況を会話にしてみることをお願いしてみましょう。

● 食前や排せつ後に、進んで手洗いをする

● 言葉の指示で、止まる、歩くなど体の動きを調整し始める

とまってね

● 自分の靴箱、友達の靴箱が分かる

○○ちゃんのとこ

保育のポイント 環境・援助

片付けが楽しくなる環境を

🔊 こんなことばがけを

子どもには

子どもの遊びのイメージを保育者自身も楽しみ共有しながら、片付けも楽しくなるようなことばがけをしましょう。

環境のポイント

玩具の片付けも遊びの延長ととらえ、子どもが分かりやすい片付け場所・方法を設定しましょう。

お人形さん、おやすみなさいだね

⭐ 遊びの延長の中で

● 現実に近い環境

人形は布団に寝かせる、衣服はハンガーに掛けるまでを片付けにすれば、子どものイメージが広がって楽しくできます。

● 色別に分ける

ブロックや色えんぴつは、同系色別に入れ物を分けたり仕切ったりして、遊び感覚で片付けられるようにします。

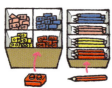

⭐ 次に使いやすい工夫を

● 棚の位置

必ず子どもの手の届く低い位置に棚を設置しましょう。子どもが片付けやすくなります。また、小分けで少量ずつ収納を。大量の玩具をひと箱に入れておくなどでは子どもには難しいので、同じ物でも分けるなどの工夫をしましょう。

● カゴやフック

カゴやフックを使って整理できるように、環境を整えましょう。写真やイラストを貼って、入れる物や場所を分かりやすくします。

保護者との共有

家族の絆

家庭での「お手伝い」を推奨することは、家族の絆をつくっていくことにつながります。片付けについて、園便りで各家庭の取り組みを知らせるなど、家庭への援助を行なっていきましょう。

● 自立と依存の間で揺れることが多い

● 生活にルールがあることが分かり始める

おはよう！

● 友達と関わり、大人の仲介で、物の貸し借りや順番、交代を知り始める

かして

「ジブンデ」を大切に

〇〇ちゃん、自分でできるんだ〜！すごいね〜

🔊 こんなことばがけを

子どもには
「ジブンデ」やりたい気持ちを大切にしましょう。できたら一緒に喜び、励ましていきたいですね。

環境のポイント
手順を丁寧に伝えることが、成功のコツです。

⭐ 理解して見守る
なかなかうまくいかないときに手助けをすると、かんしゃくを起こすことがあります。「ジブンデ」やりたい気持ちと、やはり手伝ってほしい気持ちの両方があることを理解して、見守りましょう。

トンネルうまくくぐれるかな

そっ…

⭐ 台で「ジブンデ」を援助
ひとりでパンツやズボン、靴をはきやすいように、子どもの高さに合わせた台を用意しましょう。

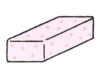

⭐ さりげなく手伝う
「トンネルうまくくぐれるかな？」などとボタンを下からそっと押してみたり、見えないところで手伝ってあげたりし、子どもの「ジブンデ」の気持ちを尊重しましょう。

保護者との共有
園での工夫を伝えましょう
「こんな風にするとうまくいくかもしれません」などと、園での工夫を伝えます。同時に、子どもの発達や気持ちの浮き沈みなど、一様にはいかないことも伝えていきましょう。徐々に、しかし確実にできるようになっていくので心配はないことも伝えてください。

ズボンの脱ぎ方・はき方

引き上げるときに握力を抜かないようにします。立とうとして転ぶことがあるので注意します。

●脱ぐ
❶両手でウエストのゴムの部分に指を引っ掛けて下ろし、尻が出ているか確かめます。

❷低い台に座り、片足ずつ裾を引っ張って足を抜きます。

●はく
❶低い台に座ったまま、片足ずつ入れます。

❷バランスを崩さないよう立ち上がり、ズボンを引き上げます。

3歳

- 排せつの前に「おしっこ」「うんち」と言葉で知らせ、ひとりでトイレに行く
- 促されなくても尿意を感じたら、ひとりでトイレに行く

- 排便後、便器の水を流し、手を洗い、拭く
- パンツを全部脱がずに下ろして排せつができる

- 食事のマナーに気付き、守ろうとする

保育のポイント 環境・援助

心地良く眠れるように

 **こんなことばがけを**

〇〇ちゃんと一緒に寝ようか

〇〇ちゃん、もう寝ているよ

子どもには
寝ようとしている友達の様子に気付かせ、寝る姿勢になるようなことばがけをしましょう。

睡眠の援助のポイント
あまり無理に寝かさず、友達の姿を見て、しぜんと自分から寝たくなるようにしていきます。

★ 戸外で過ごす時間を大切に

戸外で過ごす時間を多くもつと、心地良い疲労感からスムーズに入眠しやすくなります。戸外で心地良い風に当たり、散歩をする、外気浴をするなどして起きている時間と睡眠時間にめりはりをつけましょう。

★ スペースを区切る

パーテーションで、遊びのスペースと眠るスペースを区切りましょう。なるべく、眠っている子どもの妨げにならないようにしましょう。

★ 子どもから見える位置に

保育者は、子どもが目を覚ましたときに見える位置にいるようにしましょう。「いつもいてくれるから大丈夫」と安心し、ひとりで眠れるようになります。

★ 眠れない子どもには

なかなか眠れない子どもには、背中を軽くさする、軽くトントンとたたくなどして安心感を覚えさせつつ、眠気を誘うようにしましょう。

- 自主的に、食前・食後の挨拶をして食べるようになる

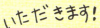

いただきます！

- ひと晩中、ずっと眠るようになる

- 身の回りの支度を自分でしようとする
- 自分で服を着ようとするが、上下左右や前後を間違えてしまうことがある

鼻水や汗を拭いてみよう

子どもには
鼻水や汗が出ていたら、まずは子どもが気付くように知らせ、それからどうすれば良いか考えさせましょう。

〇〇ちゃん、遊びに夢中で気付かないかもしれないので声を掛けるようにしてます

🔊 **こんなことばがけを**

環境構成
鼻水を拭くためのティッシュペーパーは取り出しやすいように置く、同じ場所にきれいに拭くことができたか確認するための鏡を用意する、その横にゴミ箱を用意する、など動きの流れに沿ってスムーズに行なえる工夫をしましょう。

鼻水（汗）が出てるよ

鏡を見てごらん

保護者には
園で行なっていることを伝えて、参考にしてもらいましょう。

汗が出ているよ

⭐ **タイミングに気付かせる**

鼻水や汗を拭いたり、「汗びっしょりになっちゃったね、着替えた方がいいかな？」と言って服を着替えたりするタイミングに気付くようにしましょう。

汗びっしょりになっちゃったね

⭐ **自分で確認する**

初めは、鏡の前に一緒に立って、鼻水や汗を拭けたことを子どもが気付くようにしましょう。

きれいになったね

鼻の正しいかみ方

圧力がかかって耳を傷めないように、片方ずつ押さえてかむよう、伝えましょう。

❶鼻に当てる
手で鼻にティッシュペーパーを当てます。

❷押さえてかむ
鼻の穴を片方ずつ押さえて、かみます。

❸確認する
きれいに拭けたかを鏡などで確認します。

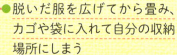

● 脱いだ服を広げてから畳み、カゴや袋に入れて自分の収納場所にしまう

● 帽子の前後が分かる

● 服の好みがはっきりとしてくる

● 短いガラガラうがいをする

保育のポイント 環境・援助

身辺の自立とともに

よくできたね！

自分でできるんだね！

🔊 こんなことばがけを

子どもには
自分で片付けるなど身の回りのことを自分でしている子どもの姿を認め、自信がもてるように声を掛けましょう。

援助のポイント
子どもの意欲を尊重し、子どもと保育者が気持ちのゆとりをもって取り組めるように時間をとりましょう。

⭐ 生活の中で

● 着脱
服の着脱とともに、服を畳み、カゴや袋など決められた収納場所にしまうまで頑張ってみるように励まします。

● 排せつ
排せつの自立が見えてきた子どもには、スリッパを決められた場所に置く、最後に手を洗って拭く、などの一連の流れを確かめながら、一緒に行ないます。

次は○○だね

● 食事
自分で食べられるようになったら、「すごいね！ お皿のお片付けもしてみようか」などと、食べた皿を返しに行くところまで自分でする意欲を引き出します。

⭐ 見通しをもてるように

遊んだら片付ける、ごはんを食べたら食器を持っていく、など生活の流れを伝えていき、自分で生活の見通しをもって行動できるようにします。

ごちそうさましたらお皿を片付けようね

⭐ できている子どもをモデルに

他の子どものモデルとなるよう、進んでしている子どもの姿を認めていきましょう。

きれいにお片付けできるんだね

● 歯ブラシで歯の表面を磨く

● ティッシュ
ペーパーで
鼻をかもう
とする

● 粗めのくしで
髪をとかす

● せっけんを使ってきれいに手を
洗う

 友達と関わりながら

友達と一緒に
やろうね

◯◯ちゃんができる
ことが刺激になったみたい
で頑張っていましたよ。
（着替えやうがい　など）

🔊 こんなことばがけを

子どもには

ルールを守ることの
大事さも理解できて
きます。そのような
場面では「じゅんば
んこできるんだね、
すごい！　さすが◯
◯組さん！」と認めて
いくと良いですね。

保護者には

自分のことが自分
でできるようになっ
てくると、つい子ど
も任せになってし
まいますが、家庭
でも時々確認して
もらうよう伝えて
いきましょう。

⭐ **みんなと食べる**

保育者もテーブルにつき、落
ち着いておいしく味わうとと
もに、マナーにも気付かせて
いきます。好きな友達と一緒
に食べられるように環境を整
えるのも効果的です。

⭐ **決まったタイミングで声掛けを**

戸外遊びや散歩の前後など、
活動が切り替わるときにトイ
レへ行くよう声を掛けましょ
う。友達が行く様子を見て、
「自分も」と行きやすくなるこ
とがあります。

トイレに行こうね

⭐ **年上への憧れを育む**

年上の子どもが当番活動をしていたり、集会や手遊
びで手本を示してくれたりする様子を見て、憧れる
気持ちを育みま
しょう。

⭐ **けんか・
いざこざ**

相手にも自分と同じ
ように様々な気持ち

順番ね

があることを知る良い機会です。保育者が仲立ちに
なり、折り合いをつけて仲直りすることを学ぶように
していきましょう。

2歳児保育のきほん　発達と生活／3歳

3歳
  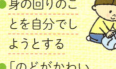 

- 物事の因果関係に気が付き始める
- 記憶力が進む

きれいになった！

- 身の回りのことを自分でしようとする
- 「のどがかわいた」「さむい」など自分の状態を表現する

さむいね

- 好きな友達と遊ぶ中で、順番を守ったり分け合ったりする

はんぶんこしよう

ねんど

保育のポイント 環境・援助

身辺の自立のために

🔊 **こんなことばがけを**

明日はできるよね。頑張ろうね

園では「ひとりでできる！」ってすごく頑張っていますよ

ひとりでできる！

子どもには
できると分かっていても甘えたいときがあります。時には、その気持ちを受け止めましょう。

保護者には
子どもの頑張りを日々伝えましょう。

⭐ 上下左右・前後を間違える

● **自信を失わないように**
「○○ちゃん、ちょっと間違えちゃったかな？」などと言って、プライドを傷付けないようにさりげなく直しましょう。

○○ちゃんちょっと間違えちゃったかな？

● **分かりやすい目印を示して**
「これ（タグ）が見えると裏返しだよ」と言って、服の脇や襟首のタグを目印にするよう伝えてみましょう。

⭐ 片付けるときは

ゆったりとした雰囲気で決して焦らさず、子どもも保育者も気持ちのゆとりをもって取り組みましょう。

⭐ できるのに 「やって」と言って来たときは

時には、甘えたい気持ちを受け止めることも大切ですが、「先生、見ててあげるから、やってみようね」などと言葉を掛けつつ、さりげなく援助することも大切です。

先生、見ててあげるからやってみようね

靴の脱ぎ方・履き方

左右を間違えて履きそうだったり、迷ったりしているときは、「よく見てごらん」と言って、一緒に確認しましょう。

● **脱ぐ**
❶低い台に座ります。

❷手でかかとを押しながら、片足ずつ脱ぎます。

● **履く**
❶座った状態で片足ずつ、つま先からかかとを残して足を入れます。

❷立ってつま先をトントンとします。（履けないときは、かかとを引く援助を）

発達の流れ　遊び

2歳

- 友達がしている遊びに興味をもつ
- 両足でジャンプする
- 障害物をまたぐ
- 水の中を歩く

保育のポイント　環境・援助

生活の中にもルールがあることを気付き始める時期です。簡単なルールのある遊びを取り入れながら、その大切さに気付けるようにしていきます。

一緒に同じことをするのが楽しい

🔊 こんなことばがけを

子どもには

大人や友達がやっていることが魅力的に見え、自分もしてみたくなります。子どもの気持ちをくみ、「○○ちゃんみたいだね」など、ことばがけをしましょう。

おねえちゃんになったね

助かったよ

じょうずにできたね

⭐ みんなでの遊びの充実を

🔴 十分なスペース

一人ひとりがじっくりと自分の遊びをできるように、十分なスペースをとります。また、友達と一緒に遊びができるように、同じような玩具を幾つか用意しておきます。

🔴 みんなで遊ぶ

他の子どもの遊びに関心をもっている様子が見られたら、「○○ちゃんが楽しそうなことをしているね」「入れてもらおうか」と言葉を掛け、子ども同士をつないでいきます。

入れてもらおうか

⭐ ごっこ遊び

身近な大人の行動を見て再現するごっこ遊びが楽しめるのは、子どもが「自分以外の人や物」に興味をもち始めたことを示します。いろいろな道具を用意し、保育者も参加しましょう。

⭐「一緒に同じこと」を楽しむ

誰かが友達と一緒に同じ遊びを始めたら、保育者も参加したり、他の子どもを誘ったりして、みんなで楽しく遊べる雰囲気にしていきましょう。

保護者との共有

大人が率先して

子どもは、大人のまねをして挨拶をします。保育者や保護者は、「おはよう」や、「ごちそうさま」など、率先して挨拶するようにしましょう。

おはようございます

2歳

- 言葉の指示で、止まる、歩くの調整ができるようになってくる

ストップ
ピタ

- 片足で少しの間、立てる
- 自分の気持ちを伝えようとする

- 自分の欲求をコントロールするのは難しいが、遊びや生活にルールがあることが分かり始める

キョロ
キョロ

保育のポイント　環境・援助

ダイナミックに伸び伸びと全身を動かす

ボールを追い掛けるのがすごく楽しいみたいです。公園でも遊べると良いですね

🔊 **こんなことばがけを**

一緒にやろうね

ピョン

保護者には
家庭でも一緒にできそうな遊びを伝えましょう。

子どもには
不安に思う気持ちを和らげるよう、「一緒にやろうね」と保護者が手伝うことを言葉にしましょう。

⭐ 全身を動かす遊び

🔴 **鬼ごっこ**
鬼に捕まらないで逃げるだけの、簡単なルールです。初めは保育者が鬼になりましょう。

🔴 **三輪車**
三輪車がある程度こげるようになったら、緩やかな坂道を用意したり、地面に線路を描いたりして、コースをつくりましょう。

🔴 **ボール遊び**
軽いゴムボールなどを使いましょう。キャッチする、当てるなどはまだできませんが、投げる動作を楽しみましょう。

🔴 **縄跳びヘビ**
保育者が縄の端を持ち、床の上でヘビに見立ててうねらせます。「ヘビに捕まらないようにね」と言って、縄に触れないように跳んでみましょう。

🔴 **鉄棒**
子どもの足が着くくらいの低い鉄棒に、膝を曲げてぶら下がります。初めは親指を下にして握れないので、保育者が拳の形になるよう手伝います。

捕まらないようにね

ポイント
園外では道路や公園の様子をあらかじめ確認します。目が行き届く広さで遊びましょう。安全面だけでなく、不審者などにも気を付けましょう。

チェック
○○こうえん

- 自然や身近なものに興味が出てくる
- 積み木を見立てて、線路や家などを構成する

- クレヨンで意識的な線を描く
- ハサミやのりを使う

- 赤・青・黄などの色が分かる

表現したい意欲を引き出そう

🔊 こんなことばがけを

ドングリケーキにしようか？

おいしそうなケーキだね

子どもには
子どもが楽しんで作っている姿を受け止め、一緒に遊びながら、表現が広がるようなヒントを出すなどします。

⭐ 自然の中での体験から

● 発見をしよう
季節に応じて戸外に出て、においのする草花、光る石、土の感触、動物の鳴き声など、五感を刺激する新しい発見ができる機会を増やしましょう。

これなに？

いい物見つけたね

援助のポイント
「これなに？」「なぜ○○なの？」と聞かれたら、「いい物見つけたね」「なんでだろうね」などと関心を広げ、先につながるようなことばがけをします。

● 顔葉っぱ
拾った葉っぱを人や顔などに見立てて遊びます。自然の色や形を生かしながら行ないます。

援助のポイント
「スカートみたいな葉っぱだね」などとイメージが広がる言葉を掛けます。

⭐ 小麦粉粘土で遊ぼう

● 粘土遊びのよさ
感触を楽しみながら形を自由に変えることができるので、「○○みたい」「△△ににている」など、何かに見立てて子どもの発想を広げることができます。

ミカンみたい
甘いかな？

● 見立て遊び
粘土を丸めて「ミカン」、細長くして「ヘビ」など分かりやすい物から始めます。子どもが独自のイメージで作った物には、「甘いかな？」「長いね」など、子どもが思い描いているイメージを広げたり補ったりする言葉を掛けましょう。

発達の流れ　遊び

- 物の形を写し取るという抽象的な作業が可能となり、手本を見て直線が描ける
- 好きな物になり切る遊びや、見立て遊びをする
- 「これなに？」としきりに物の名前を知りたがる
- 「ワンワン　きた」のように、二つの言葉をつないだ2語文が出始める

保育のポイント　環境・援助

場にふさわしい行動や言葉の使い方を知る

こんなことばがけを

子どもには

子ども同士の関わりの中で、子どもの気持ちを代弁して、保育者が言葉にしましょう。

援助のポイント

保育者が言葉を誘導することで、子どもの中で言葉が定着します。場面に応じて、言葉を繰り返し伝えていきましょう。

貸してね、って言ってみようか？

★ 絵本を使って

子どもの生活に身近なものを題材にした絵本で、生活の中のやり取りをイメージできるようなものを選んでみてください。例えば、「くださいな」「いらっしゃいませ」（お店屋さん）、電車が好きな子どもには「出発進行！」「ご注意ください」などの言葉が出てくる絵本。

援助のポイント

子どもたちの興味や関心に沿った題材で、言葉のやり取りが楽しめるようなごっこ遊びをたくさん取り入れましょう。

★ はっきり・ゆっくりと

挨拶や会話は、子どもが聞き取りやすいように、はっきり・ゆっくりと話しましょう。子どもが話しているときは、思うように話せないこともあるので、うなずきながら、急かさずに聞くようにします。

★ 言葉を補う

2語文で「おちゃ、のむ」など言葉で伝えられるようになったら、保育者は「喉が渇いたから、お茶を飲みたいよね」など状況を言葉で補うことで、言語への理解を深めます。

保護者との共有

会話から語彙が広がる

毎日の会話から語彙が広がることを伝え、家庭でも「お茶、冷たいね。おいしい？」など、一つひとつの状況を会話にしてみることをお願いしてみましょう。

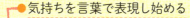

- 「きない」「いかない」など否定形を使う
- 「いっぱい」「ちょっと」など副詞を使い始める

- 気持ちを言葉で表現し始める

たのしいね

- 経験したことを言葉で表そうとする

〇〇したよ

トラブルから関わりを学ぶ

🔊 こんなことばがけを

子どもには

友達とけんかになったら、うまく口に出せずに思っていることを、相手の子どもへ代わりに伝えましょう。

環境構成のポイント

あえて色違いの玩具をそろえる、数を足りないくらいにするなどによって、子ども同士の間で貸し借りが生まれます。子どもたちの状況を見ながら臨機応変に工夫しましょう。

〇〇ちゃんは
あれを使いたいのね

⭐ 心を通わせて落ち着いた雰囲気に

朝の活動が始まるまでは、子どもの名前を呼んだり、「今日のお空はどんなかな?」など、どの子どもにも分かることを話し掛けたり、歌や手遊びを楽しんだりしながら、心を通い合わせましょう。その後の活動が、落ち着いた雰囲気で進められます。

⭐ 異年齢が交流する場をつくる

異年齢の交流は、5歳児には「おにいちゃん、おねえちゃんになった」という自尊心が芽生え、3歳児以下には「こうなりたい」という憧れの気持ちが生まれます。「おにいちゃんたちがウサギのお世話をしてくれているんだよ。すごいね〜」のように、5歳児と触れ合えるような言葉を掛けましょう。

おにいちゃんたちが
ウサギの世話をしてくれて
いるんだよ。すごいね〜。

⭐ けんか・いざこざ

相手にも自分と同じように様々な気持ちがあることを知るよい機会です。保育者が仲立ちになり、折り合いをつけて仲直りすることを学ぶようにしていきましょう。また、どちらかを否定するような言い方ではなく、「これで遊びたかったんだよね」など代弁するようにしましょう。

これで遊びたかったんだよね。

35

3歳

- 大人と一緒にルールのある遊びをする
- 友達と関わり、大人の仲介で、物の貸し借りや順番、交代を知り始める

- 大人に仲介されながら、友達の話を聞こうとする
- 順番を守ったり分け合ったりする

- 自分たちで役割を決めて遊ぶ
- 三輪車をこぎながら、ハンドルを操作して方向転換する

保育のポイント　環境・援助

みんなで一緒に遊ぼう

🔊 こんなことばがけを

よくできたね

ケンケンが上手ね

子どもには
みんなで遊びを楽しめるように、優劣はつけませんが、苦手な運動ができた子どもは認め、褒めましょう。

⭐ 音楽やリズムに合わせて

みんなで、音楽やリズムに合わせて、自由に動きましょう。スキップや片足跳びも積極的に取り入れてみましょう。

⭐ ポーズの名前をみんなで考える

鉄棒にぶら下がり、両足を掛けて、「ブタの丸焼き」になります。「布団干し」など、好きな名前をみんなで考えるのも楽しいでしょう。

環境構成のポイント
状況によって、マットを敷いて安全に遊びましょう。

ふとんほし！

⭐ ルールを導入して

● 葉っぱのキップ

すべり台やブランコで、滑ったりこいだりできる「キップ」を導入します。すべり台の場合は、滑り終わった子どもが葉っぱのキップを滑りたい子どもに渡すという手順で、順番を守って遊びます。

● サーキット遊び

すべり台、マット、巧技台などでルートをつくり、順番を守って遊びます。前の人を抜かさない、逆走しない、などのルールを大切にします。

保護者との共有

みんなで遊ぶのが苦手な子どもには

ごっこ遊びやゲーム遊びの中で無理なく体を動かせるようにします。保護者と公園などで遊べる鬼ごっこやボール遊びなどを知らせていきましょう。

- 片足跳びやスキップをする
- すべり台など固定遊具の遊びに慣れ、遊び方を工夫し、変化させていく
- 大人や友達とルールのある集団遊びをする

- 好きな物になり切る遊びや、見立て遊びをする
- 人の役に立つことを喜び、進んで手伝いをしたり役割を担ったりする

- 自分の思いを強く主張する一方で、自分の気持ちを説明する

〇〇だからね

様々な道具や教材にふれる

保護者には
製作物と共に、そのときの子どもの様子を伝え、成長を喜び合いましょう。

ハサミが使えるようになって、すごくうれしいみたいです。おうちでもやってみてくださいね。

🔊 こんなことばがけを

やったね！上手に切れたね

子どもには
子どもには保育者も一緒にやりながら、「できた」という喜びを分かち合い、「もっとやってみたい」という気持ちが持てるようにことばがけをします。

環境構成のポイント
子どもが「やりたい」と思ったときに、すぐにできるよう用具などを準備しておきます。

環境構成のポイント
製作物は、飾ったり遊びに使ったりして、その後の保育にも活用しましょう。

⭐ 思うようにできない子どもには

🔴 気持ちを聞き出す
「どうしたかったのかな？」と気持ちを聞き出し、「こうしたらできるかも」と方法を伝えます。

🔴 もう一度
様子を見て、「もう一度一緒にやってみる？」と意欲を引き出します。

一緒にやってみようか

⭐ ハサミを使って

初めてハサミで切るとき、1回の動きで切れる短冊形にした色紙や紙テープから始めましょう。切れた紙片を紙吹雪にするなど、遊びに活用すると、「もっと作りたい」という子どもの意欲がわきます。

⭐ のりを使うときは

のりは手指が汚れるからと、嫌がる子どもがいます。手拭きをそばに置き、すぐに指を拭けるようにしておくと良いでしょう。

3歳

● 砂場で型抜き
　容器を使って
　プリンやケー
　キを作る
● 簡単な童謡を
　最後まで歌う

● 手足を使ってリズムをとる

● 記憶力が進み、「あした、○○
　をして、○○にいく」のように、
　未来の話や長い話をする
● 不適切な言
　葉や悪い言
　葉を使う

あしたね、みんなで
○○にいくの

保育のポイント　環境・援助

会話することを楽しめるように

🔊 こんなことばがけを

保護者には

家庭での会話が弾むように、連
絡帳や掲示などで子どもたち
の様子や出来事を楽しく伝えま
しょう。目に留まる工夫を。

○○ちゃん、
今日△△だったんですよ!
帰ったら聞いてあげて
くださいね

子どもには

挨拶は、保育者が率先し
て言うようにします。子ど
もが先に言ったときは、喜
びを込めて返しましょう。

ご挨拶が
ちゃんと
できたね

援助のポイント

子どもが挨拶をしなくても
強制せず、「言ってくれる
とうれしいな」という雰囲気
を心掛けましょう。

さよなら

⭐ 「良くない言葉」への対応

● 嫌な気持ちになるから

乱暴な言葉や悪い言葉を覚える
と、意味が分からないなりに使っ
てしまうことがあります。ですが、
人を傷つける言葉には「嫌な気持
ちになるから、止めよう」と真剣
に話しましょう。

嫌な気持ちに
なるから やめようね

● 聞き流す

保育者が過剰に反応してやめさ
せようとすると、それをおもしろ
がることも。あまりにふざけてい
るときは、他の子どもに「おかし
いよね」と伝えながら、その場で
は聞き流すようにします。

ウンコ!

⭐ 進んで挨拶や話ができるように

● 子どもの話を聞く

保育者が子どもの話に丁寧に耳を傾けましょう。その思
いや姿勢が子どもに伝わり、進んで話したくなる気持ち
になります。

● お話をする機会を設ける

聞いてもらいたがっているときはもちろん、意識してそう
した機会を多くもつようにしましょう。

● 保育者が仲立ちに

できないようなときは、「先生と一緒に聞いてみようか?」
と声を掛けてみます。

らんらん

昨日は
何して
遊んだの?

- 自分の姓と名前を言う
- 言葉の音の響きに興味をもち、絵本や歌詞の言葉を繰り返す

- 「のどがかわいた」「さむい」など自分の状態を表現する

さむいね

- 丸や四角など簡単な図形を模写できる

相手の感情にも気付けるように

🔊 こんなことばがけを

○○ちゃんもしたかったんだね。△△ちゃんもしたかったんだよ。同じだよ

子どもには
子どもが感情を言葉にするときは、相手の感情にも気付けるようなことばがけをしましょう。

お友達の△△ちゃんが遊んでいた□□が欲しかったみたいで、取ってしまったら△△ちゃんが泣いてしまって…。でも、自分から「ごめんね」が言えて、「あとでかしてね」が言えたんです。褒めてあげてくださいね

ごめんね

保護者には
「感情がぶつかることは大事なこと」と保護者に認識してもらえるように、子どもの日々の様子を伝えましょう。

⭐ 感情のぶつかり合いから気付く

● 「友達がいると楽しい」で解決
自己主張して相手とぶつかったときに、「友達がいると楽しい」という経験があると、自分の感情を調整する必要があると気付くことができます。ふだんから、保育者の援助のもとで、友達との楽しい時間をつくることが大切です。

● 自己肯定感を育てる
ぶつかり合いや、やり取りを重ねることで互いに合意していくという経験は、子どもの社会性を育てるとともに、自己肯定感や他者を受容する感情を育てます。まずは、保育者がしっかりと子どもの思いを受け止めていきましょう。

あやまる
がまん
けんか

⭐ いろいろな玩具を用意して

子どもと関わりながら、状況に応じていろいろな玩具を用意し、数を少なめにしたり、色違いなど種類を増やしたりして、子ども同士でやり取りができるようにします。

⭐ 子どもの憧れになるように

けんかをしている子どもの間に入って、仲立ちをしている子どもがいたら、大いに褒めて、みんなの憧れになるようにしましょう。

指導計画のきほん

指導計画の仕組みと、様々な項目の書き方・考え方について見ていきます。

指導計画ってなぜ必要?

指導計画とは、保育が行き当たりばったりにならないようにするためのものです。ざっくりとした計画で偶然に任せるような保育では、子どもが育つために必要な経験を得る機会を保障していくことはできません。しかし反対に、育てたい思いだけを書き込んだとしても、子どもの主体的な活動を確保できる訳でもありません。

一人ひとりの発達を保障する園生活をつくり出し、またそれが子どもの視点に立ったものであることを意識するために、指導計画は必要なのです。

カリキュラム・マネジメントって?

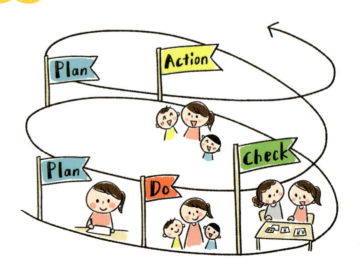

カリキュラム・マネジメントとは、計画を作り、それをもとに保育を行ない、その後評価していく中で、保育の改善を重ねていく一連のサイクルのことです。

園で目指す子どもの育ちに向けて、教職員全体で組織的に行なう必要があります。

園全体で作る計画はもちろん、日々の月案・週案にも関わってくる話です。作った計画が実情に合っていたかどうか評価し、常に改善していくことは、園の保育の質の向上と共に、保育者の専門性の向上につながります。

全体的な計画とは

　全体的な計画は、子どもが園に在籍している期間の全体にわたって、保育の目標を達成するためにどのような道筋をたどり保育を進めていくかを示すものです。発達過程に沿い、それぞれの時期の生活や遊びで、子どもがしていく体験とその際の援助を明らかにすることを目的とし、園全体で作成します。

各施設での仕組み

年間計画、月案、週案、など作成する指導計画は全て、この全体的な計画を基盤として考えていきましょう。

〈保育園〉

　乳児・1歳以上満3歳未満児にねらい・内容が示され、全年齢的に内容の取扱いが示されたことから、あらためてこれらを組み入れながら全体的な計画を作成する必要があります。なお、これに基づいて毎月の指導計画、保健計画、食育計画を立てていきます。

〈幼保連携型認定こども園〉

認定こども園は教育及び保育を行なう学校としての機能と、児童福祉施設としての機能を併せもっており、さらに特色として、子育て支援の義務化が挙げられます。そのため、左の図のような計画に加え、一時預かり事業や延長・夜間・休日保育といった、子育て支援の計画も関連させながら作り上げる必要があります。

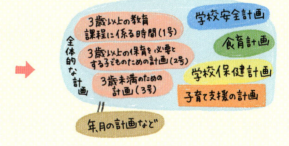

〈幼稚園〉

　登園してから預かり保育を受けて降園する子どもがいた場合、従来の教育課程だけでは、預かり保育の計画や食育、安全の計画をカバーしきれていない面があります。ですから、保健計画、食育計画、預かり保育の計画などと共により関連させて作成する必要があります。

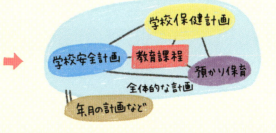

2歳児保育のきほん　指導計画のきほん

各計画とそのつながり

全体的な計画で考えられた1年間の教育内容をもとに、それぞれの時期に必要な子どもの経験を示します。

年間計画

それぞれの計画は歯車みたいに連動しているんだ！

長期の指導計画

月案

その月における子どもの生活の流れを見通して具体的なねらいや内容、環境の構成などを中心に作ります。

1週間の保育記録を読み返し、特によく見られる、またこれまで見られなかった子どもの姿から、「なぜこのような行動をとるのか」「何が育ちつつあるのか」「そのためにどうするのか」などについて検討します。

週案

短期の指導計画

それぞれの計画が毎日の保育とつながっているんだね！

日案

特に、前日の子どもの姿から、一人ひとりの行動への理解を深め、それをもとにその日の子どもの活動の姿を思い描きながら、場の作り方や必要な遊具・用具、その配置、保育者の関わりなどを最も具体的に記入します。

※本書の指導計画では…
2歳児の発達は緩やかな生活の流れで見ていくため、月の計画を中心に掲載しています。また、この時期の集団を捉えやすいように、保育マップだけでなく月の計画にも、週案的な要素を含めて紹介しています。

毎日の保育

✎ 指導計画を書いてみよう

まずは…

　立案時にポイントになるのは「子どもの主体性」と「指導の計画性」です。まず子ども一人ひとり異なる発達への理解を深め、それに応じて考え「子どもの主体性」を尊重します。また一方で、「全体的な計画」でつくった教育内容を、子どもたちがどのような経験を重ねて育っていけばよいか考える、「指導の計画性」への思いも大切です。その上で、保育者が指導しすぎないように、子どもが主体性を発揮できるようにバランスも一緒に考えながら、具体的なねらいや内容、環境の構成、援助を考えていきましょう。

　子どもの育ちを考えて書いていくため、子どもの姿を肯定的に捉えたり、未来のことですが現在形で書いたりします。さらに、自分ひとりでなく、誰が読んでも理解できるように具体的に書くことも大切でしょう。

子どもの姿　よく見られる姿に注目して!

　これまでには見られない、今の時期に特に現れてきた姿を抜き出して、記載します。また、クラス全体を見渡し、よく見られる姿、あるいは共通に見られる姿などに絞って取り上げます。そういった姿こそが、子どもたちが「育とうとしている」姿です。前月末の子どもの生活する姿の記録を読み返してみましょう。子どもの「生活への取り組み方」、「興味・関心や遊びの傾向」、「人との関わり方」などを具体的な3つの視点として重点的に見ていくと、まとめやすいでしょう。

書き方のポイント

個人とクラス全体の両面から見て
3つの視点から書いてみよう

 例文
- 汗でパンツや上着が脱げず「できない」と知らせ、保育者に手伝ってもらって脱いでいる。
- 戸外で砂遊びなど、好きな遊びを楽しんでいる。
- 保育者や友達と一緒に手遊びをしたり、歌をうたったりして楽しんでいる。

ねらい・内容

子どもの発達や興味・関心、季節の変化などを考えながら、
子どもがどういった思いでどういった経験をしていけばよいか、具体的に考えていきます。

ねらい　どのような育ちを期待する?

「子どもの姿」の中から分かる育ちつつあるもの（こと）を踏まえて、そこに保育者が育てたいもの（こと）を加え、ねらいとして記載します。子どもがどのような思いをもって成長していってほしいか、という方向性を書くため、「〜を楽しむ。」や「〜を感じながら」といった表現を用いるとすっきりするでしょう。

月案、週案、日案となるにつれ、具体性がより増していきます。

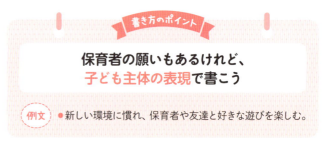

書き方のポイント

**保育者の願いもあるけれど、
子ども主体の表現で書こう**

例文 ● 新しい環境に慣れ、保育者や友達と好きな遊びを楽しむ。

内容　ねらいに向かうために必要な経験は?

ねらいに書いた方向性に向けて育っていくためには、子どもがどのような経験を積み重ねていけばよいか、また、保育者が指導することについても書いていきます。子どもの生活の流れに沿って考えましょう。また、ねらいに対して、それを達成するための経験はひとつとは限らないため、複数の内容が出てくることもあります。

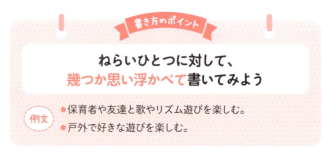

書き方のポイント

**ねらいひとつに対して、
幾つか思い浮かべて書いてみよう**

例文 ● 保育者や友達と歌やリズム遊びを楽しむ。
　　　● 戸外で好きな遊びを楽しむ。

立てたねらい・内容に対して、実際の保育でどのように関わっていくかを考えます。
保育が始まる前に場を整える「環境構成」と、
実際に保育をしていく中での関わりの「援助・配慮」から考えます。

環境　しぜんと関わっていけるように

どのような環境があれば子どもが自分から関わって経験を重ね、育っていけるかを考えます。
・保育者や友達など、「ひと」の立ち位置をどうするか?
・玩具や素材などの「もの」はなにが今の発達に合っているか?
・時間や空間などの「ば」はどのように設定するか?
といった視点からだと考えやすいでしょう。

書き方のポイント

「ひと・もの・ば」と子どもの興味・関心から書いてみよう

例文
● 子どもたちの好きな曲やふれあって遊べる曲を用意しておく。
● 戸外での遊びが楽しめるよう、散歩コースを下見しておく。

援助　受容的、応答的な関わりを心掛けよう

保育者の援助には、子どもがねらいの方向に向かうために、保育者がどのように関わっていけばよいかを記載します。子どもが自分からやってみようと思えるようにするために、見守ったり受け止めたり、思いに応えたりする受容と応答の関わりが基本となります。また、子どもの思いに応えていくときには、様々な心持ちに共感したり、十分に認めたりしていきましょう。

書き方のポイント

具体的にどのような場面で、どのように関わるかを書こう

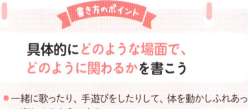

例文
● 一緒に歌ったり、手遊びをしたりして、体を動かしふれあって楽しめるようにする。
● 一緒に草花を摘んだりして、子どもの気付きに共感する。

反省・評価 子どもの育ちと自らの振り返りから考えよう

反省・評価には、子どもがどのように育ったかの評価と、自らの保育の振り返りの2つがあります。

子どもの育ちは、一人ひとりが計画を立てる前と保育をした後、どのような良さを発揮してどのように育ったかを見る「個人内評価」が基本です。また、保育の振り返りは、自分の立てた計画（特にねらい）が目の前の子どもの興味・関心に沿っていたか、発達の流れに合っていたかなどを見ながら、次の計画を立てる際、より良くなるように努めます。

書き方のポイント

ねらいに立ち戻って考えてみよう

ねらい ▶ 新しい環境に慣れ、保育者や友達と好きな遊びを楽しむ。

例文 ● 気持ち良い天候の日が続いたため、戸外で元気に遊ぶことができた。草花だけでなく、アリなどにも興味を示しているので、より親しめるように環境を整えていきたい。

次の保育に生かそう

子どもの姿から指導計画を立てて保育を行ない、それを反省し、また子どもの姿と発達の道筋からねらいを立てていく、というサイクルを繰り返し行ないます。保育の計画や記録は、次の日、週、月、年の計画に反映されて、ますます子どもの姿に沿った保育を行なっていけるようになります。初めは難しくても次第に子どもの目の前の姿に合った保育を行なっていけるようになります。自らの保育を振り返り、より良くしていこうとする姿勢が大切です。

ねらいなどだけでなく、様々なことに配慮して
指導計画を作成することが求められます。

健康・食育・安全

その月の大切なことを具体的に書く

　それぞれの園の年間の計画をもとに、その年齢・その月
において特に大切なことを書きます。例えば季節の変わり
目には衣服の調整を意識することや旬の食材にふれること
などが挙げられるでしょう。というように、健康・食育・安
全それぞれに配慮することを具体的に思い浮かべながら書
いていきます。

長時間保育

心身の疲れや
午前中の保育との関連に留意

　預かり保育や早朝・延長保育など、園で長時間にわたっ
て保育を受ける子どものために考えます。基本的には、午
前中の保育で疲れた心と体を休め、切り替えていけるよう
に、家庭的な雰囲気でゆったりと過ごすことを中心に書い
ていきましょう。

保育士等のチームワーク

様々な職種とのチームワークを心掛けて

　クラス担任間、預かり保育担当、特別支援担当、早朝保
育や延長保育の担当、看護師や栄養士など、いろいろな立
場の人が子どもに関わって行なわれる保育が、スムーズに
できるよう、チームワークがうまく働くように大切にしたい
ことを記載します。

家庭・地域との連携

保護者に伝えることと、地域の子育て
支援の拠点であることを考えて

　保護者に伝える園で行なっていることや地域の子育て支
援の拠点として家庭や地域との連携で特に留意することを
記載します。家庭への連絡や図書館や公園などの地域環境
を生かすこと、地域の老人会など人と関わることなど、幅
広く考えましょう。

文章表現・文法チェック

指導計画など、文章を書いた後には、必ず読み返してチェックするようにしましょう。気を付けておきたいポイントを紹介します。

である調とですます調をそろえよう

一つの文章の中に、「である調」と「ですます調」を混在させると、統一感がなくなり、分かりづらくなります。しっかりとした固い印象を与える「である調」と優しい印象を与える「ですます調」を場面に応じて使い分けるようにしましょう。

例

✖ 自分のしたい遊びがはっきりとしてきましたが、物の取り合いが増えてきている。

⭕「である調」 自分のしたい遊びがはっきりとしてきたが、物の取り合いが増えてきている。
「ですます調」 自分のしたい遊びがはっきりとしてきましたが、物の取り合いが増えてきています。

「の」を置き換えよう

助詞の「の」が3回以上続くと文章が読みづらくなります。そこで使われている「の」にどのような意味があるか考え、置き換えられるものは置き換えることで、読みやすくしましょう。

例

✖ テラスの机の上の容器に、～
⭕ テラスの机に置いた容器に、～

並列で文章が続くときは…

同じ概念のものを並べて使うときには、「たり」や「や」を使います。そのとき、「〜たり、〜たり」と必ず2回以上使い、「や」も2回目以降は読点で区切るなどしておきましょう。

例

✖ 冬の冷たい風にふれたり、霜柱に触れて遊ぶ。
⭕ 冬の冷たい風にふれたり、霜柱に触れたりして遊ぶ。

- - - - - - - - - - - -

✖ ミカンやカキやクリなど〜
⭕ ミカンやカキ、クリなど〜

主語と述語

文章の中で、「何が(誰が)」を示す主語と、「どうする、どんなだ、何だ」にあたる述語が対応するようにしましょう。

例

✖ 保育者がそれぞれの話を聞いて受け止め、仲良く遊ぶ。
⭕ 保育者がそれぞれの話を聞いて受け止め、仲良く遊べるように手助けをする。

2歳児の保育はこの1冊から!

特長 その 1

保育のきほんが分かる!

保育者として、また2歳児の保育に携わる者として知っておきたい「きほん」を分かりやすく解説しています。指針、教育・保育要領はもちろん、子どもの発達もバッチリ!

その 2 特長

クラス運営に必要なものが1冊に!

環境づくりやあそび、指導計画、連絡帳、おたより…など、クラス運営に役立つ内容を、季節や月に合わせて掲載しています。クラス担任の強い味方になること間違いナシ☆

特長 その 3

お役立ちデータ収録の ⊚CD-ROMつき!

本書掲載の指導計画やおたよりはもちろんのこと、食育計画、避難訓練計画、保健計画…など、多様な資料をCD-ROMに収めています。あなたの保育をよりよいものにする一助にお役立てください。

収録データの詳細は、P.221をチェック!

環境とあそび

環境づくり・保育資料・手作り玩具・あそびのヒントを掲載！春・夏・秋・冬・早春の大まかな季節の区切りで紹介しています。子どもたちの姿、保育のねらいに合わせて、あなたの保育に取り入れてみてください。

環境づくり

季節ごとに大切にしたい保育の環境づくりを、写真たっぷりで具体的に紹介しています。「環境づくりって実際どうしたらいいのか分からない…」。そんなときに、ぜひ参考にしてください。

生活 あそび 家庭と など

テーマをアイコンで示しているので、何の環境づくりなのかがひと目で分かります。

写真たっぷり！

保育現場の写真たっぷりでイメージしやすくなっています。

保育資料

その季節にふさわしい、おはなし・手あそび・うた・ふれあいあそび・自然を保育資料として紹介しています。日々の保育で、「何しよう？」と悩んだときにお役立てください。

先輩保育者のお墨付き！

季節・年齢にぴったり！先輩保育者がおすすめを紹介しています。

※情報は2017年12月現在のものです。

手作り玩具

身近な材料で簡単に作れる玩具を
紹介しています。子どもたちの発
達や関心に合わせた玩具作りの参
考にしてください。

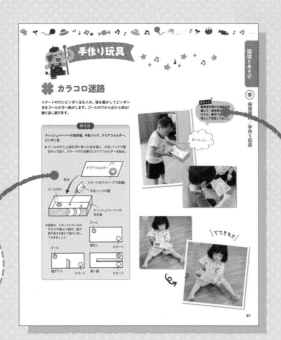

作り方

準備する物、作り方を
イラスト付きで説明し
ています。

ポイント

遊びのコツ、作り方・準備
物のポイント、子どもの発
達についてなど、この手作
り玩具で押さえておきたい
ポイントを解説しています。

あそび

その季節にぴったりの遊びをたっぷり紹介！ 子どもたちの
興味に合うものを見つけて、繰り返し遊び込みましょう。

ちょこっと遊ぼう いっぱい遊ぼう

すぐに遊んだり、時間をかけて
遊んだり…。目的に合わせて
選べる遊びを紹介しています。

あそびのコツ

遊びがうまくいく環境
づくりや援助のコツを
解説しています。

あそびメモ

その遊びでの子どもの育ちに
ついて解説しています。遊びの
ねらいを、しっかり念頭に置い
て実践することが大切です。

この本の見方・使い方

指導計画・連絡帳

年の計画と、4〜3月の12か月分の月の計画、連絡帳を掲載しています。
指導計画立案の際の手がかりに、また連絡帳を書くときの参考にしてください。

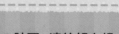

年の計画

1年間の発達を見通し、I〜III期に分け、それぞれの時期にどのような保育内容を考えていくかについて、明らかにします。月の計画立案時のよりどころとなる重要な物なので、折にふれ参考にしましょう。

各項目について

Ⓐ 子どもの姿

月齢ごとの具体的な子どもの姿を記載します。特に、発達の節となる部分は、忘れないように押さえますが、集団としての育ちも意識して書きます。

Ⓑ ねらい

全体的な計画を念頭に置き、この時期に育てたいことを、子どもの実態を踏まえて具体的に示しています。

Ⓒ 内容

ねらいをより具体的にし、子どもが生活や遊びの場面で経験してほしいことを記載しています。

※子どもの月齢は4月時点のものです。

月の計画

年の計画を踏まえ、その月における子どもの生活の流れを見通して作成するものです。子どもが充実した生活を送ることができるよう、具体的なねらいや内容、環境の構成、援助を考えていきます。3名分の個別の計画を毎月示しながら、この時期の集団を捉えやすいように週案的要素を含んだ計画にしています。

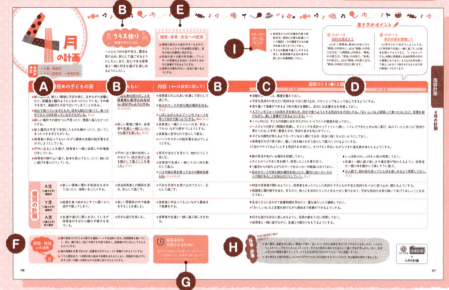

各項目について

A 前月末（今月初め）の子どもの姿

その時期、月齢ごとの具体的な子どもの姿を記載します。特に、発達の節となる部分は、忘れないように押さえますが、集団としての育ちも意識して書きます。

B クラス作り・ねらい・内容

子どもの姿から育ちつつあること（もの）と保育者が育てたいこと（もの）を記載しています。クラス作りはクラス全体としてどのようになってほしいかの方向性を養護の視点を含めて記入しています。ねらい・内容は一人ひとりの興味や関心に目を向けて設定しましょう。内容には、ねらいをより具体的にしたものを示し、食育に関する内容には🍴➡を付けています。

C 環境と援助・配慮

子どもが発達に必要な経験をしぜんに積み重ねるために適切な環境構成、援助・配慮などを記載しています。子どもが主体的に活動を展開できるような具体性が大切です。

D 家庭・地域との連携

保護者との「共育て」の観点から、個別の親子関係の援助や家庭・地域との連携について記載しています。

E 健康・食育・安全への配慮

健康・食育・安全それぞれについて、その月において大切な配慮を具体的に記載しています。

F 保育士等のチームワーク

保育者をはじめとする子どもに関わる様々な職種の人が、スムーズに保育できるように大切にしたいことを記載しています。

G 延長保育を充実させるために

延長保育が計画的・弾力的に運営できるように、通常保育との関連性や生活リズム、くつろげる保育環境、家庭との連携、そのほかの配慮について記載しています。

H 反省・評価

計画のねらいや援助などと、子どもの中に育っている姿とを付き合わせて、保育実践の振り返りを、保育終了後の文例として記載しています。

I 書き方のポイント

指導計画の書き方に関する理解がより深まるよう、「指針を踏まえて」「学びの芽を意識して」の2つの視点からの解説を記載しています。

※a、bといった記号を指導計画の表中に示して、リンクできるようにしています。

📖 この本の見方・使い方

保育マップ

イラスト付きで保育の展開の様子を示しています。環境づくりや援助がイメージしやすくなっているので、具体的な立案にお役立てください。

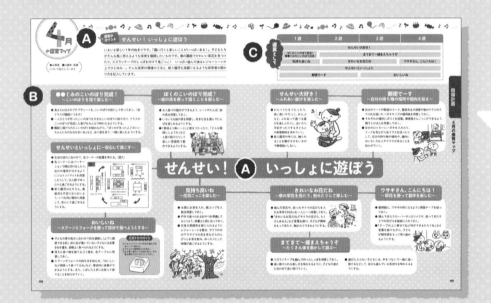

各項目について

A その月の「ねらい」「クラス作り」から

月の計画の「ねらい」「クラス作り」とつながった保育のポイントを示しています。

B 保育の内容

月の計画中に出てくる環境と援助・配慮の部分を取り出しつつ、それにまつわるねらいや内容についても示しています。

C 週案として

日々の保育の参考となるよう、保育の内容とリンクしながら、緩やかな生活の流れを週案として示しています。

連絡帳

連絡帳は、保護者と保育者の人間関係のパイプとなります。
毎月4名ずつ、計48名の例を紹介しています。

各項目について

A 具体的なテーマ

保護者からの連絡したい概要です。こんなときにどう対応するかの参考になります。

B 家庭から

家庭の様子を保護者からの連絡事項として掲載しています。

C 園から

保護者からの連絡に対して、園での子どもの様子を伝える保育者からの応答例を示しています。

D 書き方のポイント

保育者からの応答について、書き方のポイントを詳しく解説しています。

E 発育・発達メモ

連絡帳の内容に関連しています。保育者が発育・発達を理解し、保護者に伝えていきましょう。

54

おたより

子どものことを家庭と共有・共感できるツールの一つです。イラストや文例など、おたよりの素材を12か月分たっぷり掲載しています。読みやすく、分かりやすいおたより作りにお役立てください。

CD-ROM収録

レイアウト例

おたよりのレイアウト例を掲載しています。おたより作成時の参考にしてください。

保護者に伝わるポイント

保護者に伝わるおたより作りのポイントを示しています。

囲みイラスト付き文例

そのまま使える囲みイラスト付き文例です。CD-ROMにはイラストとテキストの両方が入っているので、「囲みイラスト付き文例」「囲みイラストだけ」「文例だけ」のどの方法でも使っていただけます。

文章の最後にチェック！

おたよりを書くときのポイントや気を付けたい漢字・文法などを記載しています。

イラスト

その月にぴったりの飾り枠、季節・子ども・行事に関するイラストカットをたくさん掲載しています。CD-ROMには画像データ（PNG）で入っています。ペイントソフトで色を付けることもできます。

書き出し文例

月のあいさつ文や行事のお知らせなどの書き出し文例を掲載しています。

2歳児の保育 もくじ

❋ 保育のきほん ❋

❋ 2歳児保育のきほん ❋

環境とあそび

春

夏

早春

♪ だーるまさん

だーるまさん

2 歳児の保育 もくじ

指導計画・連絡帳

✻ 指導計画 ✻

✲ 連絡帳 ✲

2歳児の保育 もくじ

おたより

環境とあそび

保育のねらいに合わせた環境やあそびを紹介しています。
春・夏・秋・冬・早春それぞれの季節にピッタリ！

● 環境づくり　執筆／塩谷 香（國學院大學特任教授、NPO法人「ぴあわらべ」理事）
● 手作り玩具・あそび　執筆／小倉和人（KOBEこどものあそび研究所所長）

※本書掲載の『環境とあそび』の一部は、『月刊 保育とカリキュラム』2013〜2015年度の連載『写真でわかる 環境づくり』『0〜5歳児ふれあいあそび＆運動あそび』『こどものあそび0〜5歳児』に加筆・修正を加え、再編集したものです。

環境づくり

気持ち良く体を動かしたくなる季節です。おにごっこや三輪車、砂場でのおうちごっこや虫探しなど、あちらこちらに興味津々です。友達や年上の子どもたちとも楽しく遊べるようにもなってきますが、まだまだ自分のやりたいことが優先するので、戸外にもじっくりと遊べる場をつくりましょう。

あそび 春の自然に興味をもち、好きな遊びを見つけて十分に楽しめるように

ねぇ、みてみて なにかいるよ

子どもたちにとって自然はすばらしい教材です。色や形、匂い、触った感触など興味をひかれるものばかりです。「これをやりたい」「～してみたい」とはっきりと意思をもって遊ぶようになってきます。遊ぶ様子を見ながら、自然の様子に気付けたり、より遊びのイメージをはっきりともてたりするような用具を準備して、遊びが楽しくなるような工夫をしていきましょう。

それなに？

小さな置物や白い小石は、子どもたちの目をひくようです。

あそび 生活 遊びや生活に自分なりの見通しをもって意欲的に活動できる環境の工夫

机のそばには、好きなパズルを選べるように

自分なりの意思や主張を示すようになり、「じぶんでやりたい！」という気持ちが強くなってきます。「じぶんでできた！」を積み重ねることで自信が生まれて意欲的になります。遊びや生活の中でも自分なりに考えてできるように、環境や援助にも工夫が必要です。片付けやすく取り出しやすい玩具棚や、衣類を出し入れしやすい棚など、子どもが気付いたときに自分からできるような環境にしましょう。

子どもの持ち物にはマークを、保護者向けにはマークの下に名前を記入しています。

あそび 友達と遊ぶ楽しさを知るために

よいしょっ！

まだまだ自分のやりたいことが最優先ですが、友達の遊びには興味があって一緒に遊ぼうとすることも増えてきます。2〜3人での気の合う友達と楽しく遊ぶ姿も見られます。少人数で遊べるような場もあるといいですね。戸外や室内でやり取りが楽しめるような遊びができる場を工夫しましょう。

○○ちゃん、でんしゃにい〜れ〜てっ

ちょうだい！

あそび 見立て、つもり、ごっこの遊びを自分なりのイメージで楽しめるように

自分の生活経験や見聞きしたことなどを再現しようとしたり、玩具などある物を使って見立てたりして楽しむ姿が見られるようになってきます。まだ友達とイメージを共有することはできませんが、それぞれのイメージを豊かに展開できるような工夫が必要です。子どもの遊びの様子を見ながら、イメージを補ったり、よりはっきりしたりする玩具や設定を考えていきましょう。

ゆったりと遊べる空間に

フェルトを
いろいろな形に
（中は綿など）

毛糸を少しずつ束ねて

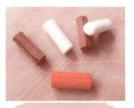

フェルトを
くるくると巻いて

木綿の素材で細長や輪の形に

春

保育資料

おはなし

おともだち どっきり
作：きむらゆういち
絵：いもとようこ
教育画劇

ちょうちょの しろちゃん
作：高家博成・仲川道子
童心社

とべとべ こいのぼり！
作：きむらゆういち
絵：ながはまひろし
教育画劇

いちごです
作・絵：川端誠
文化出版局

ゆっくとすっく しあげにはみがき もういっかい
絵：さこ ももみ
文：たかてら かよ
ひかりのくに

おいしいおと！ なんのおと？
作・絵：ふくざわ ゆみこ
ひかりのくに

手あそび・わらべうた・ふれあいあそび

- **むすんでひらいて**
  作詞：不詳　作曲：J.J.ルソー
- **ちっちゃないちご**
  作詞・作曲：阿部直美
- **はをみがきましょう**
  作詞・作曲：則武昭彦
- **いっぽんばしこちょこちょ**
  わらべうた

うた

- **ちょうちょう**
  訳詞：野村秋足　スペイン民謡
- **ゆりかごのうた**
  作詞：北原白秋　作曲：草川 信
- **こいのぼり**
  作詞：近藤宮子　作曲：不詳
- **つばめになって**
  作詞：塚本章子　作曲：本多鉄麿
- **あまだれぽったん**
  作詞・作曲：一宮道子

自然

🦋 虫・小動物	❀ 草花	🍴 食材
● チョウチョウ	● サクラ	● エンドウマメ
● テントウムシ		● ソラマメ
● オタマジャクシ		

手作り玩具

🍀 カラコロ迷路

スタートの穴にピンポン玉を入れ、箱を動かしてピンポン玉をゴールの方へ転がします。ゴールの穴から出たら成功！繰り返し遊びます。

作り方

ティッシュペーパーの空き箱、牛乳パック、クリアフォルダー、ピンポン玉

● ゴールの穴と上部を切り取った空き箱に、牛乳パックで壁を作って貼り、スタートの穴を開けたクリアフォルダーを貼る。

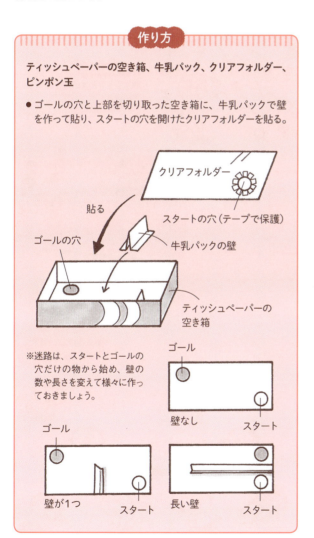

クリアフォルダー

スタートの穴（テープで保護）

貼る

ゴールの穴

牛乳パックの壁

ティッシュペーパーの空き箱

※迷路は、スタートとゴールの穴だけの物から始め、壁の数や長さを変えて様々に作っておきましょう。

ゴール
壁なし
スタート

ゴール
壁が1つ
スタート

ゴール
長い壁
スタート

ポイント
難易度が様々な迷路を準備して、新学期や連休明けでも、夢中で遊べる環境として用意しておこう。

おっとっと…

でてきた!!

ちょこっと遊ぼう

⭐ ボールコロコロ

ピンポン玉を転がして遊ぶ

大型積み木で角度を付けた芯にピンポン玉を入れて転がし、拾って遊びます。次に保育者は出口を手で塞ぎ、ピンポン玉がたまったら「せーの!」の掛け声で手を離し、一斉にピンポン玉を出します。子どもたちが拾って、また繰り返し遊びます。

せーの!

準備物
布の芯…手芸店などで入手可、1m弱、直径4.5㎝（または牛乳パックの底を切り抜き4本つなげた物　など）、ピンポン玉（またはカラーボール　など）、大型積み木

あそびのコツ
筒をちょうど良い角度に調整しよう!

あそびメモ
期待感を楽しんで
初めに少しずつ転がして拾う経験をしたことで、一斉に出したときの楽しさが膨らみます。友達と一緒にピンポン玉を拾う楽しさ、入れるおもしろさ、「せーの!」で出てくる期待感を目一杯楽しむことができるでしょう。

⭐ ゴロンとたっち!

素早く寝返りして立って遊ぶ

子どもたちはあおむけで寝て、保育者が「ゴロンとたっち!　よ〜い………ドン!!」と合図を送ります。子どもは素早く寝返りをしてから立ち上がり、動かないようにします。繰り返して遊びます。

あそびのコツ
ある程度広い場所で遊びましょう。

ゴロンとたっち!
よ〜い…

ドン!!

あそびメモ
気持ちを切り替える
毎日、同じ時間にすることが望ましいです。何かする前に必ず遊ぶようにすると、子どもが気持ちを切り替えられるでしょう。また、寝返りをして腕や膝を使って立つという一連の動きを素早くできるようになると、俊敏性も身につきます。

⭐ どこにくっつく?

『なべなべそこぬけ』の替え歌で遊ぶ

❶ どこどこくっついた
　みんなの○○○にくっついた

環境とあそび

春 ちょこっと遊ぼう

準備物
お手玉（紅白玉でもOK・
1人1〜2個）

♪みんなの あたまに くっついた〜

お手玉を持ったまま手拍子
をして、○○○におへそ、
頭、お尻、肩、背中などの
体の部位を入れて歌う。

❷ ピッ！

あたま！

あそびのコツ
「次はどこ？」と意欲をもって
取り組める雰囲気づくりを。

おみみ！

お手玉をその部分にくっつける。

※慣れてきたら、お手玉を床に置き、「ピッ！」で手に取ってからくっつけるようにしてみましょう。

あそびメモ
繰り返し楽しんで
子どもたちは、保育者とのやり
取りで自信をもってできること
がうれしくなり、「また遊ぼう」
と繰り返し遊びたい気持ちに
なります。

『なべなべそこぬけ』(わらべうた)のメロディーで　作詞／小倉和人

どこ　どこ　くっついた　みんなの　○○○に　くっついた

 ちょこっと遊ぼう

⭐ いろいろ変身あそび

『グーチョキパーでなにつくろう』の替え歌で遊ぶ

❶ グーチョキパーで　グーチョキパーで

 グー
 チョキ
 パー

全身でグーチョキパーをする。

❷ なにつくろう　なにつくろう

 トントン　パッ！

トントン（手拍子）パッ（両手足を広げて大の字）を2回繰り返す。

❸ [1番] **おててはよこに**　　　　**あしあし1ぽん**　　　　**かかし〜　かかし〜**

両手を横に伸ばす。　　　片方の膝を上げる。　　　かかしのポーズ。

あそびのコツ
ポーズをする時間を短めにし、テンポよく進めましょう。

[2番] **おててはモリモリ**　　　**あしあしどんどん**　　　**ゴリラ〜　ゴリラ〜**

モリモリポーズ。　　　四股を踏む。　　　ゴリラのポーズ。

『グーチョキパーでなにつくろう』（外国曲）のメロディーで　作詞／小倉和人

あそびメモ　同じ姿勢を保つ

なじみの曲でバランス遊びをしてみましょう。何げない動きかもしれませんが、一定の時間同じ姿勢を保つことは非常に難しいものです。動く、止まるを繰り返し、体の様々な部分に刺激を与えましょう。

⭐ ぶらぶらモジャモジャすーりすり

『十人のインディアン』の替え歌で遊ぶ

❶ ぶらぶらぶらぶら　ぶらぶらおてて

手を前に出してブラブラ振る。

❷ もじゃもじゃもじゃもじゃ　もじゃもじゃあたま

頭に手を置いて頭をマッサージする。

❸ スリスリスリスリ　スリスリおなか

おなかを手でスリスリする。

❹ さいごは　おかお　「ばぁ〜！」

あそびのコツ
保育者は子どもと一緒に遊ぶとき、動きを大きくしましょう。

手で顔を覆い、最後にいないいないばぁをする。

あそびメモ　期待感をもつ

子どもは「ここが楽しい！」「最後にはこんなことがあるよ！」という期待感をもちながら遊びを進めていきます。保育者のまねをしながら、遊びをきちんと進めたい気持ちも大切にしたいですね。

『十人のインディアン』(外国曲)のメロディーで　作詞／小倉和人

いっぱい遊ぼう

★ どうぶつトントン

♪ぴょんぴょん〜
ウサギさん

『とんとんとんとんひげじいさん』の一部替え歌で遊ぶ

❶ とんとんとんとん　ウサギさん　ぴょんぴょんぴょんぴょん　ウサギさん

あそびのコツ
動物ポーズの前の「とんとん〜」をゆっくり大切に！

♪とんとん〜

ウサギさん

トントン手遊びをする。

ウサギのポーズ。

同じ節で歌詞を変え、「♪ぴょんぴょん〜ウサギさん」と歌いながらジャンプ。

❷ とんとんとんとん
カエルさん
げろげろげろげろ
カエルさん

トントンしてからカエルのポーズ。同じ節で歌詞を変えて歌いながらカエルジャンプ。

♪げろげろ〜

❸ とんとんとんとん
にょろヘビさん
にょろにょろにょろりん
にょろヘビさん

トントンしてからヘビのポーズ。同じ節で歌詞を変えて歌いながらヘビの動き。

♪にょろにょろ〜

❹ とんとんとんとん
おサルさん
キャッキャッキャッキャッ
おサルさん

トントンしてからおサルのポーズ。同じ節で歌詞を変えて歌いながらおサルの動き。

♪キャッ キャッ

❺ とんとんとんとん
ゾウさんも
どっしんどっしん
おはなぱお〜ん

トントンしてからゾウのポーズ。同じ節で歌詞を変えて歌いながら手を鼻に見立てゾウの動き。

♪どっしん どっしん

❻ キラキラキラキラ　すわりましょう　ピッ！

手をキラキラして座る。

あそびメモ
同じフレーズで遊ぶ
手遊びで終わらせるのではなく、子どもたちがポーズをとって次の動きをしやすくすると、遊びやすくなります。ですから、同じフレーズなのです。どんどん遊んでいくと、一人ひとりでポーズが微妙に変化してくることでしょう。だから、一人ひとりが楽しむことができるのです。

『とんとんとんとんひげじいさん』(作詞／不詳　作曲／玉山英光)のメロディーで　一部作詞／小倉和人

⭐ カエルの運動 1・2・3

『いわしのひらき』の替え歌で遊ぶ

1番
かえるのとうさん　とびはねる
ソレッ　ピョンピョンピョンピョン
ピョンピョンピョン

♪ピョン　ピョン〜

カエルのポーズで待ち、「ピョンピョン〜」で
カエルのジャンプ。

2番
かえるのかあさん　およぎだす
バチャーン　スイスイスイスイ
スイスイスイ

あそびのコツ
泳ぐ、寝転ぶなど
違う動きへ移る際
は、子どもたちに
合ったペースで。

スイスイ〜

カエルのポーズからうつ伏せになり、「スイスイ
〜」で平泳ぎなど、自由に手足を使って泳ぐ動き。

3番
かえるのあかちゃん　ころびます
ゴロ〜ン　1・2・3・4　1・2・3・4
1・2・3・4・5

♪ゴロ〜ン

♪1・2・3・4〜

カエルのポーズからあおむけになり、「1・2〜」
で足を上げて自転車をこぐ動き（「1・2・3・4〜」
は速めのテンポで）。

『いわしのひらき』(作詞・作曲／不詳)のメロディーで　作詞／小倉和人

1. か　える　のと　うさん　と　びは　ねる　ソレッ　ピョ　ンピョ　ンピョン　ピョン　ピョ　ンピョ　ンピョン
2. か　える　のか　あさん　お　よぎ　だす　バチャーン　ス　イス　イス　イ　ス　イス　イスイ
3. か　える　のあ　かちゃん　こ　ろび　ます　ゴロ〜ン　1　2　3　41　2　3　4　1　2　3　4　5

あそびメモ　ルール理解につながる
それぞれのカエルに役割（動き）がある
ので、役割を把握することで、簡単な
ルールを理解する手立てにつながります。

⭐ トンネルで〜す！

トンネルになって遊ぶ

子どもはトンネル（手をつ
いてくまさん歩きのポーズ）
をつくります。乗り物のイ
ラストの上をどんどん通り、
繰り返して遊びます。車の
配置を変えると、遊びがど
んどん広がるでしょう。

あそびのコツ
人数が多ければ交互に
してもいいでしょう。

準備物
A4またはB5サイズの用紙に
車、バスなどのイラストを描き、
台紙に貼るもしくはクリアフォ
ルダーに入れる（床にランダム
に置く）。

あそびメモ　視点を変えて
車がトンネルをくぐるのではなく、ここ
では子どもがトンネルになって、形をつ
くったり、車の上を通ったりするおもし
ろさに注目します。異なる視点で遊ぶ
経験をすることは非常に大切なことで
す。楽しく過ごせるよう廊下やホール
などいろいろな場所で遊んでみましょう。

いっぱい遊ぼう

⭐ ハイハイとんねる

『いとまき』の替え歌で遊ぶ

❶ ハイハイとんねる
　ハイハイとんねる
　どちらにしよう

手拍子をしながら歩く。

❷ できたできた

止まって手拍子をし、保育者がAか
Bかを選んで歌う。

Ⓐ おおきなおおきな　とんねるだ

あそびのコツ
トンネルをすぐにつくれな
い子どもには、保育者がオ
ニになって捕まえようとす
る動きを入れてもOK！

子どもが手を付いて
トンネルをつくる。

Ⓑ ハイハイハイハイくぐりましょう

くぐれた〜

保育者（複数）の足のトン
ネルを子どもが全部くぐる。
繰り返し遊ぶ。

 あそびメモ　順序を守ることが分かる
トンネルをくぐるとき、友達を見
ながら順序を守ることを覚える
ので、集団生活のよさが生まれ
ます。また、手のひらを床に付け、
お尻を上げる動きはマット運動
の前転につながります。

『いとまき』（作詞・作曲／不詳）のメロディーで　作詞／小倉和人

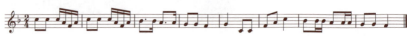

ハイハイ とんねる　ハイハイ とんねる　どちら に しよう　で きた できた　おおきなおおきな とんねる だ
　　　　　　　　　　　　　　　　　　　　　　　　　　　　　　　　　ハイ ハイハイ ハイ くぐりましょう

⭐ ヨーイドンで友達タッチ

準備物
園児用イス（半円に並べる）

1 3人ずつ保育者に向かって走る
子どもたちは3人ずつスタートラインに並び、合図で保育者に向かって走ります。

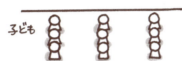

あそびのコツ
初めは1名ずつじっくり遊んでもいいでしょう。

あそびメモ　友達と関わる
どの子どもからも、友達の顔や動きを見ることができます。まだまだ1人遊びの時期ですが、みんなで遊び始める取り掛かりにも。タッチする活動は、案外難しいものです。心と体がマッチングするように繰り返し遊ぶのもよいでしょう。

2 タッチしてイスに座る
1番早く到着した子どもは、保育者とタッチをして、1番端のイスに座ります。2番目に到着した子どもは、保育者、初めの子どもの順にタッチをして、隣のイスに座ります。その次の子どもは、保育者、初めの子ども、次の子どもの順にタッチして座ります。3名ずつ遊んでいき最後の子どもが座ったら、スタートラインに戻ります。

⭐ ピンポ〜ンゲーム

丸に入って「ピンポ〜ン」と言って遊ぶ
自由に歩いて丸を探し、その中に両足で入って、「ピンポ〜ン」と言います。次々にいろいろな丸に入って遊んでいきましょう。

どのまるにしようかな

準備物
ビニールテープ、厚紙、フープ
● ビニールテープの丸、厚紙の丸、フープなど、たくさんの丸を床のいろいろな所に貼ったり置いたりする。

あそびのコツ
3つぐらいを並べたり、バラバラにしたりして、工夫しよう。

あそびメモ　自分で探して判断する
入ると「ピンポ〜ン」と言うルールのある遊び。これだけですが、自分で探して、判断して、声を出すと、繰り返していくうちに楽しくなって、どんどん自分から探しに行きます。つまり、活動範囲が遊びの中で広がっているということです。

※慣れてきたら、正方形を置き、「ブーッ」と言います。

夏

環境づくり

遊びの世界が広がり、新しいものにも興味や関心が膨らんで意欲的に遊ぶ姿が見られます。夏ならではの遊びを存分に楽しみたいですね。水遊びはもちろんのこと、砂や泥、絵の具やせっけんなどを使って遊びを展開していきましょう。体調には十分に注意して、日よけのテントやパラソル、遮光ネットなどで紫外線対策もしっかり準備します。

生活

見通しをもって意欲的に生活するために

排せつの自立など、生活の中で自分でできるようになることが一つひとつ増えてきて、自信をもってきた子どもたちですが、更に「自分でできた！」を増やせるように環境を工夫します。

トイレの工夫

ホルダーの紙がまだうまく切れない場合は、ウォールポケットに1回分を入れておきます。

鏡を見てみよう！

鼻水を拭いたら、自分で確認できるように鏡を用意するのも大事なことですね。

切れるようになったら1回分の長さが分かるようにリボンを付けるなど、子どもたちの様子をよく見ながら個人差にも対応していくようにします。

あそび

土や砂、泥などの感触を楽しんで遊び、草花や虫に興味をもてるように

砂場にはだしで入る、汚れてもよい服を保護者に準備してもらうなど、遊びを十分に楽しめるようにしましょう。

夏の虫探し、草花を使ってのままごと遊びなど、自然にふれることも楽しめますね。自然のおもしろさ、不思議さに気付けるよう、保育者が環境設定、ことばがけを工夫しましょう。

なにがいるのかな…？

虫やメダカなどを身近に見られるように、保育室に「むしむしえん」を作りました。

夏ならではのあそびを十分に楽しめる環境の工夫

水遊びを十分に楽しむために

　全身を水に任せて、気持ち良さそうに水遊びを楽しむ子どもたち。時には幼児のプールに参加させてもらうのもいいですね。しかし、しっかり顔を水につけて泳ぐ子もいれば、水に抵抗があってなかなか遊ぼうとしない子もいてかなりの個人差があります。無理をせず、個人の状況に応じて遊びを楽しめるようにしましょう。

もうできたかな？

じょうろ、ペットボトル、スプーンなど、様々な容器を用意しました。

プニプニだよ～

細長い風船に水を入れて膨らませていました。

フィンガーペインティング

　絵の具にのりを混ぜて、大きな紙やテーブルで自由にペイントを楽しみます。絵の具を水で薄めて、全身を使ったボディペインティングも。

ごろごろ～。おなかについちゃった

モコモコ～

様々な素材の感触を楽しめるように

　水遊びもいろいろな遊びに発展できるよう、素材を工夫していきます。絵の具を使って色水遊びやフィンガーペインティング、ボディペインティング、せっけんを使って洗濯ごっこなど、夏だからこそできる楽しい遊びがたくさんあります。場や素材、用具を工夫して一人ひとりが十分に楽しめるようにしましょう。

洗濯ごっこ

水にボディソープを混ぜたタライを用意します。

ジュース屋さんごっこ

ペットボトルに薄めの色水を2色用意し、カップに入れたり混ぜたりして色の変化を楽しんでいます。

なんのジュースがいいですか？

物干しロープ、洗濯バサミを用意します。

保育資料

おはなし

かえるの
レストラン

作：松岡 節
絵：いもとようこ
ひかりのくに

とうもろこしくん
がね..

作：とよた かずひこ
童心社

なつやさいの
なつやすみ

作：林 木林
絵：柿田ゆかり
ひかりのくに

ないちゃったまねぎ

作：わたなべ あや
ひかりのくに

うしろにいるのだあれ
うみのなかまたち

作・絵：accototo
ふくだとしお＋あきこ
幻冬舎

かたづけやさーい

作：わたなべ あや
ひかりのくに

手あそび・わらべうた・ふれあいあそび

● **かたつむり**　文部省唱歌
● **てるてるぼうず**
　わらべうた
● **さかながはねて**
　作詞・作曲：中川ひろたか

● **アイ・アイ**
　作詞：相田裕美　作曲：宇野誠一郎
● **野菜のうた**
　わらべうた

♪ うた

● **たなばたさま**
　作詞：権藤はなよ　補詞：林 柳波
　作曲：下総皖一
● **きらきらぼし**
　訳詞：武鹿悦子　フランス民謡
● **トマト**
　作詞：荘司 武　作曲：大中 恩
● **アイスクリーム**
　作詞：田中ナナ　作曲：岩河三郎
● **どんな色がすき**
　作詞・作曲：坂田 修

自然

🦋 **虫・小動物**
● カタツムリ
● セミ

❀ **草花**
● アサガオ
● ヒマワリ

🍴 **食材**
● トウモロコシ
● キュウリ

手作り玩具

スイカわりわり

目隠しなしで、棒を持ち、スイカをたたいてみましょう。

ポイント
スイカの数をたくさん準備しておくと、子どもは待たされずに思い切り遊べるでしょう。

作り方

レジ袋、新聞紙

◆スイカ
レジ袋の両底をそれぞれくくり、裏返す。丸めた新聞紙1枚を入れ、口をくくる。
※緑と黒の油性フェルトペンで装飾してもいいでしょう。

◆棒
新聞紙5枚を丸めて作る。

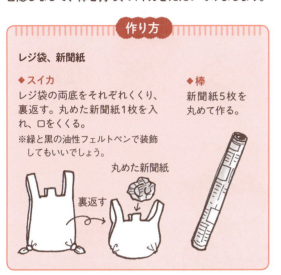

丸めた新聞紙

裏返す

えいっ！

びょんびょんタコとスイスイさかな

タコは輪ゴムを、魚はたこ糸をそれぞれ持って、ピョンピョンと跳ねさせたり、泳がせたりして遊びます。

びょ～ん

作り方

牛乳パック、目玉シール、色画用紙、輪ゴム、紙コップ、ビニールテープ、たこ糸

◆タコ
牛乳パックに切り込みを入れ、鉛筆などで巻いてタコ足を作り、目と口を付け、頭につなげた輪ゴムを貼り付ける。

◆さかな
紙コップの口をペタンコにし、目・うろこ・ひれを貼り付ける。背びれ辺りにたこ糸を付ける。

目玉シール
テープで貼る
色画用紙

ビニールテープ　色画用紙
色画用紙

⭐ ぐるぐるドボン！

『**あたま かた ひざ ポン**』の
替え歌で遊ぶ

❶ みずのなか　ぐるぐる

片手を水の中に入れて、
「ぐーるぐる」でかき回す。

ぐ〜るぐる…

**❷ ぐるぐる
　　ぐるぐる**

♪ ぐ〜るぐる

反対の手で同様に
かき回し、2回目の
「ぐーるぐる」で両手
でかき回す。

**❸ みずのなか
　　ぐるぐる**

♬ ぐ〜るぐる

両手でかき回す。

> **あそびのコツ**
> 両手でかき回すとき、
> 内から外にすると顔に
> 水が掛かりにくいです。

**❹ さいごは
　　ドボーン！**

お尻から勢い良く
浸かる。

> **あそびのコツ**
> 初めは浅い状態で行ない、徐々
> に水を増やしていきましょう。

ドボ〜ン！

> **あそびメモ**
> **腕全体を使って**
> 水が顔に掛かるのが
> 苦手な子どもも、繰り
> 返し遊ぶことでしぜん
> に慣れていくでしょう。
> 腕全体を使ってかき回
> せるようになるといい
> ですね。

『**あたま かた ひざ ポン**』（作詞／不詳　イギリス民謡）のメロディーで　作詞／小倉和人

みずのなか　ぐるぐる　　ぐるぐる　　ぐるぐる　　みずのなか　ぐるぐる　さい ごは　　ドボーン！

⭐ ぺっこんポンプ

ポンプで水をくんで遊ぶ

飼育ケースに水を入れ、ポンプを押して水を出して遊びます。

せーの!

あそびのコツ
初めは出にくいので保育者がそばについて声を掛けたり一緒に手伝ったりしてみよう。

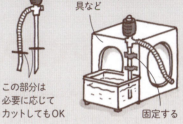

準備物
灯油ポンプ、飼育ケース

● ブロックや柱などに、飼育ケースから水をくめるように灯油ポンプを固定する。

この部分は必要に応じてカットしてもOK

ブロックや柱、固定遊具など

固定する

あそびメモ 開放的な雰囲気の中で遊ぼう
100円ショップなどで手軽に入手できる灯油ポンプを使って、水をくみ上げ違う口から出してみるというおもしろさが味わえます。夏の開放的な雰囲気の中で経験できると良いですね。

⭐ ひげボッチャ〜ン!

『とんとんとんとんひげじいさん』の替え歌で遊ぶ

プールに入りながら、手遊びをします。

❶ とんとんとんとん　ひげじいさん

ボッチャ〜ン!

あそびのコツ
子どもたちの水慣れ具合を見て、遊びを進めよう。

手遊びの後、ひげの手を「ボッチャ〜ン!」と水しぶきを上げるように、水の中に入れる。

❷ とんとんとんとん　こぶじいさん〜　めがねさん

❶と同様に、こぶ、てんぐ、めがねの手を、水の中に入れる。

❸ とんとんとんとん　てはうえに

手を上げて伸びる。

❹ キラキラキラキラ　すわりましょう

「ボッチャ〜ン!」とみんなで水に浸かる。

ボッチャ〜ン!

あそびメモ なじみの歌でダイナミックに
ある程度水遊びに慣れると開放的になり、子どもたちは積極的に水の中へ入っていきます。子どもたちがよく知っている歌で、ダイナミックに遊んでみましょう。ここで今一度、水の中でのルールを確認しながら、事故のないように楽しく遊べるような配慮が必要です。

『とんとんとんとんひげじいさん』(作詞／不詳　作曲／玉山英光)のメロディーで　一部作詞／小倉和人

夏

ちょこっと遊ぼう

★ プールで玉入れ玉出しごっこ

準備物
プラスチックのカラー
ボール

プールの中と外でカラーボールを投げて遊ぶ

子どもたちはプールの中と外に分かれて、待機します（プールの大きさ、人数を
配慮しましょう）。合図が鳴ったら、プールの中からボールを一斉に外へ、外に出
たボールは外にいる子どもが中に投げます。これを繰り返して遊びます。

あそびのコツ
必ず、中と外、両方に
保育者がつき、一緒
に盛り上げよう。

あそびメモ
みんなで一緒に遊ぶ楽しさを感じて
自分の手で物を集めるのが大好きな子どもたち。手にしたボールを外にポ
イポイ、外の子どもも集めて中にポイポイという具合に、それぞれが玉入
れ玉出しを楽しめます。みんなで一緒に遊んでいることを楽しめるように、
時間の経過とともに移り変わっていくと良いですね。

※遊びに慣れてきたら、子どもたちの様子を見ながら、
　勝敗をつけても楽しいでしょう。

いっぱい遊ぼう

★ 異年齢児と **がたごとでんしゃ**

準備物

BGM（電車がテーマの曲 など）、フープ、マット、テーブル（園児用イスでもOK）、
● 保育室内にコースをつくっておく。

○○ちゃん

あそびのコツ
異年齢児に次に乗る子どもの名前を呼んでもらう。

わーい

○○くん
どうぞー

たのしかった

とう
ちゃくー

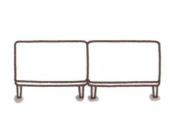

トンネル
だよー

いってらっしゃーい

---

1 二つの駅に分かれて座る

でんしゃ
まだかな？

のってね

年上の子が電車（フープ）を持って、2歳児を駅（マット）まで迎えに行き、先頭の子をフープに入れます。

2 電車に乗って前に進む

がたん
ごとん〜！

年上の子は外側からフープを持って進みます。途中、年上の子2人で手をつないでつくったトンネルをくぐっていきます。

3 駅に到着する

反対側の駅に着いたら、子どもを降ろし、先頭の子どもを乗せて再び出発します。

※トンネルと電車は交代しながら遊びましょう。

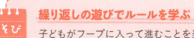

あそびメモ

繰り返しの遊びでルールを学ぶ

子どもがフープに入って進むことを楽しむのはもちろん、駅に着くと降りる、順番が来たら乗る、この繰り返しが簡単なルールを学ぶポイントでしょう。

83

 いっぱい遊ぼう

⭐ つめつめ　ポロン？！

準備物
ペーパー芯（周りに色紙を貼ってもOK。ただし、中に折り返すのは避ける）、新聞紙¼サイズ

新聞紙をちぎった後、詰めて遊ぶ

ちぎった新聞紙を芯に押し込んで入れていき、個々で様々な活動をします。

でてきた〜！

ぎゅっぎゅっ

あれ〜みえないよ！

反対側から新聞紙が出てくることがおもしろく、どんどん入れていきます。

手や足で押さえて、出てこないように押し込みます。

詰め込んだペーパー芯をのぞき合います。

あそびのコツ
助言や共感する言葉を掛けよう。

詰め込んで指で押し込んだり、つまんで取り出したりします。

あそびのコツ
新聞紙で滑ると危ないので注意。サイズは¼に！

アイスキャンディーや花に見立てる遊びへと発展させます。

うまくできたね

おはなだよ

ビリビリ〜

 あそびメモ

一人ひとりの活動の変化を認める

ここで大切なのは、一人ひとりの活動を保育者がどう捉えるかです。同じ素材、同じ方法でも、子どもの姿はそれぞれ変化してきます。この一人ひとりの活動の変化を認めることが大切です。

⭐ くっついた！

『ひらいた　ひらいた』の替え歌で遊ぶ

❶ くっついた　くっついた
**　　おともだちと　くっついた**

2人組で両手をつないでリズムをとる。

あそびのコツ
慣れてきたら、いろいろな友達と2人組になって遊びましょう。

❷ ○○○が　くっついた

○○○の中には、おなか・お尻・頬・背中を入れて保育者が歌い、友達とくっつけ合う。

♪せなががくっついた

背中の場合

おなかの場合

♪おなががくっついた

❸ くっついたとおもったら

そのままくっつけておく。

❹ いつのまにか　すわった

その場に座り、次の友達を見つけて繰り返し遊ぶ。

友達とくっついて遊ぶことが、とてもうれしそうでした！

『ひらいた　ひらいた』(わらべうた)のメロディーで　作詞／小倉和人

あそびメモ

友達と関わりを深める

体をくっつけるという活動は友達との関わりを深めるきっかけになります。たくさんの友達と関わりをもつ経験をすることで、2人組になったり、友達と関係性をもったりすることができてきます。

環境とあそび

夏　いっぱい遊ぼう

85

秋

環境づくり

体の動きも巧みになり、自分の思ったように動かせることは、子どもたちにとって、とてもうれしいことのようです。鉄棒にぶら下がってみたり、三輪車をこいでみようとしたりするなど、自分の力を試そうと果敢に挑戦します。戸外でも室内でも、楽しく体を動かせるような環境を工夫しましょう。

生活　生活習慣の自立に向けて

生活の様々なことが自分でできるようになり、自信をもち始める子どもたちです。保育者は、自分でできたことを認めつつ、例えば食後、「まだすこーし、お顔に付いてるよ」などと声を掛けていきます。その際、自分で確認できる鏡があるとよいでしょう。

あそび　秋の自然に親しみ、季節を感じながらあそびを楽しめるように

戸外での砂場遊びを心ゆくまで楽しんだり、自然物を使って製作遊びやままごとをしたりして、季節を感じる体験を通して遊びが充実してきます。葉っぱやドングリ、マツボックリなどは様々に使えるので、散歩に出掛けるときに集めたり、保護者に協力をお願いしたりしてもよいですね。

散歩時の自然物集めや、ままごと遊びにも使える保護者の手作りバッグ

まぜまぜ

じっくり砂場遊びができるように、地面に足が着く高さのイスを用意します。砂と砂場の道具を使ってごはん作り。鍋やれんげ、へら、しゃもじなどを用意しました。

いただきます

散歩時に集めたドングリと紙粘土を使って作った、ピザやケーキを、ままごと遊びに使用します。

思い切り体を動かして遊べるように

いろいろな動きのある遊びを楽しむ

走る、止まる、跳ぶ、くぐるなど、いろいろな動きを楽しみ、片足ケンケンや三輪車こぎにも挑戦します。うまくできないと葛藤はありますが、できるようになりたいという気持ちが強くなってきています。様々な動きが体験できるような遊びを工夫しましょう。年上の子どもたちの動きも良い刺激になります。

鉄棒のぶら下がりに挑戦

みてて、できるでしょ

三輪車こぎに挑戦

危険な箇所や小石などが落ちていないか確認しておきましょう。

園舎のあらゆる場を工夫して ～走り回れる場をつくる～

体を十分に動かして、かけっこなどをして遊びたい時期です。広い場所でできるのが理想ですが、なかなかそうはいかない環境の園でも、工夫次第でできることがあります。カラー標識や仕切りを置いたり、ラインを引いたりすることで、走り回るコースや三輪車の回遊コースになります。また、段差がある所には傾斜板を渡しておくなどの工夫もよいですね。

段差に傾斜板を渡して

走り回って「○○マンごっこ」を楽しんでいます。

いろいろなあそびに興味をもって意欲的に取り組めるように

ちょっと難しい固定遊具にも挑戦したり、新しい素材や使い方を知って自分なりに表現しようと工夫したり、言葉のやり取りを必要とする遊びにも意欲的に取り組んでいきます。遊具や素材の使い方を知らせたり、場にふさわしい言葉の使い方を行動で示したりして、子どもたちの興味や関心がより広がっていくようにしましょう。

クレヨンで

ペットボトルで作ったクレヨンケースに3色のクレヨンを入れて、一人ひとりに用意しています。

一歩、一歩…

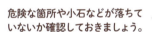

慎重に足を出して進んで行っています。保育者は真剣に取り組む姿を、そばで見守ります。

ひとつください

いまやいてますからまってくださいね

異年齢児との関わり

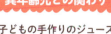

子どもの手作りのジュースやせんべいを買いに。マイバッグで一気に雰囲気アップ。保育者も一緒に遊ぶ中で、言葉のやり取りが楽しめるようにします。

おはなし

さつまのおいも
文：中川ひろたか
絵：村上康成
童心社

いもむしれっしゃ
作・絵：にしはら みのり
PHP研究所

ぴょーん
作・絵：まつおか たつひで
ポプラ社

おいもほり
作：中村美佐子
絵：いもとようこ
ひかりのくに

**どんぐりむらの
ほんやさん**
作・絵：なかや みわ
学研

**おやすみなさい
おつきさま**
作：マーガレット・
　　ワイズ・ブラウン
絵：クレメント・ハード
訳：せた ていじ
評論社

手あそび・わらべうた・ふれあいあそび

- **どんぐりころころ**
  作詞：青木存義　作曲：梁田 貞
- **大きな栗の木の下で**
  訳詞：不詳　イギリス民謡
- **松ぼっくり**
  作詞：広田孝夫　作曲：小林つや江
- **やきいもグーチーパー**
  作詞：阪田寛夫　作曲：山本直純
- **あぶくたった**　わらべうた
- **むっくり熊さん**
  訳詞：志摩 桂　スウェーデン民謡

うた

- **虫の声**　文部省唱歌
- **とんぼのめがね**
  作詞：額賀誠志　作曲：平井康三郎
- **月**　文部省唱歌
- **こおろぎ**
  作詞：関根栄一　作曲：芥川也寸志
- **夕焼け小焼け**
  作詞：中村雨紅　作曲：草川 信
- **秋のマーチ**
  作詞：井出隆夫　作曲：越部信義

自然

🍀 虫・小動物	🌸 草花	🍴 食材
● トンボ	● ドングリ	● レンコン
● スズムシ	● ススキ	● サツマイモ

手作り玩具

🍀 スィーッ！とトンボさん

戸外に出て空を飛んでいるトンボと一緒に飛ばして遊びます。

ピタッ！

ポイント
歌をうたいながら、一緒に飛んでいる気分になって遊ぶといいでしょう。

作り方

ペーパー芯、色画用紙、曲がるストロー

● ペーパー芯を縦に1回切り、絞って細長くしてテープ留めし、羽や目玉を付ける。2か所切り込みを入れた曲がるストローを、トンボの胴体に巻き付けてテープで留める。

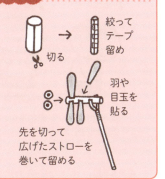

切る

絞ってテープ留め

羽や目玉を貼る

先を切って広げたストローを巻いて留める

🍀 クルクルふ〜っ！！

土台のストローに十字の牛乳パックを差し込みます。1つでも、全て差し込んでもOK。息を吹き掛けてクルクル回して遊んでみましょう。

ポイント
指先を上手に動かして差し込んだり、息を吹く場所を調整したりして、じっくり遊んでみましょう。

作り方

牛乳パック、ストロー（直径6mm、5mm）、油粘土

● 牛乳パックを3cmの輪切りにし、十字になるように折り込む。中心に6mm、長さ3cmのストローを入れテープで留めた物を3個作る。土台は油粘土に5mmのストローを差し込み、その上から6mmのストローを下部まで差し込む。
※油粘土はアルミホイルに包んでおくと良いでしょう。

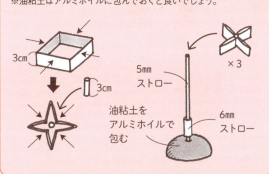

3cm

3cm

×3

5mmストロー

6mmストロー

油粘土をアルミホイルで包む

フゥ〜ッ！

ちょこっと遊ぼう

⭐ とんとんパッパッ！

『おうま』の歌で遊ぶ

❶ おうまの

♪ おう　♪ まの

両手で頭を2回タッチ。　手拍子を2回。

❷ おやこは

♪ おや　♪ こは

両手で肩を2回タッチ。　手拍子を2回。

❸ なかよし

♪ なか　♪ よし

両手で膝を2回タッチ。　手拍子を2回。

❹ こよし

♪ こよし

かいぐりをする。

❺ 「パッ」

パッ

手を広げる。

❻ いつでも いっしょに ぽっくりぽっくり あるく 「パッ」

❶〜❺を繰り返す。

『おうま』
（文部省唱歌　作詞／林柳波　作曲／松島つね）

あそびメモ
小さな自信の積み重ねで成長する
いろいろな部位にタッチをし、リズムをとっていくうちに、子どもたちの中に「できた！」という自信が表れます。小さな自信の積み重ねが子どもの成長へとつながっていきます。

⭐ くっつきめがね

『とんぼのめがね』の歌で遊ぶ　2人組になり、向かい合せになって遊びます。

❶ とんぼの

手拍子を2回。

❷ メガネは

手でメガネをつくって相手をのぞき込むように。

❸ みずいろ

❶と同様に。

❹ めがね

❷と同様に。

あそびのコツ
まずは歌いながらスローなテンポで遊んでみよう。

❺ あおいおそらをとんだから とんだから

手をつないでグルグル回る。

❻ 「チョン」

チョン♪

後奏ピアノで❷と同様にのぞきます。

あそびメモ
友達とのコミュニケーションに
『とんぼのめがね』で、友達と一緒に遊んでみましょう。繰り返し楽しんだら、相手を交代して遊んでみましょう。いろいろな友達とのコミュニケーションの力を高めるチャンスです。

『とんぼのめがね』（作詞／額賀誠志　作曲／平井康三郎）

★ だるまさんが…すわった?

『だるまさんがころんだ』をアレンジして遊ぶ

イスの周りに立ちます。

❶ だーるまさん　だーるまさん　だーるまさんが

イスの周りを歩く。

準備物

園児用イス

●間隔をあけて、イスを外向きの円形に並べる。

♪ だーるまさん

♪ だーるまさん

❷ すーわった…

「た」でイスに座ります。保育者は空いているイスを見つけて、座れるように子どもを追い掛けていきます。

♪ すーわった

すーわった!

あそびのコツ
ゆっくり歩きながら、どこに座るか考えながら遊べるように声を掛けよう。

すわりません!

ビクッ!

※アレンジとして「すわりません!」など言うと、動きを止めたり、子ども自身が変化に気付いたりします。

あそびメモ

自分たちで解決する
自分が座れそうな席を見つけたり、座りたい場所が重なったときには友達と話し合ったりして、自分達で解決して友達との関係性を築けるようにできればいいでしょう。また、「すーわった!」以外のバリエーションもあるとより楽しめますね。

『だるまさんがころんだ』(わらべうた)

ちょこっと遊ぼう

★ たぬきでかくれんぼ

準備物
子どもが集まる円（ビニールテープなど
で印をつけておく）、隠れられる環境

1 円になり『げんこつやまのたぬきさん』で遊ぶ

 ❶ げんこつやまの　たぬきさん ❷ おっぱいのんで〜おんぶして ❸ またあした

握り拳を交互に重ねる。

しぐさのまねをする。

た！

かいぐりをして「た」で手足を伸ばす。

『げんこつやまのたぬきさん』(わらべうた)

2 かくれんぼをする

保育者が10秒数える間にいろいろな所に隠れます。
保育者は、目を開けて子どもの様子を見ながら数
えましょう。数え終わると探しに行き、タッチした
ら円の中に入るよう促します。みんな見つけたら
また最初から繰り返し楽しみます。隠れる場所に
ついて振り返り、次の隠れる場所を一人ひとりが
考えていけるようにしましょう。

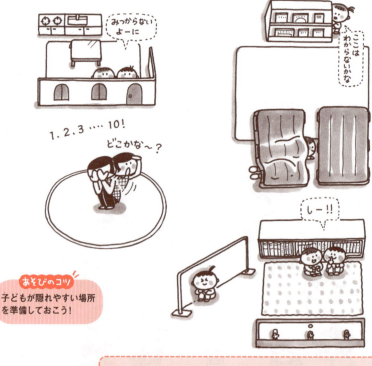

1. 2. 3. …… 10!
どこかな〜？

みつからない
よーに

ここは
わからないかな

しー!!

しずかに

ドキドキ

みつからない
よーに

ここだいじょうぶ
かな

あそびのコツ
子どもが隠れやすい場所
を準備しておこう！

**あそび
メモ**
隠れて見つけてもらう楽しさを味わう
自分の体を小さくして息を潜め、見つからないようにすること
が、楽しいポイントです。毎回振り返ることで、見つかって残
念！　でも次は見つからないぞ！　と、隠れ場所を子どもた
ちが考えられるようになればいいですね。

⭐ めいろでドン！！

コースを走って遊ぶ

フープに2人が入り（広ければ3人でも）、スタートの合図で走ります。このときBGMをかけるとより盛り上がるでしょう。帰ってきたら座ります。順番に走りましょう。

準備物

フープ、カラー標識、園児用イス、長イス、巧技台、とび箱、ジョイント式平均台など

● 室内の場合、様々な遊具を並べて、迷路をつくっておく（走る距離をのばす）。
● 戸外の場合、白線で迷路をつくっておく（コーナーの部分にカラー標識を置くと分かりやすい）。

あそびのコツ
初めは簡単に、見通しがもてるようなコースから始めよう！

あそびメモ

走り切った満足感を味わえるように

競争心よりも、「走れた！」という満足感を味わえるようにすることが大切です。「走れたね、上手に行けたね」ということばがけをしましょう。もしコースが違っても、「OK、いいよ」の気持ちでサポートしてくださいね。

いっぱい遊ぼう

 しんぶんぼう （P.101へ続く）

いろいろな動きをして遊ぶ
こんなことできるかな？

準備物
新聞紙（5枚程度） ●新聞紙を丸めて棒を作る。

両手で持って、前から後ろへ

置いてジャンプ

掃除機をかける

ブーン

またがってお散歩

並べてジャンプ

ジャンプ

あそびのコツ
子どもと一緒にまねっこ遊び、見立て遊びをテンポ良く進めていこう。

あそびメモ　簡単な表現遊びを楽しむ
初めは、「こんなことできるかな？」でスタートしますが、子ども一人ひとりが棒を使って簡単な表現遊びをしています。「これはこのようにしましょう！」という決まりはないので、柔軟な対応をしましょう。

 しっぽっぽ！

1 床にビニールテープの目印を貼り、しっぽを付けた子どもが座る

マット または
ビニールテープの線

次はこちらから

2 『だるまさんがころんだ』の節で遊ぶ

❶ かわいいしっぽは　どーこだ？
子どもはじっとして動きません。
※何回か繰り返します。

♪かわいいしっぽは〜

❷ おいしそうなしっぽは　どーこだ？
子どもは一斉に目印へ逃げ、保育者は追い掛けます。

にげる〜!!

準備物
傘袋、新聞紙、園児用イス、ビニールテープ ●傘袋に新聞紙を詰めてしっぽを作る。 ※子どもが新聞紙を詰めましょう。 ※傘袋の一部をズボンに挟むと落ちにくくなります。

あそびのコツ
保育者は、しっぽを取れそうで取れない感じを楽しみましょう。慣れてきたらしっぽを取ってもいいでしょう。

あそびメモ　言葉の違いを理解して動く
自分で作ったしっぽを付ける喜びと、それを取られたくない気持ちが子どもの逃げる原動力に。また、言葉の違いをよく聞いて動くことも大切で、今後の活動につながります。

『だるまさんがころんだ』（わらべうた）

★ どこに くっついた?

1 『こおろぎ』の歌で遊ぶ

❶ こおろぎ
玩具を振って鳴らします。

❷ ちろちろりん
上に手を伸ばして玩具を鳴らします。

❸ こおろぎ
❶と同じ。

❹ ころころりん

下に手を伸ばして鳴らします。

❺ ちろちろりん
❷と同じ。

❻ ころころりん
❹と同じ。

❼ くさのなか

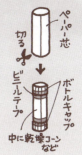

振って鳴らし、「ピンポーン」と言ってキャップ部分を押します。

> **準備物**
> ボトルキャップ2個、ペーパー芯1本、乾燥コーン(小豆・大豆などの豆類でもOK)
> ●ペーパー芯に縦の切り込みを入れ、絞ってボトルキャップの中に入れ込む。その中に乾燥コーンを入れ、もう1つのキャップで蓋をしてビニールテープを巻いて固定する(装飾してもOK)。
> ペーパー芯／切る／ビニールテープ／ボトルキャップ／中に乾燥コーンなど

> **あそびのコツ**
> 「ピンポーン」でうまく次の活動に移れるように、リズム遊びを楽しみましょう。

2 「お尻」「背中」「おなか」のいずれかを床にくっつける

1の後、保育者が「お尻」「背中」「おなか」のいずれかを伝え、子どもは床にその部位をくっつける。
「できたー!」の合図で立つ。繰り返し遊んでみましょう。

お尻の場合

おなかの場合

背中の場合

『こおろぎ』(作詞／関根栄一　作曲／芥川也寸志)

1. こ　おろ　ぎ　ちろちろりん　こ　おろ　ぎ　ころころりん
2. に　いさん　ちろちろりん　お　とうと　ころころりん
3. や　さしい　ちろちろりん　お　かわいい　ころころりん

ちろちろりん　ころころりん　く　さのな　ま　かすか
ちろちろりん　ころころりん　く　う　たい　な　すか
ちろちろりん　ころころりん　く　さの　な　すか

「ピンポーン」の後、部位を伝えたら急いで床にくっつけて楽しんでいました。

> **あそびメモ　瞬時に判断して動く**
> 「ピンポーン」の合図をきっかけに、子どもが待つ・聞く・動くといった流れを自分で考えて行動に移します。瞬時に判断して動けることはとても大切なことです。また、リズムに合わせて、上・下で鳴らすような決まった内容をすることも子どもたちは楽しむでしょう。

95

環境づくり

様々なことに自信がつき、何でもやってみようとする子どもたち。寒くてもきっと外で走り回って遊びたいはずです。簡単なルールなら楽しんでできますので、鬼ごっこやゲームなども分かりやすく説明をしながらやってみてください。

生活　身の回りのことを自分からしようと思えるように

　手洗いやうがいなどの習慣は、保育者が見本を示したり、絵を掲示したりして、大切さや手順を分かりやすく伝えます。順番を待つための足形掲示などもよいでしょう。また、外に出ると分かれば、自分で上着を着る、靴を履くなどの動作もスムーズにできるようになってきます。

あそび　空気の冷たさを感じながら、身体を動かすあそびを楽しめるように

　園庭や公園で走り回って遊べる内容を考えておきましょう。いろいろなおにごっこ、かけっこなど簡単なルールがあると、更に楽しくなる頃です。冬ならではの、たこ揚げもよいですね。簡単ですぐ作れる物を工夫しましょう。

レジ袋に油性フェルトペンで絵を描き、ひもを付ければ簡単なたこの完成!

おにが来たぞ〜

あそび　冬の自然に触れてものの変化や不思議さに気付けるように

冬の自然は不思議なことがいっぱいです。寒さも忘れて見入っている子どもたちです。特に雪にあまり縁のない地域の子どもたちは雪が降れば大喜び。寒いどころではありません。貴重な数少ない体験を大事にしましょう。ミニ雪だるまや雪団子作りなどで遊べると楽しいですね。

つめたい！

霜が降りているのを発見した子どもたち。サクサク踏んでみたり手に取ってみたりして、興味津々です。冷え込んだ夜の翌朝は、霜を探してみてください。

あそび　ごっこあそびの中でやり取りを楽しめるように

言葉も増えて、保育者や友達とのやり取りを少しずつ楽しめるようになってきた子どもたちです。生活の再現や見聞きしたことをやってみる、自分のイメージでなり切ってみることなどを遊びの中で実現しています。環境を構成するほか、保育者も言葉を補ったり、イメージが広がったりする援助をしましょう。

〇〇ちゃん、ねんね…

保育者のまねをして、人形を寝かしつけています。同じ物を複数用意しておくなどの配慮を。

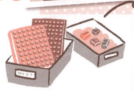

友達と一緒にブロックで立体物を作っています。ブロックは、種類別に分けて収納しておきます。

あそび　異年齢児とふれあいながら、楽しく遊べるように

家庭での兄弟関係を経験できない子どもも多い最近では、自分よりも小さな弟・妹、大きなお兄さんお姉さんと関わる体験はとても貴重な体験です。園内ばかりではなく、地域の他施設とも連携しながら、いろいろな子どもや大人とふれあう体験を取り入れていきたいですね。

なにがいたの？

中学3年生と

いつもと違う環境に戸惑う子どもには、そばについて見守ったり、保育者を介して遊べるようにしたりします。中学生にも、小さい子への関わり方（子どもの目線に合わせて話す、正しい日本語で話す など）を知らせていくとよいでしょう。

風呂敷や布を、洋服や布団にして使っています。エプロンやスカートも用意すると遊びが広がります。

あーぶくたったにえたった…

遊びたくても入れない子には、無理強いせずに様子を見たり、保育者と一緒に入ったりして楽しさを知らせていきましょう。

園のお兄ちゃん、お姉ちゃんと

2歳児が穴掘りしていると5歳児が大きなシャベルを持って来て、一緒に穴掘りを始めました。子ども同士がしぜんと一緒に遊べるようにしたいですね。

保育資料

おはなし

**ばけばけばけばけ
ばけたくん**

文・絵：岩田 明子
大日本図書

**バムとケロの
さむいあさ**

作：島田 ゆか
文溪堂

**コロちゃんの
クリスマス**

作：エリック・ヒル
訳：まつかわまゆみ
評論社

ごめんやさい

作：わたなべ あや
ひかりのくに

**ねずみくんと
ゆきだるま**

作：なかえよしを
絵：上野紀子
ポプラ社

**おせちいっかの
おしょうがつ**

作：わたなべ あや
佼成出版社

手あそび・わらべうた・ふれあいあそび

● もちつき
　作詞：小林純一　作曲：中田喜直
● こんこんクシャンのうた
　作詞：香山美子　作曲：湯山 昭

● うさぎとかめ
　作詞：石原和三郎　作曲：納所弁次郎
● グー・チョキ・パー
　作詞：柴田陽平　作曲：小六禮次郎

うた

● 赤鼻のトナカイ
　作詞・作曲：J.D. マークス
　訳詞：新田宣夫
● あわてん坊のサンタクロース
　作詞：吉岡 治
　作曲：小林亜星
● お正月
　作詞：東 くめ
　作曲：滝廉太郎
● たこ
　文部省唱歌
● 雪のこぼうず
　訳詞：村上寿子　外国曲

自然

🍴食材
● 春の七草
　（セリ、ナズナ、ゴギョウ、ハコベラ、
　ホトケノザ、スズナ、スズシロ）

● ダイコン
● ハクサイ
● レンコン

🌿その他
● 雪、氷

手作り玩具

きらきら万華鏡

蛍光灯の方にキラキラ万華鏡を向け、穴をのぞいてみましょう。
細かな光が中で反射し、キラキラしているように見えます。

のぞくと…

ポイント
細かな穴をたくさんあけ
ることが、キラキラ見え
るようになるコツです。

作り方

牛乳パック、黒色画用紙、アルミホイル、工作紙（牛乳パック
でも可）

● 開いた牛乳パックの3面に、しわを作っ
たアルミホイルを広げて貼り、三角柱
になるようにしてテープで留める。黒
色画用紙に細かな穴をたくさんあけた
物、工作紙に半径1.5cmの穴を一つ開
けた物を両端に貼り付ける。

貼る

アルミホイル

牛乳パック

貼る

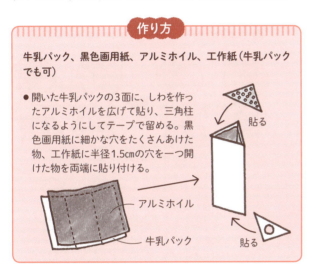

UFO ごま

ゼリーの容器を指でつまんで回して、繰り返し遊びます。

まわった!!

ポイント
厚紙に模様を描いてお
きましょう。回したと
きの変化も楽しむこと
ができます。

作り方

一口ゼリーの容器（底が丸い物）、厚紙、油粘土

● 直径10cmの円の中心に、
直径3cmの穴を開けた厚
紙に、一口ゼリーの容
器を貼り付ける。下の
容器に油粘土を入れて
重しにする。

直径3cmの穴

一口ゼリーの容器

油粘土

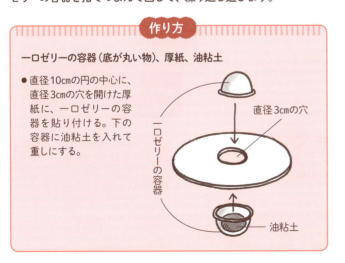

 コンコン・ツンツン

準備物

園児用イス
● イスを向かい合わせにし、他のイスと距離をあけてランダムに置く。

『小ぎつね』の歌で遊ぶ

両手をキツネポーズにして遊びます。終わったら握手をしてバイバイし、違うイスで新しいペアと繰り返して遊びます。

❶ こぎつね

自分の膝にキツネをチョンチョン2回。

あそびのコツ
初めは、1回ずつのチョンでもOK。ゆっくりとしたテンポでできるように！

❷ こんこん

相手のキツネとチョンチョン2回。

❸ やまのなか

膝にチョンチョン2回、相手のキツネにチョンチョン2回。

❹ やまのなか

❸と同様。

❺ くさのみ〜つげのくし

相手をキツネチョンチョンでくすぐる。

あそびメモ
友達と繰り返し遊ぶ
友達と2人での取り組みを積み重ねていくと、言葉を交わさなくても動きを合わせて楽しむなどの姿がたくさん見られるようになります。このように子どもたちが力を発揮しながら遊ぶ中で、保育者は子どもの成長の姿を見守りながら、繰り返し遊び込めるよう配慮しましょう。

『小ぎつね』(訳詞／勝 承夫　ドイツ民謡)

 い〜れ〜て？い〜い〜よ！

準備物

フープ10本
● フープ10本を円形に並べる。

1 合図でフープに入って遊ぶ

あそびのコツ
初めはゆったり入れる数を用意しておこう！

フープの周りを歩き、合図でフープの中に友達と一緒に入ります。合図で、再びフープから出て歩きます。これを繰り返して遊びます。

2 フープの数を減らして遊ぶ

2つ減らしま〜す！

ギュ〜！

しばらく遊んだらフープを2本減らして 1 を繰り返します。しばらく遊んだらまた2本減らして遊びます。
※フープの数を減らしながら、子どもたちがフープに友達と一緒に入ることを楽しめるようにしましょう。

あそびメモ
友達と一緒に
自分の居場所を自分で探し、友達と一緒に楽しく過ごすことができればいいですね。「いっしょにいれて」とお願いしたり、「いいよ、いっしょにはいろ」など、友達を受け入れたりする言葉がちらほら出れば、楽しくなってくるでしょう。

いっぱい遊ぼう

しんぶんぼうⅡ (P.94の続き)

(P.94の続き)

1 みんなでくぐろう！

イスにしんぶんぼうを架けてトンネルをつくり、そのトンネルをくぐって遊びます。

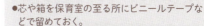
準備物

新聞紙3枚程度を巻いた物、芯(トイレットペーパー、ラップ、キッチンペーパー など)、しんぶんぼうが通る穴のあいた箱(ティッシュペーパーの空き箱、牛乳パック など)、園児用イス

●芯や箱を保育室の至る所にビニールテープなどで留めておく。
●イスは子どもが通れるぐらいの間をあけ、背中合わせに置く。

短い辺から巻く
新聞紙
最後にセロハンテープで留める

せまいよ〜

でぐちだ〜！

2 しんぶんぼうをくぐらせよう！

保育室にある穴を探して、しんぶんぼうをくぐらせて遊びます。

よく考えて遊べるので、飽きずに遊ぶことができていました。

とおった〜！

さしこむぞ〜

シュー!!

あそびのコツ
順を追って遊びを展開してみましょう。

あそびメモ

満足いくまで活動できる環境

トンネルをくぐる活動は、体を小さくしてうまくコントロールをすることにつながります。また、棒を様々な穴にくぐらす活動は、進んで興味をもって取り組む姿の表れにもなるでしょう。「このあな、とおるかな？」と挑戦したり、通して棒が止まった状態をじっと眺めたりするなど、子どもが感じたことをそれぞれ満足いくまで活動できる環境になるでしょう。

⭐ どっち　どっち？

『グーチョキパーでなにつくろう』の替え歌で遊ぶ

♪うんてんしゅと　おきゃくさんと　どちら？　どちら？
　うんてんしよう　すわってのろう　どちら？　どちら？

どちら？
どちら？

歌いながら歩き、歌い終わったら保育者が「運転手さん」または「お客さん」と言います。

あそびのコツ
自分から進んでイスを探せるような声掛けをしましょう。

慣れてきたら…
◎おにごっこ
座るときに保育者が追い掛けるようにする。

◎クリスマスにちなんで
歌詞を替えて、歌いながら歩く。

♪サンタと　プレゼント　どちら？　どちら？
　サンタクロース　プレゼント　どちら？　どちら？
「サンタクロース」→イスに座る
「プレゼント」→マットに座る。

準備物
マット、園児用イス
●マットを中央に2〜3枚置き、周りにイスを進行方向に円形になるよう並べる。

運転手さんの場合

お客さんの場合

運転手さんならイスに、お客さんならマットに座ります。これを繰り返し遊びます。

何回繰り返し遊んでも、夢中になって楽しめていました。

あそびメモ　簡単なルールを理解する
運転手さんはイスに、お客さんはマットにと、簡単なルールを理解していくことが大切です。バスやオニごっこ、サンタクロースなど、子どもがすぐにイメージして取り組めるので、楽しめることでしょう。

『グーチョキパーでなにつくろう』（作詞／不詳　外国曲）のメロディーで　作詞／小倉和人

⭐ ころころジャンプ

ジャンプッ！

「ころころ」を踏まないようにして遊ぶ

保育者が、「ころころ」を転がしながら短縄を左右に動かします。子どもは踏まないようにまたいだり、跳び越えたりして遊びます。

ヨイショッ！

「ヨイショッ！」とまたいだり「ころころ」を踏んで感触を楽しんだりなど、いろいろな姿が見られました。

あそびのコツ
一度子どもの前で止めると、上手にまたげます。

あそびのコツ
転がっている様子を十分に見せましょう。

準備物
短縄、ペーパー芯、新聞紙
●新聞紙を3回程度折り、ペーパー芯に巻き付けて「ころころ」を作る。
●短縄に「ころころ」を5〜6個通す。
※人数に応じて、縄の長さを変えたり、ころころを増やしたりしてください。

あそびメモ　運動要素を含む遊びを楽しむ
膝を上げてまたぐ、ジャンプなどの活動は、しっかりと歩く・走る活動につながっていきます。楽しみながら運動要素を含んだ遊びを繰り返してみましょう。

★ スリスリ王子とこちょこちょ王女

1 「♪スリスリ王子とこちょこちょ王女　ど・ち・ら・に・し・よ・う！」

ラインに並び、リズミカルに唱えます。

準備物

マット（赤・青）、ビニールテープ、サイコロ（赤・青の面×各2、赤と青が半分ずつの面×2）

●スタートラインをビニールテープで引く。
●赤マット・青マットを置く。
※色付きマットがなければ、ビニールテープで丸印を作り、中央にそれぞれのカラー標識を置きましょう。

2 マットに移動する

あそびのコツ
自分でマットの色を選べるように促しましょう。

笛の合図で好きな色のマットに移動します。

3 「♪サイコロ振って　え・ら・び・ま・しょ！」

リズミカルに唱え、サイコロを振ります。

4 「スリスリ〜」「こちょこちょ〜」

青が出た場合　スリスリ〜

赤が出た場合　こちょこちょ〜

青が出たら、青マットの子どもを保育者がスリスリ（なでる）しに行きます。赤が出たら、赤マットの子どもを保育者がこちょこちょし（くすぐる）に行きます。両方の色が出たら、それぞれのマットに、スリスリとこちょこちょをしに行きます。繰り返し、遊んでみましょう。

あそびメモ
ドキドキ感や期待感を楽しむ
自分で選んで進むドキドキ感、「どちらに先生が来るのかな？」という期待感、そんな気持ちになることでしょう。子どもの気持ちに少しアクセントを付けるきっかけがあれば、待っていても「じゃあ、次はどっちにしよう？」と進めることだと思います。

早春

環境づくり

新年度からは3歳児クラス。基本的な生活習慣も身につき、自分でできるという自信を積み重ねてきた子どもたちです。一人ひとりが進級を本当に楽しみにしているようです。不安を感じている子どもには、励ましながら自信をつけられるように援助をしていきましょう。

あそび　**家庭と**

進級へ向けて、保護者と子どもの成長を確認し合い、喜びを共有するために

様々な素材を使って自分なりの表現をしようといろいろ試したり工夫したりしています。自分のイメージを形に表現することも楽しくなり、意欲的に取り組んでいます。

ブドウが
いっぱい
あって…

作品とともに
ポートフォリオを掲示

> **はなな組（2歳児）**
>
> **自由画**
>
> クレヨンを使って自由に描くことを楽しみました。1歳児クラスの時は紙に色が付くことが楽しい様子の子ども達でしたが、描き方にも変化が出てきました。クレヨンをしっかりと握れるようになった事で力強い線が描けたり、手首や指先の細かい動きもできるようになったりして、線だけでなく丸い形を描けるようになりました。いろいろな色を使い、自分の知っている物や好きな物を友達や保育者に伝えながら楽しく描いています。

生活

基本的な生活習慣が身につき、自分から行なえるように

保育者から声掛けをされなくても、手洗いやうがい、着替え、排せつなど、完全ではなくとも自分で判断して行なおうとします。進級に向けても、できていること、まだ難しいところなどをよく観察して確認をしましょう。できるようになったことを褒めながら励まし、自信が増すような援助を行なっていきます。

**片付ける場所を
分かりやすく**

脱いだ服を片付ける場所に、平仮名の名前と一人ひとりのマークを付けて分かりやすく。じっくりと取り組めるように時間を取りましょう。

ガラガラ～

ガラガラ～

保育者が見本に

保育者がガラガラと音を出して、うがいの見本を示しましょう。

手順を丁寧に伝えて

片手で袖を持ち、シャツの中に手を引っ込めて、最後に頭を抜くと服が裏返りません。「袖を引っ張ってみたら?」など、手順を丁寧に伝え、少しでもできたところを認めましょう。

あそび　戸外の気に入った場所でじっくりとあそびを楽しめるように

　落ち着く場所で、自分のイメージを膨らませながら遊べるといいですね。新年度に向けて整備もしながら、場づくりをしていきましょう。広すぎず、少し囲まれたような場所のほうが落ち着いて遊べます。

少し囲まれた
スペースで

子どもたちの遊びの
様子を見ながら、小
さめのシャベルや
カップを用意すると
よいですね。

自分のイメージで
じっくりと…

あそび　保育者や友達と言葉のやり取りを楽しめるように

　ごっこ遊びの中で聞こえてくる言葉が、大人が話しているように聞こえたり、周囲の大人とそっくりだったりして驚かされることがあります。子どもたちは周囲の状況をよく見ていると感心させられます。ままごと遊びも、よりリアルな物を使えるようにしたり、保育者が援助しながら場面想定（例えばお店屋さん、レストランなど）したりしていくと、より楽しめるでしょう。

ケーキ
一つ
くださいな

ミルク
ですよ～

保育者の姿を見て…

ベッドになるような箱や、
タオルなども置いておく
といいでしょう。

保育資料

おはなし

**つのはなんにも
ならないか**

作・絵：きたやまようこ
偕成社

やさいだいすき

作：柳原 良平
こぐま社

**みんなで
おひなさま！**

作：きむらゆういち
絵：ふゆのいちこ
教育画劇

**ぷくちゃんの
すてきなぱんつ**

作：ひろかわさえこ
アリス館

**こぶたたんぽぽ
ぽけっととんぼ**

作：馬場のぼる
こぐま社

ポカポカホテル

作：松岡 節
絵：いもとようこ
ひかりのくに

手あそび・わらべうた・ふれあいあそび

●**あくしゅでこんにちは**
　作詞：まど・みちお
　作曲：渡辺 茂
●**あなたのお名前は**
　作詞：不詳　インドネシア民謡

●**豆まき**　日本教育音楽協会
●**奈良の大仏さん**　わらべうた
●**なべなべそこぬけ**　わらべうた

うた

●**うれしいひなまつり**
　作詞：サトウハチロー
　作曲：河村光陽
●**かわいいかくれんぼ**
　作詞：サトウハチロー
　作曲：中田喜直
●**ポンポンポンと春が来た**
　作詞：梢 光
　作曲：迫 新一郎
●**春がきたんだ**
　作詞：ともろぎゆきお
　作曲：峯 陽

自然

🦋 **虫・小動物**
●ダンゴムシ

✿ **草花**
●チューリップ
●ツクシ
●ナズナ（ペンペングサ）

🍴 **食材**
●ナノハナ

手作り玩具

 ## パックでモザイク

同じ方向に並べたり、互い違いに並べたり、道のように作ったりと様々に組み合わせて遊んでみましょう。出来上がった物は、写真に収めてもいいですね。

ポイント
一人ひとりが、考えながら自由な発想で遊ぶことができます。じっくり時間を掛けて遊んでみましょう。

こっちも
こうして…

作り方

牛乳パック5本

◆I型
牛乳パックの1面分を切り取って縦半分に折りホッチキスとビニールテープで留める。これを計8本作る。

ホッチキス
＋
テープ留め

×8本

◆L型
3cmの輪切りにした物2つを畳み、ホッチキスとビニールテープでL字に留める。これを計9本作る。

3cm

ホッチキス
＋
テープ留め

×9本

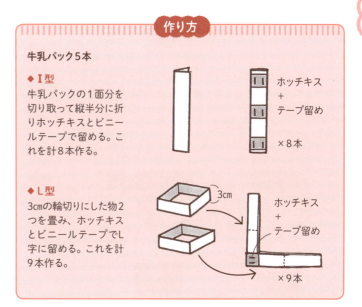

せんろ
みたい！

環境とあそび

早春　保育資料／手作り玩具

107

ちょこっと遊ぼう

★ タマゴがころりん

準備物
紙コップ、紅白玉の白玉、カゴ

タマゴをもらってやり取りして遊ぶ

1人1つずつ紙コップを持ち、合図でタマゴやさんまで行き、「タマゴください」と言います。「はいどうぞ」「ありがとう」とやり取りをして、もらったタマゴをカゴへそっと移し替えます。これを繰り返し遊んでみましょう。

あそびのコツ
カゴは、2〜3か所に用意しておこう。

あそびメモ
丁寧にしようとする習慣づけ
タマゴやさんは大忙しですが、一人ひとりとの言葉のやり取りを大切にしてください。そ〜っと上手に運んだり、丁寧に移し替えたりして繰り返して遊ぶ中で、生活の中でも丁寧にしようとする気持ちにつながっていくことを期待します。

★ ふたりでお弁当屋さん

あそびメモ
力を合わせてチャレンジ
この遊びは、2人でふれあいながら作っていくことをねらいとしています。1人でできる物も楽しいかもしれませんが、2人で力を合わせてチャレンジしてみよう！　という気持ちが大切です。3歳児クラスへ向けて気持ちを高らかにして遊んでみましょう。

『おちた　おちた』の替え歌で遊ぶ

手拍子をしながら歌い、歌い終わったら保育者がお弁当に入れる物を言います。2人組でお弁当屋さんになり、体を使っていろんな物を作ります。

♪できた　できた　なにができた

手拍子をする。

ソーセージ！

あそびのコツ
初めは簡単な物から作ってみよう。

 ソーセージ
二人でぎゅ〜っとハグ。

ちくわ
手で丸を作ってつなげてのぞく。

おにぎり
座って足の裏を合わせて山を作る。

ぎょうざ
互いの耳をペッタンコにする。

※この他にもオリジナルを作ってみよう！　　『おちた　おちた』(わらべうた)

いっぱい遊ぼう

⭐ ともだちつなぎ

『むすんでひらいて』の一部替え歌で遊ぶ

2人組で向かい合わせで遊びましょう。

遊びを楽しもうとする心の動きが育まれる

あそびメモ

友達と一緒にという活動範囲が決まった遊びですが、遊びを楽しもうとする心の動きが含まれているので楽しめます。また、ペアの友達を交代することでいつも新鮮な気持ちでできることも楽しみの1つになるでしょう。

❶ むすんで

♪むすんで〜

手を握り、上下に4回振る。

❷ ひらいて

♪ひらいて

手を開いて、上下に4回振る。

❸ てをうって

♪てをうって

友達と2回タッチする。

❹ むすんで

手を握り、上下に3回振る。

❺ またひらいて

❷と同じ。

❻ てをうって

❸と同じ。

❼ そのてをつなぐ

♪そのてをつなぐ

友達を交代するとまた違った反応がありそれも楽しそうでした！

友達と手をつなぐ。

あそびのコツ

保育者同士で遊び方を子どもに見せることが大切です。

1番

ふたりでジャンプ　ふたりでジャンプ
ふたりでジャンプ　たのしいね

♪ふたりでジャンプ〜

両手をつないだままジャンプをする。

2番

ふたりでグルグル　ふたりでグルグル
ふたりでグルグル　たのしいね

♪ふたりでグルグル〜

❶〜❼を繰り返し、両手をつないだまま回る。

3番

ふたりではしる　ふたりではしる
ふたりではしる　たのしいね

❶〜❻を繰り返し、❼で片手だけつないで走る。ペアを交代して、繰り返し遊ぶ。

『むすんでひらいて』(作詞／不詳　作曲／J.J.ルソー)のメロディーで　一部作詞／小倉和人

1〜3. む す ー ん で ひ ら い て て を ー う っ て む ー すん で
また ひ ら いく て を うって その ー て を つな ぐ
1. ふた り で ジャン プ ふた り で ジャンプ ふた り で ジャンプ た のしい ね
2. ふた り で グル グル ふた り で グルグル ふた り で グル グル た のしい ね ね
3. ふた り で はし る ふた り で はしる ふた り で はし る た の しい ね

いっぱい遊ぼう

 # いろいろ変身トンネル

1 保育者のトンネルをくぐって遊ぼう！

保育者のつくっているトンネルをたくさんくぐって
遊んでみよう。

準備物

マット（線を引いてもOK）

●マットからトンネルをくぐってマット
へ、繰り返し行ったり来たりして遊
べるようにしておく。

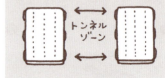

2 卒園児の友達と遊んでみよう

卒園児にいろんな種類のトンネルをつくってもらい、くぐります。

あそびのコツ
マットからマットへ行っ
たり来たりする中で、い
ろいろなトンネルを用意
していくとスムーズに遊
ぶことができます。

大の字

ハイハイ

立て膝

三角

2人でアーチ

※トンネルは、卒園児が相談して決められるようにサポートしましょう。

3 自分たちでトンネルをつくってみよう

2人で立ってアーチ型、2人で
座ってアーチ型などのトンネル
をつくってくぐってみよう！

あそびメモ

関わりながら関係性を深めるきっかけに

保育者との関わり、卒園児との関わり、そしてクラス
の友達との関わりと、同じ遊びでたくさんの関わりを
もつことができ、関係性を深めるきっかけとなります。

卒園児と フープで○○！

1 フープに入って卒園児とランダムに動く

2歳児がフープに入り、卒園児が外側から持ってランダムに動きます。

準備物
フープ

あそびのコツ
卒園児と一緒に楽しめる
ように声を掛けましょう。

2 様々な動きを卒園児と楽しむ

保育者は笛を吹いてアクションを伝え、様々な動きを楽しみます。
一つしたら **1** に戻り、繰り返し遊んでみましょう。

くるくるキャッチ

フープをこまのように回して捕まえます。

ころころキャッチ

キャッチ！

転がしたフープを追い掛けて捕まえます。

トンネルくぐり

トンネルをくぐります。

ジャンプ

せーの…

2人で手をつないでジャンプし、
フープに入ります。

※人数が多ければ、フープを子どもの半数にして、交代して遊ぶといいでしょう。
※2歳児だけで遊ぶときは、簡単なアクションを選び、短時間にして遊んでみましょう。
※BGMをかけると楽しい雰囲気になるでしょう。

あそびメモ 意欲的に友達と関わる

この遊びの経験を基に、クラス活動で意欲的に友達と関わったり、
卒園児がしていたことにチャレンジしたりと、子どもの懸命な姿を
様々な場面で見ることができるでしょう。

いろいろな動き
に 大喜びのこど
もたちでした！

環境とあそびは何度も見て
たくさん活用してね♪

さあ次は、
12か月分の指導計画と
連絡帳をチェック！

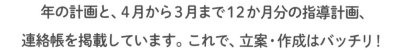

指導計画・連絡帳

年の計画と、4月から3月まで12か月分の指導計画、
連絡帳を掲載しています。これで、立案・作成はバッチリ！

●年の計画、月の計画、保育マップ、連絡帳
執筆／『保育とカリキュラム』2歳児研究グループ
〈チーフ〉田中三千穂（大和郡山市・ふたば保育園園長）
大谷たえ子（高槻市・阿武山たつの子認定こども園）、岡田有加（磯城郡・川西こども園）、岡本由美（木津川市・なごみこども園）、河下眞貴子（大和郡山市・ふたば保育園）、久保田悦子（茨木市・たんぽぽアミーゴ保育園）、西岡理恵（大和高田市・よのもと保育園）、畑山美香子（大和郡山市・こども福祉課）、廣葉佳子（大和郡山市・はぐみ保育園）、松村善子（奈良市・極楽坊保育園）、松本真澄（東大阪市・白鳩チルドレンセンター東大阪）、三浦朋子（葛城市・華表保育園）、山新田敦子（東大阪市・白鳩チルドレンセンター東大阪）、薮口実香（高槻市・大冠保育園）、米田光子（奈良市・こだま保育園）、若林仁子（守口市・白鳩チルドレンセンター八雲中）
※所属は2017年12月現在

●月の計画
書き方のポイント
•指針を踏まえて　執筆／清水益治（帝塚山大学教授）
•学びの芽を意識して　執筆／寺見陽子（神戸松蔭女子学院大学大学院教授）
●連絡帳
•書き方のポイント　執筆／田中三千穂（大和郡山市・ふたば保育園園長）
•発育・発達メモ　執筆／川原佐公（元・大阪府立大学教授）、寺見陽子（神戸松蔭女子学院大学大学院教授）、田中三千穂（大和郡山市・ふたば保育園園長）

※本書掲載の指導計画、連絡帳は、『月刊 保育とカリキュラム』2016〜2017年度の掲載分に加筆・修正を加えたものです。

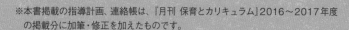

2歳児の 年の計画

期	Ⅰ期～Ⅲ期（4～3月）	
子どもの姿	●1日の生活の大体の流れが分かるようになり、食事、排せつの習慣や、衣服の着脱、簡単な身の回りの始末など、自分でできることが増えてくる。 ●自由に歩けるようになり、走る、跳ぶ、階段の上り下りをするなど、基礎的な体力が身についてくる。 ●目と指先の使い方が協応するよう箸、スプーン、ハサミ、色紙、粘土などを使おうとする意欲が出てくる。 ●いろいろな感情が急速に育ち、恐れ、怒り、嫉妬など、情緒の動きが激しく、性格もはっきりして、甘える、すねる、	はにかむ、人をえり好みするなどの姿が見られる。 ●自我が芽生え、自他の区別もできて、固執や反抗などで大人を困らせたり、自己主張が強くなるため、しばしば友達とのぶつかり合いが起こったりするようになる。 ●互いに友達に関心を示し始め、同じ遊びをするようになり、少人数でごっこ遊びや手遊びなどを喜び、共感し合うようになる。 ●身近な物や事柄に関心をもち、「なぜ？」「どうして？」「どうやってするの？」など質問が盛んになり、名称や用途、
ねらい	●担当の保育者などに見守られ、簡単な身の回りの始末を自分でできるようにする。 ●いろいろな食べ物や料理を味わい、友達と一緒に食事を楽しむ。	●遊具や運動用具を使い、保育者や友達とのいろいろな運動遊びを通して、身のこなしを少しずつ身につける。 ●友達との関わりができ、一緒に行動したり、同じ遊びを好んでしたり、つもりやごっこ遊びをしたりする。

期	Ⅰ期（4～8月）	Ⅱ期（9～12月）
内容	●新しい環境に慣れ、保育者や友達の名前を知って様々な遊びを楽しむ。 ●食事やおやつは、時々、介助を必要とするが、イスに座ってひとりで食べる。 ●保育者に見守られ、トイレでの排せつに慣れる。 ●新しい場所での午睡に慣れ、十分に眠る。 ●パンツやズボンや靴をひとりではく。 ●保育者が言葉を掛けることによって、体の汚れや衣服の汚れに気付き、きれいになったことを知る。 ●好きな固定遊具や運動遊具の使い方を知り、体を動かして遊ぶ楽しさを味わう。 ●自分の持ち物の置き場所やロッカーを知り、持ち物の始末をする。 ●玩具や生活用具の名称、使い方に興味をもち、言葉で表したり、用途を知ったりする。 ●名前を呼ばれると返事をする。 ●挨拶やしたいこと、してほしいことを言葉で伝える。 ●好きな歌を聞いたり、知っている歌をうたったりする。 ●水・砂・粘土やその他の自然物を使って遊ぶ。	●生活の流れが分かり、自分から行動する。 ●量を加減してもらい、よくかんで食べ、食べ終える喜びを知る。 ●衣服を汚さないでトイレで排せつする。 ●前開きやかぶりの服の着脱の仕方を知り、ひとりでしてみようとする。 ●顔や手足が汚れたら、自分で気付き、介助してもらったり、ひとりで洗ったりする。 ●坂道やでこぼこ道を歩き、体のバランスをとる活動を楽しむ。 ●使用する運動用具などの種類が広がり、いろいろに組み合わせて試して遊ぶ。 ●集団の生活に必要な簡単な決まりが分かり、待ったり、譲ったりしようとする。 ●簡単な手伝いを喜んでする。 ●身近な物の名称や特徴に興味をもち、言葉で表し、扱い方に慣れる。 ●友達の名前に興味をもち、名前を呼び合い、一緒に遊ぶ。 ●好きな絵本や紙芝居を何度でも読んでもらい、気に入った場面をまね、動作でつもり遊びをする。 ●好きな曲を聞いたり、曲に合わせて動いたりする。 ●パスやマーカー、ポスターカラーでなぐり描きをする。丸を描いて遊ぶ。 ●いろいろな材料に触れ、できた物で、見立て遊びをする。 ●積み木や人形を使って、つもり遊びを楽しむ。

子どもの月齢は4月時点のものです。

特徴などを知ろうとする。
- 意思や感情を言葉で伝えたり、動作で表現したりするようになり、身近な出来事についても言葉で伝えるようになる。
- 色、物の大小、多少、形の違いなどが分かるようになり、比較したり、同じであることに気付いたりする。
- 想像力の芽生えとともに、絵本やお話や紙芝居などを好むようになり、登場人物に同化して動作をまねたり、言葉を繰り返したり、保育者や友達と共にごっこ遊びを楽しんだりする姿が見られる。

- 簡単な歌をうたったり、リズムにのって体を動かしたり、動物の動きをまねたり、楽器を使ったリズム遊びを喜んでしたりするようになる。
- 自然物や描画材料、構成素材を使って、何かを作ったり、潰したり、塗りたくったりしての感覚遊び、造形遊びを楽しんでするようになる。

- 生活の中で身の回りの物の名前や簡単な数、形、色などが分かり、言葉を使って伝えたり、言葉のやり取りを楽しんだりする。
- 好きな歌をうたったり、いろいろな音の違いを楽しんだり、

好きなリズムにのって体を動かしたりする。
- 自然物やいろいろな素材を使うことに興味をもち、できた物に意味付けをするなどして、物を作る楽しみを知る。

Ⅲ期（1〜3月）

- 生活に必要な習慣や食事の基本的な習慣や態度が次第に身につく。
- 食べ物の種類により、箸、スプーン、フォークを選び、使って食べる。
- 友達と一緒に食べることを喜ぶ。
- 排せつを事前に言葉や動作で知らせ、見守られながらする。
- ひとりで衣服の着脱をする。
- 促されて食前や排せつの後の手洗いをする。
- 午睡後目覚めると機嫌良く着替えをしてもらう。自分でできるところは、自分でする。
- 簡単な約束事を守って友達と遊ぶ。
- 身近な玩具や生活用具の正しい使い方が分かり、使う。
- 見たり触れたり感じたりしたことを、言葉で伝えたり、やり取りを楽しんだりする。
- 友達とおしゃべりを楽しむ。
- 簡単なごっこ遊びを楽しむ。
- 歌に合わせて手遊びをしたり、リズムに合わせて体を動かしたりする。
- 赤、青、黄など、色の名前を知り、遊具や服やボールなどの形や色の違いに関心をもつようになる。
- 切ったり、貼ったりして、好きな物を作り、作った物で遊ぶことを楽しむ。
- 3歳児クラスへの進級に期待をもつ。

（2歳児研究グループ）

4月の計画

クラス作り
～養護の視点も含む～

一人ひとりの不安や甘え、要求を受け止め、安心して過ごせるようにしたい。また、安心できる保育者と一緒に好きな遊びを楽しめるようにしたい。

健康・食育・安全への配慮

- 環境の変化から疲れやすくなるので、子ども一人ひとりの体調を把握し、変化があれば適切に対応する。
- 給食の食べる量や好き嫌い、アレルギーの有無などを知り、その子に合わせた食事ができるようにする。
- 遊具の点検を行ない、安全に遊べるようにする。

今月初めの子どもの姿	ねらい	内容（🍴は食育に関して）
● 新入園児は、新しい環境に不安を感じ、泣きながら登園したり、保護者と離れようとしなかったりしている。その様子を見て、進級児も不安で泣いてしまうことがある。 ● 自分で食べている子どもや、好きな物だけ食べて、食べさせてもらうのを待っている子どもがいる。※a2 ● 新しい場所での排せつに戸惑ったり、便器に座らなかったりする。 ● 新入園児は不安で布団に入るのを嫌がったり、泣いてしまったりする子どもがいる。 ● 保育者に手伝ってもらいながら簡単な衣服の脱ぎ着を自分でしようとしている。 ● 戸外に出ることを喜び、保育者と一緒に虫探しや砂場遊びをしている。 ● 保育者の膝の上に座り、絵本を読んでもらったり、触れ合い遊びを喜んだりしている。	● 簡単な身の回りのことを保育者に見守られながら、自分でしようとする。※a2 ※b1 ● 新しい環境に慣れ、保育者や友達と一緒にいろいろな遊びを楽しむ。※b2 ● 戸外に出て春の自然にふれながら、伸び伸びと体を動かして遊ぶことを楽しむ。※b3	● 保育者とのふれあいを通して安心して過ごす。 ● 自分のマークや持ち物の場所を知る。※a1 ● こぼしながらもスプーンやフォークを使って自分で食べようとする。🍴※a2 ● 保育者と一緒にトイレへ行き、手伝ってもらいながら排せつしようとする。 ● 保育者に見守られて安心して眠る。 ● パンツやズボンの脱ぎ着を自分でしようとする。 ● 草花や虫などを見たり、触れたりして楽しむ。 ● 保育者や友達と一緒に十分に体を動かして遊ぶ。 ● パスや絵の具を使ってなぐり描きを楽しむ。※a3 ※b4

個別の計画

	今月初めの子どもの姿	ねらい	内容
R児 （2歳9か月） 進級児	● 新しい環境に慣れず前担任を求めて泣いたり、指吸いをしたりする。	● 担当保育者との関係を深め、安心して過ごす。	● 不安な気持ちを受け止めてもらい、安心して過ごす。
Y児 （2歳4か月） 進級児	● 給食を食べ始めるとすぐに眠くなり、途中で眠ってしまう。	● 楽しい雰囲気の中で食事をすることを楽しむ。	● 保育者に手伝ってもらいながら最後まで食事をする。
A児 （2歳5か月） 新入園児	● 友達や遊びに関心を示しているが保育者のそばから離れず様子を見ている。	● 好きな遊びを楽しむ。	● 保育者や友達と一緒に遊ぶ楽しさを知る。

家庭・地域との連携

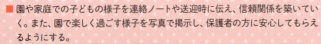

- 園や家庭での子どもの様子を連絡ノートや送迎時に伝え、信頼関係を築いていく。また、園で楽しく過ごす様子を写真で掲示し、保護者の方に安心してもらえるようにする。
- 朝の準備を写真で知らせ、保護者の方がスムーズに準備ができるようにする。
- クラス懇談会で、1年間の取り組みや目標を伝えるとともに、保護者の我が子に対する思いや願いを聞きながら保育に生かせるようにする。

延長保育を充実させるために

★ 新しい環境で夕方は疲れているので、マットで寝転んだり、保育者の膝に座ったりしてゆったりと過ごせるようにする。

書き方のポイント ✏️

保育士等の
**チーム
ワーク**

★ 前担任からの引き継ぎ内容や家庭状況、個別に必要な配慮について確認し、その都度子どもの様子を伝え合うようにしておく。

★ 子どもの動線や過ごしやすさを考え、保育環境や生活の流れを話し合い共通理解しておく。

🌸 **※a1〜3
指針を踏まえて**

a1は「人間関係」領域の内容①③と「環境」の内容④に、a2は「健康」の内容①②④⑤，「人間関係」の内容⑤、「環境」の内容①③、「言葉」の内容①、「表現」の内容③に、a3は「環境」の内容①②③、「表現」の内容①③⑥に通じます。

🌸 **※b1〜4
学びの芽を意識して**

b1見守られて自分でしようとする、b2保育者や友達と一緒に過ごす、b3絵本を読んでもらうなど、「してもらってする」体験は信頼感と社会的関係の学びの基盤になります。またb3全身を使って遊ぶ、b4なぐり描きをするなどは不安の軽減につながります。

環境づくり（◆）と援助・配慮（●）

1〜2週	3〜4週

◆ 活動の流れを考え、環境を整えておく。

● 不安な気持ちや甘えたい気持ちを十分に受け止め、スキンシップをとって安心できるようにする。

◆ 落ち着いて食事ができるよう机の高さを調節し、足元には足置き台を用意しておく。

● スプーンやフォークの持ち方を知らせ、自分で食べようとする気持ちを大切にする。「おいしいね」「頑張って食べたね」など、言葉を掛けながら、楽しく食事ができるようにする。※a2

◆ トイレ内には、子どもの目線に合わせたかわいいイラストの壁面を貼っておく。

● 一人ひとりの排せつ間隔を把握し、タイミングを見計らってトイレへ誘い、トイレでできたときは共に喜び、ぬれていたときには「気持ち悪かったね」と手早く着替えさせ、気持ち良さを知らせていく。

◆ 子どもの顔色が見えるようカーテンは少し開けておき、完全に暗くならないようにしておく。

● 保育者がそばで寄り添い、優しく体を触りながら安心して眠りにつけるようにする。

● 「自分でやってみよう」とする気持ちを大切にし、さりげなく手伝いながらできた満足感を味わえるようにする。

◆ 春の草花や虫がいる場所を把握しておく。

● 子どものつぶやきに耳を傾け、発見したことを喜び合う。

◆ 1歳児からの持ち上がりのマークをロッカーや靴箱に付けておく。

● 自分のマークや持ち物の場所を知ったり、園内にはいろいろな人や物があることを知らせたりしていく。※a1

◆ しっぽ取りのしっぽを人数分用意しておく。

● 友達と一緒に遊ぶ楽しさや満足感が味わえるように、保育者も一緒に体を動かして楽しそうに遊ぶ。

◆ 少人数で、絵の具を使ってたんぽを楽しめるよう用意しておく。※a3

● 特定の保育者が関わるようにし、保育者もゆったりとした気持ちで子どもの不安な気持ちを十分に受け止め、関わるようにする。

● 保護者に園の様子を伝え、甘えたり、抱っこを求めたりしたときは十分に受け止めて、不安な気持ちを取り除いてあげてほしいことを伝えておく。

◆ 生活リズムに合わせて食事時間を早めたり、量を減らしたり調節しておく。

● 「おいしいね」など言葉を掛けながら最後まで食事ができるようにする。

◆ 好きな遊びを存分に楽しめるように、玩具の数を十分に用意しておく。

● 保育者と一緒に遊びながら、友達との関わりをもてるようにする。

反省・評価

今月の保育終了後の文例として

★ 新入園児、進級児共に新しい環境に戸惑い、泣いたり、不安な表情を浮かべたりする子どももいたが、一人ひとりとスキンシップをたくさんとったことで、子どもの欲求も満たされ安心して過ごす姿が見られた。また、生活に合わせた環境を整えたことで、子どもも生活の仕方が分かりスムーズに活動していた。

★ 虫や草花など春の自然にふれながら戸外で十分に体を動かすようにしたので、気分転換が図れて良かった。

CD-ROM 指導計画 ▼ 4月の計画

4月の保育マップ

（◆は環境 ●は援助・配慮について記入しています）

せんせい！ いっしょに遊ぼう

いよいよ新しい1年の始まりです。「園に行くと楽しいことがいっぱいある！」、子どもたちがそんな風に思えるような保育を展開したいものです。春の園庭でかわいい草花を見つけたり、スズランテープのしっぽを付けて鬼ごっこ！ いっぱい遊んだ後はレジャーシートの上でひと休み…。そんな保育の環境の工夫と、新入園児も笑顔になるような保育者の関わり方を記入しています。

●●ぐみのこいのぼり完成！
～こいのぼりを見て楽しむ～

◆ 長さ2mほどのプチプチシートを、こいのぼりの形にして作っておく。（各クラスが園庭につるす）
● 一人ひとりが作ったこいのぼりを大きなこいのぼりに貼り付け、クラスのこいのぼりが完成した喜びをみんなで味わえるようにする。
● 園庭に揚げられたこいのぼりを眺めながら、「ぼくのがあったよ」「おにいちゃんたちのもおおきいね」など、泳ぐ姿を見て、一緒に楽しむようにする。

ぼくのこいのぼり完成！
～絵の具を使って描くことを楽しむ～

◆ 少人数での製作ができるよう、シートやたんぽ、絵の具を用意しておく。
◆ いろいろな絵の具を用意し、好きな色を選んでたんぽを楽しめるようにする。
● 「屋根より高い～♪」と歌をうたったり、「どんな模様にしようか」などと語り掛けたりして楽しい雰囲気で製作できるようにする。

せんせいといっしょに～安心して過ごす～

◆ 生活の流れに合わせて、各コーナーの配置を考える。（図1）
◆ 各コーナーにはパーテーションで間仕切りをしたり、自分の場所が分かるようにジョイントマットを用意したりして、少人数でゆったりと過ごせるようにする。
● 新入園児はもちろん、進級児も不安にならないよう、いつも同じ場所に用意して、安心して過ごせるようにする。

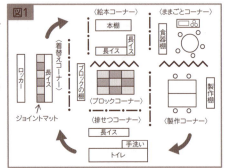

図1

〈着替えコーナー〉 ロッカー 長イス ジョイントマット
〈ブロックの棚〉 〈ブロックコーナー〉
〈絵本コーナー〉 本棚 長イス
〈ままごとコーナー〉 食器棚
〈排せつコーナー〉 長イス 手洗い トイレ
〈製作コーナー〉 製作棚

せんせい！

おいしいね
～スプーンとフォークを使って自分で食べようとする～

◆ 子どもの背の高さに合わせて机を調節し（上下に調節できる机）、床に足が着いていない子どもには足置き台を置き、姿勢よく食べられるようにする。
◆ 落ちた食べ物を捨てるゴミ箱を、各テーブルに用意しておく。
● スプーンやフォークの持ち方を知らせ、「おいしいね」「頑張って食べてるね」など、意欲的に食事ができるようにする。また、こぼしたときには拾って捨てることを知らせていく。

足置き台の作り方

①ジョイントマットを5枚ほど重ねて結束バンドで留める。
②その上から画用紙などを貼る。
③足を置く場所には足形を貼り、足の置き場所が分かるようにしておく。

気持ち良いね
～花見ごっこを楽しむ～

◆ 水筒にお茶を入れ、紙コップを人数分用意しておく。
◆ 戸外で食べられるおやつを準備してもらうよう、栄養士と話し合っておく。
● 花見の雰囲気を感じられるようにレジャーシートを敷き、サクラの木の下でサクラの花を見ながらのんびりとお茶を飲み、ゆったりとした時間が過ごせるようにする。

	1週	2週	3週	4週
週案として	せんせい大好き！			
	ぼくのこいのぼり完成！ ●●ぐみのこいのぼり完成！	まてまて〜捕まえちゃうぞ		
	気持ち良いね	きれいなお花だね		ウサギさん、こんにちは！
	せんせいといっしょに			
	郵便でーす		おいしいね	

せんせい大好き！
〜ふれあい遊びを楽しむ〜

- わらべうたをうたったり、高い高いやだっこ、おんぶなど、ふれあって遊べる遊びを楽しんだりし、泣いたり、不安がったりする子どもとの愛着関係を深めていく。
- 新入園児の中には、触られることを嫌がる子もいるので無理強いしない。

郵便でーす
〜自分の持ち物の場所や園内を知る〜

- ◆ 自分のマークや靴箱のマーク、園長先生の部屋や他のクラスのクラス札を描いたハガキサイズの画用紙を用意しておく。
- ◆ それぞれの場所にポストを設置。郵便屋さんごっこができるよう、帽子とかばんを用意しておく。
- 自分のロッカーにハガキを入れたり、マークを見ながら各クラスを回ったりして、自分の持ち物の場所や、園内にはいろいろな人やクラスがあることを知らせていく。

いっしょに遊ぼう

きれいなお花だね
〜春の草花を見たり、触れたりして楽しむ〜

- ◆ 摘んだ草花や、拾ったサクラの花びらを入れる手作りかばんを一人に一つ用意しておく。
- 「きれいなお花だね」「サクラの花びら、たくさんあるよ」など言葉を掛け、子どもが興味をもって見たり、触れたりできるようにする。

ウサギさん、こんにちは！
〜草花を使って製作を楽しむ〜

- ◆ 画用紙に、ウサギの形になるように両面テープを貼っておく。
- ◆ 摘んできたクローバーやシロツメクサ、拾ってきたサクラの花びらを紙皿に入れておく。
- 「テープの上に乗せてね」「何ができるだろうね」など言葉を掛けながら、子どもが期待感をもって取り組めるようにする。

まてまて〜捕まえちゃうぞ
〜たくさん体を動かして遊ぶ〜

- ◆ スズランテープを編んで作ったしっぽを用意しておく。
- 追い掛けられる楽しさを味わえるように、子どもの速さに合わせて追い掛けていく。
- 遊びに入らない子どもには、手をつないで一緒に追い掛けるなどして、自分も遊んでいる気持ちを味わえるようにする。

5月の計画

クラス作り
~養護の視点も含む~

連休明けで、不安定になる子どもの気持ちに寄り添い、安心して過ごせるようにしていきたい。また、戸外での活動を増やし、自然にふれて、遊びを楽しめるようにしたい。

健康・食育・安全への配慮

- 園庭にテントや遮光ネットを張り、紫外線に配慮する。
- 収穫したイチゴの香りや味を一緒に楽しむことで、旬の食材に興味をもてるようにする。
- 園庭の遊具や砂場の整備点検をしておく。

前月末の子どもの姿	ねらい	内容（ ⊱ は食育に関して）
● 登園時や活動の間に、泣く子どももいるが、笑顔で過ごせる時間も増えてきている。 ● 安心できる保育者のそばで、苦手な物も少しずつ食べようとしている。 ● 保育者に見守られて入眠するが、早く目覚める子どももいる。 ● 保育者に手伝ってもらいながら、簡単な衣服の脱ぎ着をしている。 ● 保育者と一緒に、園庭のこいのぼりを見て指をさしたり、砂場で型抜きをしたりして遊んでいる。 ● ダンゴムシやテントウムシを見たり触れたりしている。 ● 好きな絵本を見たり、読んでもらったりして喜んでいる。※a2 ● 季節の歌をうたったり、手遊びをしたりして楽しんでいる。	● 園での生活に慣れ、簡単な身の回りのことをしようとする。 ● 保育者や友達と一緒に遊ぶ楽しさを味わう。 ● 春の草花や虫などを見つけたり、集めたりして関心をもつ。※b1	● 楽しい雰囲気の中でスプーンやフォークを使って食事をする。⊱ ● 保育者に誘われて、オマルや便器に座り、タイミングが合えば排せつする。 ● 一定時間、安心して眠る。 ● 簡単な衣服の脱ぎ着を自分でしようとする。 ● 園庭で遊んだり、園外に出掛けたりして、体を十分に動かす。※a1 ● 保育者とゆったり関わりながら、興味のある玩具を見つけて遊ぶ。※b2 ● 保育者や友達と一緒に、春の草花を集めたり、ダンゴムシに触れたりして遊ぶ。 ● 好きな絵本を読んでもらい、簡単な言葉のやり取りをする。※a2 ※b3 ● 楽しんで描いたり、貼ったりする。※a3 ● 曲に合わせて、模倣遊びをする。※b4

個別の計画

	前月末の子どもの姿	ねらい	内容
Y児 (2歳2か月) 5月新入園児	● 泣いていても、好きな歌が聞こえると、興味を示して聞いている。	● 歌や手遊びを一緒に楽しむ。	● 保育者と一緒に、歌をうたったり、手遊びをしたりして遊び、機嫌良く過ごす。
H児 (2歳6か月) 5月新入園児	● 歩く経験が少ないためか、散歩の際に、転ぶことが多い。	● 体を動かすことを楽しむ。	● でこぼこ道を歩いたり、マットの坂をよじ登ったりして体を動かして遊ぶ。
S児 (3歳0か月)	● 着替えなど身の回りのことに意欲が湧かず、保育者にしてもらうのを待っている。	● 保育者と一緒に、身の回りのことを自分でしようとする。	● 保育者と一緒に、持ち物の始末や簡単な着替えなどを自分でしようとする。

家庭・地域との連携

- 保護者と連休中の情報を共有し、生活リズムを整えていくようにする。
- 戸外遊び用に紫外線除けの後ろつば付きの帽子を用意してもらう。
- 尿検査の結果について伝え、必要なときは受診を勧める。
- 送迎時や個人懇談などで、園での姿を伝えたり、保護者の思いを聞いたりして、信頼関係を築き、同じ思いで子育てをしていけるようにする。
- 春の遠足について、登園時間や持ち物などを、お便りや掲示で詳しく伝える。

延長保育を充実させるために

★ 異年齢児と一緒に遊べるような玩具を用意したり、保育者が仲立ちとなったりする。

書き方のポイント ✏

保育士等の
チームワーク

★ 不安な様子が見られる子どもに対して、関わり方などを話し合い、共通認識しておく。

★ 春の遠足について、活動場所や遊びの内容、保育者の役割分担を、事前に話し合っておく。

**❀ ※a1〜3
指針を踏まえて**

a1は「健康」の内容③、「人間関係」の内容⑥、「環境」の内容①②⑥、「言葉」の内容②③⑤⑥、「表現」の内容②④⑤に、a2は「人間関係」の内容①②、「環境」の内容①②、「言葉」の内容①②③④⑥に、a3は「環境」の内容②③、「表現」の内容①③⑤⑥に通じます。

**❀ ※b1〜4
学びの芽を意識して**

b1興味あるものを集める、b2好きな玩具ができる、b3言葉のやり取りを楽しむなど、保育者を介して、自分の意図やつもりをもって物を集めたり、やり取りしたりする、色々な物を介して自分の思いを表現する、b4模倣して遊ぶなど、自分の思いを表現することなどがポイントです。

環境づくり（◆）と援助・配慮（●）

1〜2週	3〜4週

◆ 食事の時間を楽しみにできるように、散歩で摘んできた草花を机に飾っておいたり、給食室の様子を見る機会をつくったりする。

● 「おいしいね」などと会話をしながら一人ひとりの様子を見守り、笑顔で優しく語り掛ける。

● 手づかみになるときは、手をさりげなく添えてスプーンやフォークの持ち方を知らせる。

● 一人ひとりの排せつの間隔に合わせてトイレに誘い、タイミングが合い排せつしたときは一緒に喜び、自信につなげる。

◆ 落ち着いて入眠できるように、静かな音楽を流したり、安心できる保育者がそばで見守ったりする。

● 子どもがはきやすいようにパンツやズボンを広げておいたり、できたことを十分に褒めたりして、自分でしようという意欲が湧くようにする。

◆ 砂場には日よけ用の遮光ネットを張り、型抜きを楽しめるよういろいろな形のカップやスコップなどを十分に用意しておく。※a1

● 砂でできた団子や料理などで遊ぶ様子を見守り、食べるまねをしたり簡単な言葉のやり取りをしたりして一緒に楽しむ。※a1

● 保育者も一緒に走ったり追い掛けたりして体を動かして遊び、楽しさや心地良さに共感する。※a1

◆ 一人ひとりが落ち着けるよう、遊びのコーナーごとに手作りのつい立て（段ボールに布を貼った物）で仕切っておく。

● 保育者も遊びに加わり、自分の思いが伝えられるように仲立ちをしたりヒントを出したりする。

● 不安な様子が見られる子どもには、そばに付き気持ちを受け止めて安心して過ごせるようにする。

● 一人ひとりとスキンシップをとりながらゆったりと関わり、信頼関係を築けるようにする。

◆ 収穫したイチゴや、摘んだ草花を入れる容器を用意しておく。 ● 春の自然物を知らせ、遊びに取り入れることで、自然に関わって遊ぶ楽しさを味わえるようにする。	◆ 繰り返しがある絵本や、言葉のやり取りを楽しめる絵本などを用意しておく。※a2 ◆ 貼ったり描いたりして楽しめるように、必要な材料を用意しておく。※a3

◆ 楽しさを味わえるように、興味を示す歌や手遊びを用意しておく。

● 一対一で関わり、友達が歌って楽しんでいる様子を一緒に見たり、誘い掛けたりする。表情や声のトーン、身振りなどを工夫しながら一緒に遊び、楽しい雰囲気づくりをする。

◆ トンネルやマットなど足腰を使って遊べるような用具を用意しておく。

● 保育者がモデルとなり遊び方を知らせたり、一緒に遊んだりする中で、楽しみながら足腰の発達を促すようにする。

◆ 子どもが、着替えなど身の回りのことにじっくり取り組めるように、時間に余裕をもつ。

● 保育者に甘えたい気持ちを受け止めながら、優しく励ましたり、手を添えたりする。また、自分でできたことを一緒に喜び、十分に褒めて意欲につなげる。

反省・評価

今月の保育終了後の文例として

★ 連休明けは泣いていた子どもも、一対一で関わることで機嫌良く過ごせるようになってきた。

★ 保育者が手助けで、簡単な身の回りのことをしようとする姿が見られ、できたことを一緒に喜ぶようにした。

★ 戸外に出る機会を増やし、春の自然物にふれながら遊びを楽しむことができた。これから気温・湿度ともに高くなってくるので、水分と休息をとりながら、体を動かす遊びを引き続き取り入れていきたい。

CD-ROM ▸ 指導計画 ▼ 5月の計画

5月の保育マップ

（◆は環境 ●は援助・配慮について記入しています）

保育の ポイント おひさまの下でいっぱい遊ぼう

青空に泳ぐこいのぼりに負けないくらい元気な子どもたちの声が園庭中に広がっています。五月晴れが続く毎日、戸外遊びを十分に楽しみましょう。散歩では小さな虫や道端の草花にも興味を示しています。いろいろな春を発見していきたいと思います。たくさん遊んだ後はご飯もモリモリ食べてお昼寝もぐっすり！　十分に体と心を休ませましょう。

先生遊ぼ！ ～保育者と一緒に好きな遊びをする～

- ◆ スコップや型抜きなど、砂場の玩具を数多く用意しておく。
- ◆ 三輪車やキックボードなどを取り出しやすい所に置いておく。
- ● 保育者も一緒に遊び、楽しさを共有しながら、遊び方を知らせる。

むぎゅ～！ こちょこちょ！ ～保育者とふれあい遊びをする～

- ◆ 子どもとふれあって遊べるような遊び歌を用意しておく。（『きゅうりができた』『だいこんきって』 など）
- ● 子どもの表情を見ながら、楽しんだり喜んだりする姿に共感する。

ゴクゴク！ あ～おいしい ～十分な休息と水分をとる～

- ◆ 体を動かして遊んだ後は、ゆったりと休息や水分をとれるように、時間配分しておく。
- ● 湯茶が苦手な子どもには、量を調節したり、「ゴクゴクしようね」と一緒に飲んだりして水分をとることを、少しずつ習慣づけられるようにする。

おひさまの下で

いいにお～い ～イチゴを収穫したり、食べたりする～

- ◆ ゆったりと関わりながら収穫できるように、少人数のグループに分けておく。
- ◆ 収穫したイチゴは丁寧に洗い、すぐに食べられるようにしておく。
- ● 形や色、匂い、味などに気付けるように、「赤いね。どんな匂いかな？」などと言葉を掛けながら、関わる。

できるかな？ ～保育者に誘われて、トイレに行く～

- ◆ 便器に座る向きが分かるように、子どもが好きな動物や乗り物などの目印を貼っておく。
- ● トイレで出たときは、「すごいね」「やったね」などと十分に認める。

まねっこしよう～模倣遊びを楽しむ～

- ◆ 模倣遊びを楽しめるような、年齢に応じた曲を用意しておく。（『ちっちゃないちご』『まっかないちご』『つばめになって』 など）
- ● 保育者も、大きな動きで一緒に表現し、まねをして遊ぶ楽しさを伝える。

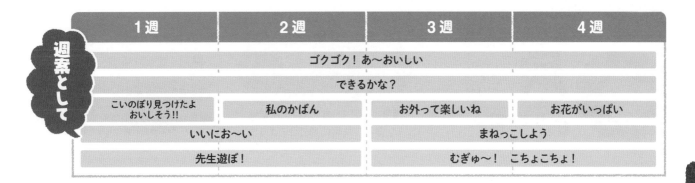

	1週	2週	3週	4週
週案として	ゴクゴク！ あ〜おいしい			
	できるかな？			
	こいのぼり見つけたよ おいしそう！！	私のかばん	お外って楽しいね	お花がいっぱい
	いいにお〜い		まねっこしよう	
	先生遊ぼ！		むぎゅ〜！ こちょこちょ！	

お花がいっぱい〜春の自然物に触れて遊ぶ〜

◆ 春の草花が咲いている場所を把握しておく。
● 子どもが、花などを集めて喜ぶ姿に共感したり、冠や腕輪などを一緒に作ったりして、自然に興味をもって遊べるようにする。

私のかばん〜のりで貼ることを楽しむ〜

◆ 牛乳パックを10㎝の長さに切り、人数分用意しておく。
◆ 様々な色の色紙を、ちぎったり切ったりして色ごとに分け、子どもの手の届く所に用意しておく。
● 「ヌリヌリペッタンしようね」などと言葉を掛けながら、のりで貼ることを楽しめるようにする。

※上からブックカバーを貼っておくと長持ちする。

いっぱい遊ぼう

こいのぼり見つけたよ〜保育者や友達と散歩に行く〜

◆ こいのぼりが見える散歩コースを確認しておく。
● こいのぼりの歌を一緒に口ずさんだり、子どもの発見に耳を傾けたりして、散歩を楽しめるようにする。

おいしそう！！〜こどもの日にちなんだ、行事食を喜んで食べる〜

かぶとの春巻きの作り方

①春巻きの皮を10㎝×10㎝にカットし、かぶとの形に折る（色紙のかぶとの折り方と同様）。
②マッシュポテトとベーコンを混ぜた物を①に詰める。
③キツネ色になるまで揚げて、できあがり。

お外って楽しいね〜戸外で伸び伸び過ごす〜

◆ 紫外線が強い時期なので、紫外線除けの後ろつば付きの帽子を用意しておく。
◆ 戸外で楽しめるように、かざぐるまやシャボン玉を用意しておく。

5月○日
お弁当を持って
近くの公園まで遠足に
行きます！
お弁当は食べやすいように、
①ご飯はおにぎりに
②おかずは、フォークで
刺して食べられるもの
をご用意ください。
よろしくお願いいたします。

※戸外遊びのときは、保護者にお便りで知らせ、準備をお願いしましょう。

かざぐるまの作り方

①色紙（大サイズ）を1枚用意する。角から中央に向かって四か所、切り込みを入れる。
②丸印を中央に付けるように曲げる。

③10㎝のモールを中央に差し込み、玉留めを作る。
④後ろまで突き通し、モールの余った所をストローに巻き付け、テープなどで固定したら完成。※ストローの先は、ビニールテープを巻き、危険がないようにする。

6月の計画

クラス作り
~養護の視点も含む~

湿度に応じて、室温・湿度に留意し、健康で快適に過ごせるようにしたい。また、梅雨期の自然にふれたり、室内での遊びを十分に楽しんだりできるようにしたい。

健康・食育・安全への配慮

● 気温や湿度に留意し、換気や空調を利用して快適に過ごせるようにする。
● 旬の食材(エンドウマメ、ソラマメ、ウメなど)を見たり触れたりして、興味をもてるようにする。
● 雨上がりの園庭での遊びは、ぬかるんで危険な場所がないか確認し、遊具の水滴も拭き取っておく。

前月末の子どもの姿	ねらい	内容(🍴は食育に関して)
● 園での生活にも慣れ、落ち着いた雰囲気の中で安心して過ごしている。 ● 苦手な物を口に入れようとしない子どもや、スプーンやフォークで自ら進んで食べる子どももいる。 ● 保育者に促されるとトイレで排せつするが、タイミングが合わずぬらすこともある。※a1 ● 自分で衣服を脱ごうとしたり、できないときは保育者に手伝ってもらったりしている。 ● 歯磨きをすることに興味をもち、保育者をまねて歯磨きをしようとしている。 ● 戸外では砂場や固定遊具など、好きな遊びを見つけ楽しんでいる。※b3 ● 気の合う友達とままごとをしたり、ブロックや型はめをしたりして遊んでいる。※a2 ※b3 ● アリやダンゴムシを探したり、畑の野菜に「おおきくなあれ」と話し掛けたりしている。 ● 好きな歌を聞いたり、うたったりしている。 ● 自分の道具箱からのりやハサミを出してくることを喜んでいる。	● 歯磨きやうがいに興味をもち、自分でしようとする。※b1 ● 保育者と一緒に友達と関わりながら遊ぶこと※b2を楽しむ。 ● 水・砂・泥などに触れて遊ぶことを楽しむ。	● 保育者と一緒に歯磨きやうがいをする。 ● スプーンやフォークを使って食べようとする。🍴 ● 保育者に見守られ、トイレで排せつしようとする。※a1 ● 安心して一定時間眠る。 ● ズボンやパンツの脱ぎ着を自分でしようとする。 ● 保育者と一緒に友達と関わりながら遊ぶ。※a2 ● 花や野菜、小動物に触れ、梅雨期の自然に興味をもつ。 ● 水・砂・泥・粘土などの感触を味わう。※b4 ● 季節の歌をうたったり、曲に合わせて思い切り体を動かしたりして遊ぶ。 ● いろいろな素材を使って、描いたり貼ったりして遊ぶ。※b4

個別の計画

	前月末の子どもの姿	ねらい	内容
N児 (2歳4か月)	● 友達と関わろうとしているが、お気に入りの玩具を独占しようとする。	● 保育者や友達と一緒に遊ぶことを楽しむ。	● 自分の好きな遊びを楽しむ中で、友達の思いに気付こうとする。
K児 (2歳10か月)	● おかずは自分から進んで食べるが、ご飯を残すことが多い。	● 苦手な物も少しずつ食べようとする。	● 保育者に励まされながら自分で食べようとする。
M児 (3歳0か月) 6月入園児	● 手足や服が汚れるのを嫌がるが、友達の様子には興味を示し、じっと見ている。	● 保育者と一緒に夏の遊びを楽しむ。	● 保育者や友達と一緒に水・砂・泥などの感触を味わって遊ぶ。

家庭・地域との連携

■ 汗をかいたり、戸外遊びで汚れたりすることが多くなるので、着替えを多めに持って来てもらう。
■ 水遊びやプール遊びの準備物をお便りなどで伝え、プールカードに入水の有無を必ず記入するよう知らせておく。
■ 食中毒予防のための注意事項や感染症の病気についての情報などを、保護者が見やすい場所に掲示しておく。

延長保育を充実させるために

★ 日中、戸外に出られない日は、室内遊びを充実させたり、遊戯室や広いスペースを使って体を動かして遊んだりする。

保育士等の チームワーク

★ 子どもたちが楽しく水遊びや泥遊びができるように、準備や後始末の仕方を話し合っておく。

★ 梅雨期の衛生面について共通理解し、食材は必ず加熱調理するなど、調理担当者とも連携をとる。

書き方のポイント ✏

✿ ※a1〜2 指針を踏まえて

a1は「健康」領域の内容①②⑥、「人間関係」の内容①②に、a2は「人間関係」の内容①②③④⑥、「環境」の内容②④、「言葉」の内容⑤⑥⑦に、「表現」の内容①③⑤に通じます。各領域の内容の取扱いにも留意して関わりましょう（「健康」の内容の取扱いの③など）。

✿ ※b1〜4 学びの芽を意識して

b1夏は必要感をもって生活習慣をつける好機です。身体の細やかさやイメージが増すので、b2友達と関わりながら、b3固定遊具や型はめをする、b4いろいろな素材で製作をするなど、ごっこ遊びや想像的な活動を意識しましょう。また、自然との関わりは好奇心を育てます。

環境づくり（◆）と援助・配慮（●）

1〜2週	3〜4週

◆こまめに水分をとれるように湯茶を用意したり、汗をかいたらシャワーや着替えを行なったりして、心地良く過ごせるようにする。

◆ 歯ブラシの持ち方やうがいの仕方が分かりやすいように、子どもが見やすい場所にイラストを掲示しておく。

●保育者が見本となり、一緒に歯磨きしたり、そばについて見守ったりする。

◆一人ひとりの体調や好みに合わせ、量を加減しておく。

●保育者が一緒に食事をしながら言葉や表情で味を伝え、進んで楽しく食べようとする姿に共感する。

●排尿間隔に合わせてトイレに誘い、排せつできたときは十分に褒めるようにする。※a1

◆ままごと遊びの用品や人形、手作りのテーブルなどを用意しておく。※a2

●保育者も一緒に遊びながら、仲立ちとなって思いを伝えたり言葉を添えたりして楽しめるようにする。※a2

◆雨上がりや小雨のときには園庭に出る機会をつくり、雨がっぱや雨具、バケツなどを準備しておく。

●雨垂れや水たまり、草花や虫などの発見や驚きに共感し、この時季ならではの自然に興味をもてるようにする。

◆砂場の砂を軟らかくしておいたり、砂・泥遊びに使える玩具や容器を用意したりしておく。

●遊んでいる様子に合わせ、適宜に水をくんだり容器を足したりして、いろいろな遊びを経験できるようにする。

◆水遊びに必要な用具（じょうろ・手作り玩具）やタオル・マットを用意しておく。

●水を容器ですくったり移したりする遊びを取り入れ、無理なく水に慣れるようにする。

●子どもが好きな曲を流したり、保育者も一緒に体を動かしたりして楽しさを表現する。

◆思い思いに描いたり、貼ったりして楽しめるように、必要な用具や素材を準備しておく。

◆少人数で遊べるようにパーテーションやマットでコーナーをつくったり、玩具を数多く用意したりしておく。

●玩具をやり取りできる遊びを取り入れて、「これください」「どうぞ」など保育者が仲立ちとなって一緒に遊ぶ。

◆食べられる量を把握し、事前に調節しておく。

●保育者が一緒に食事しながらおいしく食べる姿を見せたり、食べたときは大いに褒めたりする。

◆手の届く所に水を入れたバケツやタオルを置いておき、汚れたら洗ったり拭いたりできるようにしておく。

●はだしや素手を嫌がるので、靴を履いたりスコップや容器などを準備したりして、ままごと遊びや見立て遊びを通して少しずつ楽しめるようにする。

反省・評価

今月の保育終了後の文例として

★ 歯磨きやうがいの仕方をイラストで知らせたり、保育者が見本となって丁寧に伝えたりすることで、進んでしようとする姿が見られた。

★ 雨があまり降らず、雨垂れや水たまりなどで遊ぶ機会は少なかったが、戸外で体を動かして遊んだり、水・砂・泥で遊んだりする機会を多くもつことができた。次月も引き続き、水遊びやプール遊びを存分に楽しんでいきたい。

CD-ROM 指導計画 ▼ 6月の計画

6月 の保育マップ

◆は環境 ●は援助・配慮 について記入しています

雨、だ〜いすき！

いよいよ梅雨の時季に突入です。天気予報は傘マークが並ぶのでしょうか？　2歳児クラスもこの時季ならではの活動が見られるようになりました。小雨の日は長靴を履き傘をさして園庭に出ましょう。小さな水たまりを見つけて大喜びする子どももいることでしょう。園生活にも慣れてきた子どもたち、「歯磨きレッスン」「クチュクチュうがい」なども始まるのかな？

暑かったね！着替えようね
〜シャワーや着替えをして心地良く過ごせるようにする〜

◆シャワーを浴びた後、転倒しないよう足拭きマットを敷いておく。また、着替えがしやすいように広くスペースを設ける。

気持ち良かったね

ぽったん！ぽったん！〜雨に興味をもつ〜

◆雨粒のモビールを天井からつるしたり、戸外で雨垂れの音を楽しめるように傘や容器などを用意したりしておく。

モビールの作り方

・なぐり描きや塗り絵をした紙を、雨垂れの形に切る。
・その他、長靴や傘などの形の飾りを作る。
・キラキラテープを1回切りする。
・枝やリングなどにつるす。

涼しくしようね！
〜快適に過ごせるようにする〜

◆室温や湿度に応じて、換気をしたり空調を調節したりして、快適に過ごせるようにする。

せんせいこれでいいの？
〜保育者と一緒に歯磨きやうがいをする〜

◆歯ブラシの持ち方やうがいの仕方が分かりやすいように、手洗い場の鏡の横にイラストを貼ったり歌をうたったりする。(『はをみがきましょう』など)

雨、

あしが出てきた〜！
〜小動物に触れ、梅雨期の自然に興味をもつ〜

◆いつでも子どもが観察しやすいように透明の飼育ケースに入れて飼育する。

あしがでてきたよ〜
ほんとだね〜

カエルさんにへ〜んしん！
〜体を動かす心地良さを味わう〜

◆体を動かしやすい曲や歌を用意しておく。(『あまだれぽったん』『かえるの合唱』『かたつむり』など)
◆保育者も一緒に跳んだりまねをしたりして、体を動かす心地良さを共有する。

見て！きれいな色が付いたよ！
〜いろいろな素材を使ってスタンプする〜

◆たんぽやいろいろな形のスポンジ(4〜5cm)と絵の具(水色、うす紫、ピンクなど)を用意しておく。
◆スタンプを楽しんだ画用紙をアジサイの形に切り、葉を付けて保育室に飾る。また、使い終わったたんぽも目や口を付けて、てるてる坊主として一緒に飾る。
◆雨にちなんだ歌を口ずさんだりうたったりして、梅雨期を楽しめるようにする。(『だから雨ふり』『てるてるぼうず』など)

	1週	2週	3週	4週
週案として	せんせい　これでいいの？	暑かったね！着替えようね	涼しくしようね！	
	雨が降ってきたよ～！		ぽったん！ぽったん！	
	見て！きれいな色が付いたよ！	カエルさんにへ～んしん！		あしが出てきた～!!
	ピチャピチャ楽しいね　おみず ながして～	おだんごいかが？	おだんごみたいだね！	気持ち良いね！
	おまめさん、おなかいっぱい？		おまめさん見いつけた！ばあ！	

ピチャピチャ楽しいね
～雨垂れや水たまりに触れて遊ぶ～

◆保育者も進んで遊びの中に入り、子どもの発見やつぶやきに共感する。

雨がっぱの作り方

①カラーポリ袋に好きな絵や模様を描く。

底辺
②半分に折り、点線を切る。

③広げてかぶる。

おだんごいかが？
～友達と関わって遊ぶ～

ありがとう

おだんご　どうぞ

◆ままごと遊びや見立て遊びを楽しめるよう、玩具や容器を数多く用意しておく。

雨が降ってきたよ～！
～身近な自然や小動物にふれる～

◆アジサイの咲き具合や、カタツムリやカエルなどがいる場所を把握しておく。

だ～いすき！

おだんごみたいだね！
～水や泥の感触に慣れる～

まんまるおだんごできたよ。

◆手の届くところに水を入れたバケツやタオルを置き、汚れたら洗ったり拭いたりできるようにしておく。

おまめさん、おなかいっぱい？
～野菜の生長に興味をもつ～

みつけた！

ほんとうね

おみずながして～
～水・砂・泥の感触を楽しむ～

◆遊びが広がるように玩具や容器を数多く用意したり、バケツに水をくんだりしておく。

気持ち良いね！
～水遊びを楽しむ～

◆じょうろ、空き容器などを用意しておく。

●保育者も一緒に楽しさを共感し、遊んだ後は、体や足をきれいに洗い流して爽快感を味わえるようにする。

おまめさん見いつけた！ばあ！
～エンドウマメを収穫し、さやむき体験をする～

◆収穫したエンドウマメを入れるカゴを用意したり、子どもが豆を取り出しやすいようにさやに切り込みを入れたりしておく。

エンドウマメのさやむきの手順

①お尻を上に持つ。
②ギュッと押して開く。
バカッ
③さやを開いて、豆を上から下へ落とす。

7月の計画

今月の予定
- 七夕の集い ・プール開き
- 身体計測

クラス作り
~養護の視点も含む~

室温調節をしたりこまめに水分をとったりして、蒸し暑い夏を快適に過ごせるようにしたい。また、健康に留意しながら、水遊びなどこの時季ならではの遊びを楽しみたい。

健康・食育・安全への配慮

- 熱中症予防のため室温調節をし、水分補給をしたり、十分に休息がとれるよう時間配分する。
- 栽培している夏野菜に触れ、形や感触に興味や関心をもてるようにする。
- プールにはテントを立てて紫外線対策をしておき、プールの水位・水温に気を付ける。

前月末の子どもの姿	ねらい	内容（🍴は食育に関して）
● 生活の流れが分かり、落ち着いた雰囲気の中で安心して過ごしている。 ● スプーンやフォークを使って食べているが、暑さのため食欲が落ちている子どもがいる。※a1 ● 保育者に誘われて、タイミングが合うと排せつしたり、排せつの有無を言葉で伝えたりしている。※b1 ● 暑さでなかなか寝つけなかったり、途中で目を覚ましたりする子どもがいる。 ● 簡単な衣類の脱ぎ着を自分でしようとするが、汗で脱ぎにくいときは保育者に伝え、手伝ってもらっている。 ● 保育者や友達と、はだしになって水、砂、泥の感触を楽しんでいる。※a2 ● 夏野菜に水やりをしたり、興味をもってのぞき込んだりして、保育者や友達に喜んで話している。 ● パスやのりを使って七夕飾りを楽しんで作っている。	● 活動と休息のバランスをとり、夏を健康に過ごす。※b2 ● 保育者に見守られながら簡単な身の回りのことを自分でしようとする。 ● 保育者や友達と一緒に夏の遊びを楽しむ。※b3	● 十分な水分をとり、安心できる場所で休息をして、元気に過ごす。 ● 量を加減してもらいながら、保育者や友達と楽しく食事する。🍴 ※a1 ● 保育者に見守られながら、トイレで排せつしようとする。 ● 安心して一定時間眠る。 ● 衣服の脱ぎ着を自分でしようとする。 ● 保育者や友達と一緒に、いろいろな水遊びを十分に楽しむ。※a2 ● 夏野菜に興味をもち、触れたり味わったりする。 ● 絵の具を使ってスタンプしたり、パスでなぐり描きをしたりする。
個別の計画 A児 （2歳10か月） ● 水が掛かることを嫌がり、プールに入ろうとしない。	● 少しずつ水に慣れ、水遊びの楽しさを感じる。	● 気に入った玩具を使って遊びながら、少しずつ水に慣れる。
R児 （2歳7か月） ● 遊んでいる玩具が気になり、トイレに行くことを嫌がり漏らすことがある。	● トイレに行き、排せつする。	● 保育者と一緒にトイレに行き、トイレで排せつする。
M児 （2歳5か月） 7月入園児 ● 6月に入園し、保育室内を走り回ったり、棚の上に登ろうとしたりする。	● 保育者に見守られながら安心して過ごす。	● 安心できる保育者と一緒に体を動かす遊びをする。

家庭・地域との連携

- 水遊びの参加には、健康カードの記入と押印を忘れずにしてもらう。
- 夏にかかりやすい病気を園便りや掲示板で知らせ、症状が見られたときは、早めに受診してもらう。
- 暑さや水遊びで体力を消耗するので、十分に睡眠をとることや朝食をとることの大切さを伝える。

延長保育を充実させるために

★ 日中の水遊びで疲れが出やすいので、ゆったり過ごせるようにし、一人ひとりとスキンシップをとり体調の変化に注意する。

書き方のポイント ✏

保育士等の チームワーク

★ 暑さで体調の変化をきたしやすい時季なので、一人ひとりの健康状態を把握し伝え合う。

★ 収穫した夏野菜を、すぐに食べられるような献立や喉越しの良い献立を給食担当者と話し合っておく。

✴ ※a1〜2 指針を踏まえて

a1は、「健康」領域の内容①②④、「人間関係」の内容①〜⑤、「環境」の内容③、「言葉」の内容①に、「表現」の内容③に、a2は、「健康」の①③、「人間関係」の内容①〜④、「環境」の内容①〜③、「言葉」の内容①②に、「表現」の内容①③に通じます。

✴ ※b1〜3 学びの芽を意識して

b1生活のバランスや行動のタイミングを感じ、b2自分なりのリズムでする習慣づくりを。b3友達と楽しむ遊びもプール・スタンピング・魚釣り・ごっこなどで、多様に全身を使ってタイミングやイメージの広がりが体感できるようにしましょう。自然との関わりもイメージを広げます。

環境づくり（◆）と援助・配慮（●）

1〜2週	3〜4週

◆ 風通しを良くしたり、エアコンで室温調節したりして、快適に過ごせるようにする。

◆ 食事を楽しみにできるように、食材を見たり触れたりし、給食室を見に行く機会をもつ。※a1

● 喉越しの良い献立を取り入れ、食欲が落ちている子どもには、量を調節したり手助けをしたりして、少しでも食べられるようにする。※a1

◆ トイレットペーパーを1回分に切り、カゴに入れ用意しておく。

● 一人ひとりの排尿間隔に合わせてトイレに誘い、排せつできたときには、喜びに共感する。

◆ 快適な環境で入眠できるように、室温や湿度を調節し、冷え過ぎないように留意する。

◆ 衣服は前後が分かるように置いたり、順番に並べたりして、着替えやすくしておく。

● 汗で衣服の脱ぎ着がしにくいときは、さりげなく手を添えて、自分でできたという満足感を味わえるようにする。

◆ 水遊びやプール遊びを楽しめるように、ペットボトルのシャワーや水に浮かぶ玩具を用意しておく。※a2

● 危険のないように見守りながら保育者も一緒に遊び、いろいろな水遊びを楽しむとともに、子どもの驚きや喜びに共感する。※a2

◆ 夏野菜の水やりを保育者と一緒にできるように、取り出しやすい場所にじょうろを数多く用意しておく。また、生長をこまめに観察しておき、収穫する機会をつくる。

◆ 野菜の輪切りを数多く用意しておく。

● 収穫した夏野菜を「おいしいね」「シャキシャキするね」など、味や食感を感じるような言葉を掛け、一緒に食べる。

◆ 無理なく水遊びができるように、タライやペットボトルのシャワーなどを用意しておく。

● 保育者と一緒にタライの水をすくったり、ペットボトルのシャワーで手や足に掛けたり、他児が水遊びを楽しんでいる様子を見たりして、徐々に慣れるようにする。

◆ 玩具を置くカゴを用意しておく。

● 「ここに置いておこうね」と玩具をカゴの中に入れて、安心してトイレに行けるようにする。また、タイミングが合いトイレでの排せつをしたときには、十分に褒め、自信をもてるようにする。

◆ 体を動かす遊びを存分に楽しめるように、遊具や広い場所を用意しておく。

◆ 安心して過ごせるように、できるだけ同じ保育者が関わるようにする。

● 保育者が誘い掛け、一緒に遊ぶ中で楽しさを味わえるようにする。

反省・評価

今月の保育終了後の文例として

★ 暑い日が続いたが、休息と水分をこまめにとることによって健康に過ごすことができた。また、夏にかかりやすい病気を園便りや掲示板で知らせ、早めの受診を依頼したので、園での感染の広がりはなかった。

★ いろいろな水遊びを取り入れることで、水に慣れることができ、この時季ならではの遊びを存分に楽しめた。次月も安全面に留意しながら引き続き楽しめるようにしたい。

CD-ROM 指導計画 → 7月の計画

7月
の保育マップ

（◆は環境　●は援助・配慮
について記入しています）

暑い夏を楽しもう！

身も心も開放感を味わえる水遊びの楽しさは、その環境づくりがポイントになります。日陰づくりの工夫や、いろいろな水遊びが楽しめる玩具の準備、水遊びの前後に、子どもたちが身の回りのことを自分でできるような場づくりなど参考にしてください。また、元気そうに見えても体は意外と疲れている場合があります。静と動のバランスに気を付けましょう。

ギュッと絞って…
～色水遊びを楽しむ～

◆園庭の日陰に、机や台を用意しておく。
●色水を混ぜたときの色の変化を楽しめるようにする。
●誤飲のないように留意する。

用意するもの
・スポンジ
（子どもの手で扱いやすい大きさに切っておき、子どもの人数分より少し多めの数を用意しておく）
・色水（2色）
（食紅で色を付けておく。減ってきたときに補充できるように、ペットボトル数本分作っておく）
・トレイ
・プリンカップや透明な空き容器

日陰は涼しいね
～熱中症に気を付ける～

◆園庭にテントや遮光ネットを張り、直射日光を避け日陰で遊べるようにする。
◆テントの骨組みを利用し、屋根の所へ遮光ネットを付け、日陰をつくる。

暑い夏を

自分で着替え
～簡単な身の回りのことを自分でする～

◆着替えやすいように広いスペースと、一人ひとりのカゴを用意しておく。
●自分でしようとする気持ちを受け止め、難しそうにしているときは、仕方を知らせたり、手助けしたりする。

乾いたよ　畳んでみよう
～畳み方を知る～

●畳み方を知らせ、一緒にしたり励ましたりしながらできた喜びを感じられるようにする。

プール　気持ち良いね～水遊びを楽しむ～

◆プールに入るときは気温・水温に留意する。
◆座って遊べるように水深は10～15cmくらいにしておく。
◆子どもたちが滑らないように、プールの周りにはマットを敷いておく。
●水遊びでの約束事を事前に話し、安全に遊べるようにする。

ひとやすみ～十分な休息をとる～

◆ジョイントマットを敷き、絵本を見たり湯茶を飲んだりしてくつろげるコーナーをつくっておく。
●水遊びの後は、体が冷えないように室内の温度に留意する。

	1週	2週	3週	4週
週案として	自分で着替え			
	ひとやすみ			
	日陰は涼しいね　ギュッと絞って…　プール　気持ち良いね			
	きれいになったね		乾いたよ　畳んでみよう	
	大きくなった！　でてきたよ　ぺったん　きれいな魚にへんし〜ん　やった〜　釣れたよ			

大きくなった！
〜夏の野菜に触れたり、収穫を楽しんだりする〜

◆じょうろを数多く用意しておく。
（ペットボトルのじょうろや牛乳パックのじょうろ など）
◆収穫した野菜を入れるカゴを用意しておく。

でてきたよ
〜トウモロコシの皮むきを体験する〜

◆むいた皮を入れる箱を用意しておく。
●難しそうにしているときには、保育者がさりげなく手伝うようにする。

楽しもう！

ぺったん きれいな魚にへんし〜ん
〜スタンピングを楽しむ〜

◆魚の形に切った画用紙を準備しておく。
◆野菜の輪切りを準備しておく。
●子どもたちの驚きや喜びに共感する。

きれいになったね
〜洗濯ごっこを楽しむ〜

◆ハンカチを十分に用意しておく。
◆水の入ったタライを用意しておく。
◆園庭に子どもの目線の高さにロープを張り、ハンカチを干せるようにしておく。
◆洗濯バサミはカゴに入れ、数か所に置いておく。
●保育者も一緒に遊び、楽しさを共有しながら遊び方を知らせる。

やった〜 釣れたよ
〜作った魚で遊ぶ〜

◆作った魚の口にクリップを付けておく。
◆割り箸に絡まないように太めのたこ糸を付け、その先端にマグネットを付けて、釣りざおを作っておく。（たこ糸の長さは25〜30㎝）
◆近くにいる友達とマグネットがくっついたり、糸が絡まったりしないように、広いスペースを確保する。

8月の計画

今月の予定
- 身体計測
- 避難訓練
- ボディーペインティング

クラス作り
～養護の視点も含む～

暑さによる疲れに留意しながら、夏を元気に過ごせるようにしたい。また、夏ならではの遊びを楽しめるようにしたい。

健康・食育・安全への配慮

- いつでも水分をとれるように、十分に湯茶を用意しておく。
- プール遊びのときは、気温、水温、水位、塩素濃度に留意して安全に気を付ける。
- 収穫した野菜は、新鮮なうちに食べるようにする。

前月末の子どもの姿	ねらい	内容（ =➤ は食育に関して）
● 持ち物の始末などを自分でしようとするが、思うようにできず、「できない」と言う子どももいる。※a1 ● 排尿や排便で漏らすことが少なくなり、パンツで過ごす※b1子どもが多い。 ● 友達と関わって遊ぶことが増えてきているが、自分の思いがうまく伝わらず、たたくなどする姿が見られる。※a2 ※b3 ● 保育者や友達と、プール遊びをしたり砂場で水を使って遊んだりすることを楽しんでいる。 ● プランターの野菜に興味をもち、水やりすることを喜んでいる。 ● 色水やとろみを付けた片栗粉、泥などに触れて遊ぶことを楽しんでいる。 ● 絵の具やのりを使って、飾りを楽しんで作っている。	● 一人ひとりの子どもの健康状態に留意し、健康に過ごせるようにする。 ● 簡単な身の回りのことを自分でしようとする。※a1 ● 保育者や友達と一緒に、夏の遊びを十分に楽しむ。※a2	● 保育者に手伝ってもらいながら、身の回りのことを自分でしようとする。※a1 ● 尿意や便意を知らせ、トイレで排せつしようとする。 ● 自分の思いを言葉で伝えようとしながら、友達と一緒に遊んだりする。※a2 ※b2 ● 保育者や友達と一緒に水や泥、絵の具などを使った遊びをする。 ● 夏野菜に触れたり、味わったりすることを喜ぶ。 =➤ ● 絵の具を使って色塗りをしたり、のりで飾りを付けたりする。

個別の計画

	前月末の子どもの姿	ねらい	内容
H児 （3歳2か月）	● 嫌なことがあると、たたいたり押したりして思いを伝えることが多い。	● 自分の思いを言葉で伝える。	● 保育者の仲立ちのもと、言葉で気持ちを伝え、満足感を味わう。
A児 （3歳1か月）	● プール遊びで、水しぶきが顔に掛かるのを嫌がり、プールに入ろうとしない。	● 少しずつ水に慣れ、水遊びの楽しさを感じる。	● お気に入りの玩具を使って遊びながら、水遊びの楽しさを感じる。
T児 （2歳6か月） 8月入園児	● 登園が遅くなったり、食事中眠くなったり、午睡から目覚めにくかったりする。	● 生活リズムを整え、機嫌良く過ごす。	● ゆったりとした環境の中、気持ちを受け止めてもらい、安心して過ごす。

家庭・地域との連携

- 夏の感染症（手足口病、プール熱、とびひ など）について、保健便りや掲示物で知らせ、症状が出た場合は早期に受診してもらうようにする。
- 暑さやプール遊びで体力を消耗するので、十分な睡眠と朝食をとることの大切さを伝える。
- 水遊びをしたり、汗をかいて着替えたりすることが多くなるので、伸縮性のある脱ぎ着しやすい衣服を多く用意してもらう。

延長保育を充実させるために

★ 延長保育担当者に日中の活動量の様子を伝え、ゆったりと過ごせるようにする。

保育士等の
チームワーク

★ プールや水遊びでは、担任間で役割分担をして、危険のないようにする。

★ 収穫した夏野菜を給食時に食べられるように、給食担当者と連絡し合っておく。

書き方のポイント ✏

※a1〜2 指針を踏まえて

a1は、「健康」領域の内容①②④⑤⑥⑦、「人間関係」領域の内容①②⑤の経験、a2は、「健康」の内容①、「人間関係」の内容①〜⑤、「環境」の内容④、「言葉」の内容①②③⑤⑥⑦、「表現」の内容⑥の経験につながります。

※b1〜3 学びの芽を意識して

b1パンツで過ごすb2思いを言葉で伝える反面、b3失敗やいざこざも。自分の内外を調整しようとする自立の芽生えです。遊びでも感触を楽しむことから自分のイメージを周りに置き換え自分なりの流れを作って遊ぶように変化します。これが自我の芽生えにつながります。

環境づくり（◆）と援助・配慮（●）

1〜2週	3〜4週

◆室内の温度調節に留意し調節できるよう、温度計を設置しておく。

◆心地良く過ごせるよう、窓を開けて風通しを良くしたり、エアコンや扇風機を適宜使用したりする。

●自分でしようとしている姿を見守り、頑張っている姿やできた喜びに共感することで、自信につながるようにする。※a1

◆トイレは常に清潔にし、換気しておく。

◆トイレットペーパーは、排せつ後、自分で拭きやすいように1回分を切り、子どもが取りやすい所に置いておく。

●尿意、便意を知らせたときは、すぐにトイレに連れて行き、排せつを見守る。また、パンツに出たときは、「気持ち悪かったね」と言葉を掛けて着替え、快適な状態にする。

●保育者も一緒に遊ぶ中で、子どもがうまく言葉で表現できないところを補ったり置き換えたりして、遊びが楽しめるようにする。※a2

◆水遊びが楽しめるようにバケツやじょうろ、ペットボトルや空き容器などをたくさん用意しておく。

●プール遊びでは、保育者も一緒に魚すくいや宝探しなどをして楽しく参加できるようにする。

◆水やりのじょうろや収穫用のカゴを用意しておく。

●野菜の生長する様子を知らせたり、実った野菜を収穫し一緒に味わったりして、旬の野菜のおいしさに気付かせていく。

◆いろいろな感触が味わえるような素材を用意しておく。

●汚れることや感触を嫌がる子どもには、友達が楽しく遊ぶ様子を見せたり、言葉を掛けたりしながら、無理なく少しずつ興味をもって触れられるように誘っていく。

◆製作に必要な物を準備しておく。

●のりを使うときは、そばについて一緒にしながら、作品ができあがっていく喜びに共感する。

◆子どもの好きな玩具を用意する。

●たたいたり押したりしたときの気持ちを十分に受け止めていく。また一緒に遊びながら、友達との関わり方を知らせていく。

◆水遊びできる玩具を用意する。

●水が顔に掛かることが嫌なときは無理に行なわず、水の気持ち良さを感じられるようにする。

●生活リズムを把握しながら、睡眠の時間を多くとり、ゆったりと過ごせるようにする。

反省・評価

今月の保育終了後の文例として

★ 快適な生活を送れるように、保育室の環境や、室温に留意したり、十分に休息をとることを心掛けたことで、健康に過ごすことができた。

★ 身の回りのことに取り組み、自分でできたと感じられるように保育者がそばで見守るようにした。

★ 友達と一緒にいろいろな水遊びを経験して、開放的な気分を楽しんでいた。また、水を怖がっている子どもが見られたが、個別に対応し少しずつ誘うことで一緒に楽しむことができた。

CD-ROM　指導計画
▼
8月の計画

8月
の保育マップ

◆は環境 ●は援助・配慮
について記入しています

夏だーいすき

きらきら輝く水しぶきの中で、子どもたちの歓声が響き渡る8月。10時を過ぎると紫外線が
強くなってきます。遮光ネットやパラソルで日陰を作り、子どもたちが不必要な紫外線を浴
びないような配慮をして、子どもたちが大好きな水遊びで身も心も開放する夏にしましょう。

水が流れてきたよ
～水、砂、泥の感触を味わう～

◆砂場の砂をほぐしたり、湿らせておいたりして、遊びやすい状態にしておく。
●子どもたちが安全に楽しく遊べるように、準備や片付けの手順を話し合っておく。

いらっしゃいませ、ジュースやさんです
～色水遊びを楽しむ～

◆ペットボトル（500㎖）のキャップの裏に絵の具を付けておく。
◆キャップを締めて一人1本ずつの色水を作る（色が付いたらキャップを外す）。
◆プリンカップや、透明の空き容器をたくさん用意しておく。
●色水を混ぜたときの色の変化を楽しめるようにする。

夏

むにゅむにゅ・ぺたぺた
～感触遊びを楽しむ～

◆片栗粉と水を少しずつ混ぜ合わせて作る（小麦粉アレルギーの子どもも安全）。
◆食紅（赤、青、緑など）を入れて、色の変化を楽しめるようにする。
●感触を嫌がる子どもには無理にはさせず、友達の様子を見て楽しめるようにそばにつく。

大きくなってね～夏野菜に興味をもつ～

◆じょうろは数多く用意しておく。
●水やりを楽しみ、茎が伸びたり、実がなっている様子を見たりしながら、夏野菜に興味をもてるようにする。
●収穫した夏野菜を給食のメニューに加えてもらえるように、給食担当者と話し合っておく。

給食先生、お願いします
～夏野菜を食べる～

●調理師が収穫した野菜を切ったり、調理したりする様子を見られるようする。
●保育者も一緒に食事をしながら、会話を楽しめるようにする。

	1週	2週	3週	4週
週案として	水が流れてきたよ	むにゅむにゅ・ぺたぺた	いらっしゃいませ、ジュースやさんです	
		大きくなってね　給食先生、お願いします		
		気持ちが良いね		
		ぬりぬりぺたぺた		
		自分でできるよ　ゆっくりしようね		

気持ちが良いね〜プール遊びを楽しむ〜

◆水深は10〜15cmぐらいにしておく。
◆水遊びが楽しめるように、空き容器や水に浮かぶ玩具を用意しておく。
●子どもの動きから目を離さないように、担任間で声を掛け合う。
●水を嫌がる子どもには、そばにつき、友達の遊んでいる様子を見せるなどして少しずつ慣れていけるようにする。

自分でできるよ〜身の回りのことを自分でする〜

●自分でしようとする気持ちを見守り、できないときは、仕方を知らせたり、手助けしたりする。

だーいすき

ぬりぬりぺたぺた〜アイスクリーム作りを楽しむ〜

◆アイスクリーム作りが楽しめるように、画用紙を多めに用意しておく。
●子どもたちが好きな色を自分で選べるように、絵の具は5色（赤、青、黄、緑、ピンク）を用意する。
●伸び伸びと製作ができるようにそばで見守ったり、保育者も一緒にしたりする。

ゆっくりしようね〜十分に休息をとる〜

◆室温を調節しておき、快適な空間の中で休息をとれるようにする。
●気温や活動量に合わせて、水分補給の回数を増やす。

9月の計画

今月の予定
- 保育参観 ・身体計測
- 誕生会 ・避難訓練

クラス作り
～養護の視点も含む～

残暑が厳しいので、水分や休息を十分にとり、健康に過ごせるようにしたい。秋の虫や草花に触れて遊べるように、戸外に出る機会を多くもちたい。

健康・食育・安全への配慮

- 暑い日が続くので、水分をとれるように湯茶を十分に用意しておく。
- 箸への移行を意識してスプーンの持ち方を知らせ、正しい持ち方で食べられるようにする。
- 運動遊具や固定遊具など、ねじの緩みや破損している所がないか事前に点検しておく。

前月末の子どもの姿	ねらい	内容（ 🍴 は食育に関して）
● 喉越しの良い物や水分を多く欲しがっている子どもがいる。 ● 排尿間隔が長くなり、パンツをはいて過ごす子どもが多くなってきている。 ● 自分から布団に入り、眠っている。 ● 自分で脱ぎ着をしようとしているが、汗で脱ぎにくいときは、援助を求めている。 ● 運動遊具を使ったり、模倣遊びをしたりして体を動かして遊んでいる。 ● 保育者や友達と一緒に関わって遊ぶようになってきている。※a1 ● カブトムシの飼育ケースをのぞき込んで、様子を見ている。 ● パスや絵の具を使って伸び伸びと描いて遊んでいる。※a2 ● 保育者と一緒に音楽に乗って、体操やダンスを笑顔でしている。	● 水分や休息を十分にとり、健康に過ごす。 ● 保育者や友達と一緒に、戸外で思い切り体を動かして遊ぶ。※b1 ● 秋の虫や草花に興味をもつ。 ● イメージしたことを自分なりに表現する。※a1 ※b3 ● 聞き慣れた歌を進んでうたい、リズム楽器に親しむ。	● スプーンやフォークを使って、自分で食べようとする。🍴 ● 尿意や便意をしぐさや言葉で知らせ、トイレで排せつをしようとする。 ● 安心して一定時間、睡眠をとる。 ● 衣服の脱ぎ着を自分でしようとする。 ● 戸外やホールで体を思い切り動かして遊ぶ。 ● 保育者や友達と関わって、ままごと遊びをする。※a1 ※b2 ● 秋の虫や草花に触れて遊ぶ。 ● いろいろな素材を使って、描いたり作ったりする。※a2 ● リズムに乗って体を動かして遊ぶ。
個別の計画 A児 （3歳4か月） ● 保育者にしてもらいたいことがあるときは、じっとして待っている。	● 言葉やしぐさで思いを伝えようとする。	● 保育者に促されて、してほしいことを言葉で伝えよう ※b4 とする。
Y児 （2歳11か月） ● 促されるとスプーンを下握りで持って食事している。	● スプーンを3点持ちして食事をする。	● 遊びや食事の中で、スプーンの3点持ちが身につくようになる。
K児 （2歳7か月） ● かけっこや散歩などを喜んでいるが、よく転ぶことがある。	● 十分に体を動かして遊ぶことを楽しむ。	● 用具を使って、いろいろな運動遊びをする。

家庭・地域との連携

- 夏の疲れが出やすい時期なので、健康状態をこまめに伝え合うようにする。
- 保育参観は、子どもの発達や成長を一緒に喜び合う。保護者からの相談があったときは、一緒に考える機会をもつようにする。
- 親子で夜空を見上げる機会をもってもらえるように、お便りなどで知らせる。

延長保育を充実させるために

★ 日中の活動量に合わせて十分に休息をとり、秋の虫の声を聞いたりしながら、ゆったり過ごせるようにする。

書き方のポイント ✏️

保育士等の **チーム ワーク**

★ 保育参観での保育内容を理解し合い、役割分担を明確にしておく。

★ 保護者から聞いた健康状態について伝え合い、担任間で把握できるようにしておく。

★ 園庭やホールの使用時間を調整しておく。

**✤ ※a1～2
指針を踏まえて**

a1は、「人間関係」領域の内容①～⑥、「環境」の内容②～④、「言葉」の内容の②⑤⑥、「表現」の内容の⑤⑥につながります。a2は、「環境」の①～③、「表現」の①③⑥の経験につながります。a2の環境は「健康」の⑥にも通じます。

**✤ ※b1～4
学びの芽を意識して**

b1手足を協応させて動かしながら、周りのモノや人にb2興味や関心、愛着を寄せ、経験やイメージ、思いをb3いろいろなモノで表現したりb4言葉で伝えたりして、「つながる」「つなげる」楽しさを知り、社会的な関係の中で過ごすことを意識しましょう。

環境づくり（◆）と援助・配慮（●）

1～2週 / **3～4週**

◆食事・睡眠時は涼しい環境で過ごせるように、室温計を確認しながら、冷え過ぎないように適宜エアコンを使用する。

●汗をかいたときは、「汗、いっぱいかいたね。気持ち良くしようね」と言葉を掛けながら、こまめに拭き取るようにする。

●「気持ち悪かったね」「今度はトイレでおしっこしようね」と言葉を掛けながら、すぐに新しいパンツにはき替えられるようにする。

◆使用する運動遊具を取り出しやすいように、事前に準備しておく。また十分に体を動かせる広い場所を確保しておく。

●保育者も一緒に体を動かしたり、平均台や巧技台など、高低のある場所などではそばについたりする。

◆保育者や友達との関わりをもてるような、ままごと遊びの設定をしておく（お店屋さんごっこなど）。※a1

●保育者もお店屋さんやお客さんになり、言葉のやり取りや関わりをもてるようにする。※a1

◆トンボやバッタなどを見つけたときには、必要に応じて網や飼育ケースを用意しておく。

●観察した後は、「お父さんやお母さんの所に返してあげようね」と促して、自然に戻すようにする。

◆散歩コースでコスモスやススキなど、秋の草花が生えている場所を探しておく。

●散歩の余韻が楽しめるように、花瓶や容器に摘んできた草花を飾り、一緒に見て子どもたちと話をする。

◆のりを使ったときは、指に付いたのりを拭き取れるように、手拭きタオルを人数分用意しておく。※a2

●適量を使えている子どもには「それでいいよ」と認めたり、多く使用しているときは、少しの量でいいことを知らせたりする。※a2

◆中秋の名月に興味をもてるような絵本や素材を用意しておく。

●「今夜のお月さんはどんな形かな？ おうちの人と一緒に見ようね」と楽しみに待てるようにする。

◆できるだけ特定の保育者が関わるようにし、安心して過ごせるようにする。

●じっとして動かないときは、状況を見て「〇〇がしたいの？」などと言葉を掛けるようにし、思いに共感するようにする。

◆手首を使って遊べる玩具を用意しておく。

●ごっこ遊びを通して、スプーンの3点持ちが身につくように、さりげなく持ち替えさせるようにする。

◆フープ・巧技台・マットなどの運動遊具を用意しておく。

●運動用具の使い方の手本を見せたり、必要に応じて手を添えたりして、保育者も一緒に体を動かすようにする。

反省・評価

今月の保育終了後の文例として

★ 残暑が厳しく、30℃を超える日が続いたが、汗を拭いたり、適宜エアコンを使用したり、お茶を十分に飲んだりして健康に過ごせるように配慮した。

★ 秋の虫や草花などに触れる機会をもち、いろいろな製作材料を使って遊びを楽しむことができた。子どもたちも自分なりの表現の仕方で楽しめたと思う。このような経験を大切にしていきたい。

CD-ROM　指導計画
▼
9月の計画

9月の保育マップ

（◆は環境　●は援助・配慮について記入しています）

保育のポイント　先生もお友達も大好き！

色や形、大きさの違いについて興味が増す頃です。秋空に流れるうろこ雲、木々の葉の色、群れ飛ぶトンボなど、季節を感じながら跳んだり、跳ねたり、走ったり…、あり余るエネルギーを上手に発散させることができるような遊びを提案してあげましょう。ただし、残暑が厳しいので、毎日「高温注意情報」をチェックし、熱中症対策も万全にすることを忘れないようにしましょう。

せんせいここ手伝って
～衣服の脱ぎ着を自分でしようとする～

◆子どもが手伝ってほしいと言えるように、保育者はいつでも要求が受け止められるような優しいまなざしで見守る。

見ててねこんなことできるよ
～いろいろな運動遊具を使って体を動かす～

鉄棒：下にマットを敷く
トンネル：くぐる
巧技台：足を伸ばして渡れる距離に
マット：横転
フープ

おかわりちょうだい～水分を十分にとる～

◆適宜、水分をとれるように、給食担当者と連携をとり、湯茶を十分に用意しておく。
●食事に差し障りがないように配慮しながら、十分に水分をとれるようにする。

先生も

ひっくり返してポン！
～手首を使って遊ぶ～

◆卵のケース（50個くらい入る物）をたこやき鉄板に見立てて黒色に塗っておく。
◆フェルトでたくさんのたこやきと、千枚通しのような物を作っておく。
●意識して手首を使い、ひっくり返して遊べるように手本を見せ、一緒に遊ぶ。

フェルトの「たこやき」の作り方
①円形に切ったフェルトのふちを縫い、絞って、中に綿を入れる。
②フェルトで作ったソース部分を、被せる。

いらっしゃいませ はいどうぞ！
～保育者や友達と一緒に関わってままごと遊びをする～

◆お店屋さんごっこやままごと遊びが楽しめるように、衣装や食べ物を十分に用意する。

パクパク あ～おいしい
～スプーンを3点持ちで持つ～

◆スプーンやフォークなどを数多く用意しておく。また、使った後は、洗ったり消毒したりしておく。
●遊びながら、さりげなく3点持ちで持てるようにする。

トンボのメガネは何色？
～カラーセロハンに触れる～

◆カラーセロハンを使って、メガネを作る。
◆メガネを使っていろいろな場所を見て楽しめるように人数分用意しておく。

トンボのメガネの作り方

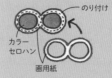

のり付け
カラーセロハン
画用紙
割り箸

①画用紙で作ったメガネの枠に、カラーセロハンを貼り、もう一枚のメガネの枠を貼り重ねる。
②画用紙の羽に好きな模様を描き、割り箸にメガネ、羽を貼り付ける。

※注意！　太陽は見ないように言葉を掛け、地面や顔の高さの物を見るように促す。

	1週	2週	3週	4週
週案として	おかわりちょうだい　せんせいここ手伝って			ほら、鳴いているよ
	せんせいだいすき！		見ててねこんなことできるよ	
	おさんぽいこうよ	トンボのメガネは何色？	なんていうおはな？　これだけでいいの？	ふさふさになったね
	いらっしゃいませ	はいどうぞ！	ひっくり返してポン！　パクパク	あ〜おいしい
		これは、バッタの赤ちゃんだよ		ぴょ〜〜んとべるよ

指導計画

9月の保育マップ

せんせいだいすき！
～目的物まで思いっ切り走る～

ぴょ～～んとべるよ ～体を動かして模倣遊びをする～

◆ホールなどの広い場所で思い切り体を動かせるように、他クラスと調整しておく。
●一緒に体を動かして遊んだり、見守ったり、認めたりして、子どもたちが伸び伸びと楽しめるようにする。

これは、バッタの赤ちゃんだよ ～秋の虫に興味をもつ～

◆園庭の芝生や園外で虫を見つけたときには、機会を逃さず見られるようにする。また、飼育ケースを用意しておく。
●見た後は、「お父さんやお母さんの所に返してあげようね」と逃がすようにする。

お友達も大好き！

おさんぽいこうよ ～秋の虫や草花に触れて遊ぶ～

◆コスモスやススキ、バッタ、トンボなどに触れられるような場所を散歩コースに選んでおく。
●秋の草花や虫など、色や形、様子などを一緒に見ながら楽しむようにする。

なんていうおはな？ ～秋の草花に興味をもつ～

◆持ち帰ったコスモスやススキを飾る花瓶や容器を用意しておく。
●「お部屋に飾ろうね」と楽しみになるように話をしながら持ち帰るようにする。
●ススキは、葉をこすると手を切る場合があるので扱いに注意する。

ふさふさになったね ～指先を使って遊ぶ～

◆黄色のスズランテープをポンポンのように作っておく。
●少しずつ裂いて手本を見せ、指先を使って遊べるように関わる。

ほら、鳴いてるよ ～秋の虫に興味をもつ～

これだけでいいの？ ～適量ののりを使って貼る～

◆のりが付いた指をすぐに拭けるように、手拭きタオルを人数分用意しておく。
●一人ひとりに応じた認め方や援助の仕方を考慮する。

10月の計画

今月の予定
・園外保育　・身体計測
・運動会　　・保育参加

クラス作り
~養護の視点も含む~

気温や体調に合わせて衣服を調節し、健康に過ごせるようにしていきたい。秋の自然にふれながら、散歩や戸外遊びを十分に楽しめるようにしていきたい。

健康・食育・安全への配慮

● 保育室に入る前に必ず手洗い・うがいを促し、風邪などの感染症予防を心掛ける。
● イモ掘りに出掛け、収穫の喜びを味わえるようにする。
● 運動遊具の点検を行ない、安全に留意する。

前月末の子どもの姿	ねらい	内容（🍴は食育に関して）
● 食欲が増し、空になった食器をうれしそうに見せたり、「おかわりちょうだい」と伝えたりしている。 ● 尿意を感じ、自分から知らせる子どもや、保育者に誘われてトイレに行こうとする子どもがいる。 ● 安心して一定時間眠っている。 ● 簡単な衣服の脱ぎ着を自分でしようとしている。 ● 飼育しているスズムシに興味をもって、のぞき込んだり鳴き声を聞いたりしている。 ● 登園の途中にドングリや落ち葉を見つけて、園に持って来るどもがいる。 ● リズムにのって体を動かして遊んでいる。※b1	● 1日の生活の流れが分かり、簡単な身の回りのことを自分でしようとする。 ● 友達や保育者と一緒に体を動かして遊ぶことを楽しむ。 ● 片言の言葉でやり取りを楽しむ。 ● 秋の虫や自然物などに興味をもつ。※a1	● 全部食べ終えた喜びを知る。🍴 ● 保育者に見守られながら、トイレで排せつする。 ● 簡単な衣服の脱ぎ着を自分でする。 ● 友達と一緒に追いかけっこをする。 ● 簡単なルールのある運動遊びを行なう。※b2 ● 生活や遊び、絵本の中で、言葉のやり取りを楽しめるようにする。※b3 ● コオロギやキリギリスに興味をもち、見たり触ったりする。※a2 ● 散歩に出掛け、ドングリや落ち葉を拾い集めて遊ぶ。※a3 ※b4 ● リズムに合わせて楽しく踊る。

個別の計画

	前月末の子どもの姿	ねらい	内容
N児 （2歳8か月）	● 遊びが気になってトイレに行くことを嫌がる。	● トイレに行って排せつしようとする。	● 保育者に促され、トイレに行く。
I児 （2歳10か月）	● 次々に口へ放り込み、飲み込むように食べている。	● 一口ずつ、よくかんで食べようとする。	● よくかんで、食べる。
K児 （2歳7か月）	● 一つの遊びが長続きせず、転々として友達の遊びを壊して回る。	● 気に入った遊びを見つけ、楽しむ。	● 保育者と一緒に好きな遊びを見つける。

家庭・地域との連携

■ 感染症が流行し始める時期なので、保健便りや掲示物で知らせ、早めの受診を心掛けてもらうようにする。
■ 衣服の調節ができるように、園に置いている衣服の種類や枚数などを伝え、半袖を長袖に交換してもらう。
■ 運動会当日、競技に楽しく参加できるように、親子競技の内容を知らせておく。
■ 保育参加の目的をオリエンテーションなどで確認しておく。

延長保育を充実させるために

★ 換気や加湿に気を配りながら、明るい室内でゆったりと楽しく過ごせるようにする。

保育士等の
チームワーク

★ 散歩は、フリーの保育者にも付き添ってもらえるよう予定を知らせておく。

★ 運動会に向けての活動が多くなるので、他のクラスと園庭やホールなど、使用できる場所や時間帯について話し合っておく。

書き方のポイント ✏️

✿ ※a1〜3
指針を踏まえて

a1〜a3は、「環境」領域の「内容」の⑤に通じる所です。「内容の取扱い」の②を意識しましょう。集めたドングリや落ち葉を比べることで、「内容」の③(身の回りの物に触れる中で、形、色、大きさ、量など物の性質や仕組みに気付く)につなげることも可能です。

✿ ※b1〜5
学びの芽を意識して

表象機能が芽生え、自我と共に心の世界が始まるこの頃です。自分の「つもり」(意図)で周りとつながる経験が、大切です。「つもり」をb1体の動きやb3言葉に置き換えてやり取りする、b2ルールのある遊びをする、b4モノ集めやb5モノ作りをするなどです。

環境づくり(◆)と援助・配慮(●)

1〜2週	3〜4週

◆ 感染症が流行しないように、換気や加湿をこまめにする。

● 保育者も一緒に手洗い・うがいを行ない、大切さを知らせるとともに習慣づけていく。

◆ 食欲が増してきているので、調理担当者と連携をとり、お代わりを十分に用意してもらう。

● 一人ひとりに合わせて量を加減し、「全部食べたね」と言葉を掛け、食べ終えた喜びを感じられるようにする。

● 一人ひとりの排尿間隔に合わせてトイレに誘い、排せつできたときは喜びに共感する。

◆ 戸外遊びの準備(スモックを着る、帽子をかぶる、靴下を履く　など)がしやすいように、長イスとウォールポケットを定位置に準備しておく。

● 自分でできるところは手伝ってしまわず、ゆったりと見守るようにする。

◆ ゴールテープを用意したり、ラインを引いておいたりして、遊びの中でかけっこに興味をもてるようにしておく。

● 保育者も一緒に体を動かし、安全に配慮しながら、必要に応じて援助し、楽しめるようにする。

◆ 散歩グッズ(防犯ブザー、救急セット、保冷剤、携帯電話　など)を準備しておく。

◆ あらかじめドングリの落ちている場所を下見しておき、散歩のコースに取り入れる。

● 出来上がったバッグを掛けて喜ぶ ※b5 姿に共感し、散歩に行くことを楽しみにできるようにする。

◆ 拾ってきたドングリは湯通しし、遊びや作品作りに利用できるようにしておく。

● 子どものイメージを大切にし、一緒にごっこ遊びや言葉のやり取りを楽しめるようにする。※b3

◆ イモのツルを切ったり土を軟らかくほぐしたりして、掘りやすくしておく。

◆ 遊ぶ前や活動の合間に保育者が優しく声を掛け、トイレに誘う。

● 遊びたい気持ちを受け止め、トイレで排せつができたときには十分に褒め、保育者もうれしい気持ちを伝えるようにする。

◆ 保育者がそばで見守り、「よくかんでね」とこまめに声を掛けるようにする。

● 保育者もそばで一緒に食べながら、味や感触を意識できるように声を掛けていく。

● 硬めの食材を家庭でも試してもらうようにお願いする。

◆ 集中して遊べるように、空間をロッカーなどで仕切り、興味をもてそうな玩具を用意しておく。

● 保育者も一緒に遊び、楽しさを共有するようにする。

反省・評価

今月の保育終了後の文例として

★ 一人ひとりの体調や気温に留意して衣服の調節をしたり、換気や加湿をこまめに行なったりしたことで、感染性の病気が流行することもなく、健康に過ごすことができた。

★ ドングリや落ち葉を拾ったり虫に触れたりして、十分に季節を感じることができた。また、かけっこや遊具などで元気に体を動かして遊ぶことができた。引き続き、戸外や散歩に出てたっぷりと遊べるようにしていきたい。

CD-ROM 📁 **指導計画**
▼
10月の計画

10月
の保育マップ

◆は環境 ●は援助・配慮
について記入しています

保育の
ポイント **おそと だーいすき！**

1年中で一番過ごしやすい秋の訪れを感じます。天高く広がる空を見上げて、少しずつ変わっていく雲の様子に気付く子ども、木々の葉の色やイトトンボを見つけて指さす子ども。10月は子どもたちにとっても実りの季節です。秋の自然に親しみながら、心と体をより大きく育てていきたいと思います。

ガラガラうがい
～保育室に入る前に手洗い・うがい～

◆ 保育室に入る前には、うがいをする習慣をつけておく。
● 手洗いの手順が身につくように、保育者がそばで見守り丁寧に指導する。

自分でできるよ
～脱いだり履いたり、自分でしようとする～

◆ 着替え用のイスを用意しておく。
● 自分でできそうなところは手伝ってしまうのではなく、ゆったりとした気持ちで見守るようにする。

先生、見ててね！
～一人でできるよ～

◆ 一人ひとりの排尿間隔に合わせてトイレに誘う。
● 一人でトイレに行こうとする姿を受け止める。
● トイレで排せつができたときには、喜びに共感する。

おそと

先生、お代わり！
～食べ終えた喜びを味わう～

よーい、どん！
～友達と一緒にかけっこを楽しむ～

◆ 広いスペースのある場所で行なう。
◆ ゴールテープを用意しておく。
◆ 救急セットを用意しておく。
● スタートとゴールの意味が分かるよう、実際に保育者が走って見せる。
● 走り切れるよう保育者も応援し、できたら一緒に喜ぶ。

	1週	2週	3週	4週
週案として		自分でできるよ	ガラガラうがい	
		先生、お代わり!	先生、見ててね!	
	よーい、どん!			
	バッグを作ろう!	散歩に出掛けよう!	いっぱい集めよう	ごちそう どうぞ

バッグを作ろう!
～散歩用のバッグを自分で作る～

◆ 穴に通しやすいように、毛糸の先にセロハンテープを巻き、先を切っておく。

● ひも通しをゆったりと楽しめるように、保育者がそばで見守るようにする。

散歩バッグの作り方

① 牛乳パックの底を残して四方に切り開き、あちこちにパンチで穴をあけておく。
② 四面の先(口の部分)を折り返してテープで留める。折り返して2重になった部分に、2箇所ずつ穴をあける(★)。
③ ★に毛糸を通して、少しゆったりめに結んで閉じる。
④ 子どもが自由にひも通しをする。
⑤ 子どもの肩から掛けられるように、口の部分にスズランテープで三つ編みしたひもをくくり付ける。
⑥ 中にポリ袋を入れて、口を広げて掛けてできあがり。

散歩に出掛けよう!
～戸外に出掛け、秋の自然を満喫する～

◆ 散歩グッズ(防犯ブザー、救急セットなど)を忘れずに持参する。

● 人数の把握をしっかりと行なう。

● フリーの保育者に同行してもらい、ゆったりと散歩を楽しめるようにする。

だーいすき!

ごちそう どうぞ
～ままごと遊びを楽しむ～

◆ 園庭にままごと用の机を用意し、ドングリや落ち葉などをそばに置いておく。

● 保育者も一緒にごっこ遊びや言葉のやり取りを楽しめるようにする。

いっぱい集めよう
～落ちている木の実や葉を集める～

◆ あらかじめ木の実や落ち葉のある場所を下見しておく。

◆ バッグに入り切らない物や、部屋飾り用の木の実を持ち帰れるように、保育者も入れ物を用意していく。

● ドングリや落ち葉を見つけた喜びに共感する。

11月の計画

今月の予定
・作品展　・誕生会
・身体計測

クラス作り
～養護の視点も含む～

健康に過ごせるように、気温に合わせて衣服の調節をし、手洗い・うがいを一緒に行ないたい。また、保育者や友達と一緒に秋の自然や実りにふれ、興味・関心を深めたい。

健康・食育・安全への配慮

● 室温や湿度に気を付け、こまめに換気を行なう。また、適度に水分をとれるように湯茶を用意しておく。
● 収穫した作物をおいしく食べられるようにメニューを考えておく。
● 運動用具などは事前に危険がないように点検する。

前月末の子どもの姿	ねらい	内容（ ➡ は食育に関して）
● こぼしながらも箸で食べようとする子どもが増えてきている。 ● 排せつ時、自分でパンツやズボンを下ろしているが、漏らすこともある。 ● 促され、手洗いやうがいをしている。 ● 保育者に手伝ってもらいながら衣服の脱ぎ着を自分でしようとしている。 ● 体操やリズム遊びなどの運動会ごっこを楽しんでいる。 ● 畑の野菜の様子を保育者と一緒に見に行き、収穫を楽しみにしている。 ● 戸外でドングリや色付いた葉っぱを見て喜んでいる。 ● 気の合う友達と一緒に、ごっこ遊びをしている。 ● 保育者と一緒にハサミの1回切りを楽しんでいる。	● 手洗い・うがいを丁寧にし、健康に過ごす。 ● 友達や保育者と体を動かして遊ぶことを楽しむ。 ● 保育者や友達と一緒に秋の自然にふれて遊ぶことを楽しむ。	● 箸の使い方を知り、自分で持って食べようとする。 ➡ ● パンツやズボンを膝まで下ろし、排せつする。 ● 保育者に見守られながら手洗い・うがいを丁寧にしようとする。 ● 脱いだ衣服を保育者と一緒に畳もうとする。 ● 友達や保育者と一緒に追いかけっこやサーキット遊びをする。※b1 ● 季節の野菜に興味をもち、触れたり味わったりする。 ● 自然物を集めたり、使って遊んだりする。 ● 友達や保育者とままごとをする中で、楽しんで言葉のやり取りをする。※b2 ● ハサミやのりを使って製作遊びをする。※b3

個別の計画

	前月末の子どもの姿	ねらい	内容
K児 （2歳10か月）	● 次の活動に移る際、「いや」と言い、気持ちの切り替えに時間を要する。	● 友達のしていることに興味をもつ。	● 保育者に見守られながら、友達に関心をもって関わろうとする。
S児 （3歳6か月）	● 友達と関わりたい気持ちはあるが、押したり、玩具を取ったりする。	● 保育者と一緒に自分の思いを言葉で伝え、友達と関わろうとする。	● 保育者に気持ちを受け止めてもらい、言葉で自分の思いを伝えようとする。
R児 （3歳0か月）	● 食事中、横を向いたり、イスに足を乗せたりして食べている。	● 食事のマナーを身につける。	● 保育者や友達と一緒に食事をしながら姿勢良く食べる。

家庭・地域との連携

■ 薄着で過ごせるように、気温や活動に応じて調節しやすい衣服を用意してもらう。
■ 風邪やおう吐、下痢などからの体調の変化を観察し、必要に応じて家庭と連絡をとり、健康状態を把握しておく。また、園で流行している病気を知らせ、症状が見られたときは早めに受診を勧める。
■ 作品展は、製作に取り組んでいた子どもの様子やつぶやき、成長を伝え、共に喜び合える機会にする。

延長保育を充実させるために

★ 午前中のごっこ遊びが引き続き楽しめるようにコーナーを準備しておく。

144

書き方のポイント ✏️

保育士等の
**チーム
ワーク**

★ おう吐物の処理の仕方を再確認
し合い、おう吐物処理セットを身
近な所に置いておく。

★ 作品展について、展示の仕方や
職員の役割などを話し合っておく。

※a
指針を踏まえて

「健康」領域の⑥⑦につながります。
内容の取扱いの③④に配慮して関わりま
しょう。④は、平成20年告示の指針で
も「一人一人の状態に応じ、落ち着いた
雰囲気の中で行うようにし、子どもが自
分でしようとする気持ちを尊重すること」
とあります。

※b1〜3
学びの芽を意識して

b1 追いかけっこやサーキット遊び、
b2 ままごとなどで言葉のやり取りをす
るなどは、簡単なルールや言葉を使って
人と関係づくりをする始まりの経験です。
同時に、b3 ハサミやのりを使うなども細
やかな動きで、関わりに多様性を作る大
切な経験です。

指導計画

11月の計画

環境づくり（◆）と援助・配慮（●）

1〜2週	3〜4週

◆ 一人ひとりの様子に応じて、スプーンやフォークが使えるように用意しておく。

● 箸を使おうとする気持ちを大切にしながら、手を添えて持ち方を知らせたり、見守ったりする。

● パンツやズボンを十分に膝まで下ろし、ぬらさず排せつできたときには、一緒に喜び自信へとつなげていく。※a

◆ 丁寧に手洗いやうがいができるように、手洗い場にイラストを貼っておく。

● 手洗いやうがいのイラストを見ながら丁寧に洗えるように言葉を掛け、保育者も一緒に行なう。

● 「おそでパッタンしようね」などと言葉を掛けたり、自分でしようとする姿を見守ったりする。

◆ 集団遊びやサーキット遊びが楽しめるように、いろいろな用具を用意しておく。

● 保育者も一緒に遊びながら、遊び方を知らせ、体を動かす楽しさを味わえるようにする。

◆ 野菜を収穫したり、食べたりする機会をもつ。

● 保育者も一緒に遊び、言葉のやり取りを楽しみながら、遊びが
広がるようにする。

◆ 子どもが興味をもったときにすぐにできるように、ハサミや切っ
た物を入れる箱、のり、おしぼり、広げた牛乳パックなどを十分
に用意しておく。

● ハサミやのりの使い方を知らせ、安全に使えるようにし、自分で
切ったり貼ったりして作る楽しさを味わえるようにする。

● 子ども同士の関わりを見守り、友達と一緒に遊ぶ楽しさを味わ
えるようにする。

◆ 散歩で拾った落ち葉や木の実でままごと遊びができるように
形や色、大きさで分けて園庭のテーブルの上に置いておく。

● 葉の色や形、木の実の大きさなど子どもの気付きや驚きに耳
を傾け、共感する。

◆ ブロックや電車など、興味のある玩具を十分に用意しておく。

● 好きな玩具を通して、友達と少しずつ関わりをもてるように、保育者が仲立ちとなる。

● 一緒に遊びながら、「○○ちゃん□□しているね」などと言葉を掛け、友達の様子に気付けるようにする。

◆ ゆったりとした気持ちで遊べるような雰囲気をつくり、友達と関わって遊べるように玩具も十分に用意しておく。

● S児の思いや言葉にしっかりと寄り添い、分かりやすい言葉で相手に伝えられるように仲立ちとなる。

◆ 姿勢良く座れるように、机やイスの高さを確認しておく。

● 横を向いたり、イスに足を乗せたりしているときは、その都度声を掛け、正しい姿勢で食べられるようにする。また、正しい姿勢で食べ
ているときは大いに褒め、意欲へとつなげていく。

今月の保育終了後の
文例として

反省・評価

★ 気温の変化に応じて衣服の調節をしたり、一人ひとりの体調に留意したりすることで、健康に過ごすことができ
た。また、手洗いやうがいを見守ったり、一緒にしたりすることで丁寧にするようになった。

★ 体を動かして遊ぶ時間を十分にとることができ、友達や保育者と関わりながら全身を使った遊びを楽しめた。

★ 自然物に触れる機会を多くもったことで、秋の自然に興味をもち楽しむことができた。

CD-ROM

指導計画
▼
11月の計画

11月
の保育マップ

（◆は環境　●は援助・配慮について記入しています）

保育のポイント　秋って たのしいね♪

吹く風が冷たくなり、秋から冬へとバトンタッチするこの季節、秋の自然や実りに触れる機会を多くもち、興味・関心を深めていきたいものです。また、寒くなるまでに、たくさん戸外で遊んで体力をつくり、風邪にも負けない元気な姿を目指しましょう。

バイキン ばいばい
～手洗い・うがいを丁寧にする～

◆ 手洗いの仕方を描いたイラストを手洗い場の見やすい場所に貼っておく。
● 保育者も一緒に行ない、丁寧に洗うことを伝え、そばで見守る。

せんせい みててね
～パンツやズボンを膝まで下ろし排せつする～

◆ 男の子の立つ位置が分かりやすいように床に足形を貼っておく。
● パンツやズボンの下ろす位置を知らせたり、後ろから腰に手を添えたりして、ぬらさず排せつできるようにする。
● 必要なときはすぐに援助できるようにそばで見守る。また、ぬらさずできた喜びを共感する。

ひとりで がんばる！
～脱いだ衣服を自分で畳もうとする～

◆ 子どもが自分で畳みやすいように広いスペースを用意しておく。
● 衣服の畳み方を一緒にしながら知らせ、畳もうとする気持ちをもてるようにする。
● 頑張ろうとする姿を認め、「上手にできたね」「こうするといいよ」など言葉を掛け、自分でできた満足感を味わえるようにする。

パッタン　　上手にできたね

秋って

ダイコンさん大きいね！
～ダイコンの収穫を喜ぶ～

◆ ダイコンを引きやすいように左右に少し動かしておく。
◆ 引いたダイコンを置くようにシートを用意する。
● 引くときの重さや、土の中から出てきたダイコンの大きさや形のおもしろさを伝え、一緒に喜び共感する。
● 引いたダイコンを給食室で調理してもらい、収穫した物を味わう喜びを感じられるようにする。

ハサミで チョッキン
～画用紙を切る事を楽しむ～

◆ 集中して遊べるように、各コーナーについ立てをするなどして仕切っておく。
◆ 1回切りができるように2×15㎝の短冊に切った画用紙を用意しておく。
● 体の正面で持ち、しっかりとハサミを立てて紙と垂直に持てるように手を添えたり、言葉を掛けたりして、個別に対応する。

ぬりぬりぺったん！
～指先を使ってのり付けを楽しむ～

◆ すぐに手指を拭けるように、おしぼりをそばに置いておく。
◆ のり付けの台紙として、広げた牛乳パックを用意しておく。
◆ 服の形に切った画用紙と、1回切りした画用紙を用意する。
◆ そばで見守り、指先に取るのりの量などを知らせていく。
● 事前に作った顔（子どもが目や鼻、口を描いた物）や手足と貼り合わせ、できた喜びを共感する。

うんとこしょ！ どっこいしょ！
絵本『おおきなかぶ』～ごっこ遊びを楽しむ～

◆ 経験した活動を取り入れて表現遊びできるよう時間や場所を確保する。
● ごっこ遊びのイメージを共有し、保育者も一緒に遊び、言葉のやり取りをして、なり切って遊ぶ楽しさを味わえるようにする。

	1週	2週	3週	4週
週案として	バイキン ばいばい	ひとりで がんばる！		せんせい みててね
	お箸 持てるかな？　いっしょにあそぼう		じょうずに わたれるよ	むっくり熊さん♪
	ダイコンさん 大きいね！		うんとこしょ！ どっこいしょ！	
	ハサミで チョッキン		ぬりぬりぺったん！	
	おさんぽ たのしいね		いろいろな 形があるね	

いっしょにあそぼう ～ままごと遊びを楽しむ～

◆ 友達との遊びが広がるように、エプロンや三角巾、かばんなどを用意する。
◆ フロアマットやゴザを敷いたり、キッチンや手作りの冷蔵庫、レンジなどを設定したりして環境を工夫する。
● 子ども同士のやり取りを見ながら必要に応じて仲立ちし、関わりを育んでいく。

ごはん できたよ

お箸 持てるかな？ ～箸に興味をもつ～

◆ 箸を使って遊べるように、小さく切ったスポンジを用意しておく。
● 遊びながら箸の持ち方を知らせていく。
● 他児に当たると危険なため、十分に注意して見守る。

じょうずに わたれるよ ～サーキット遊びを楽しむ～

◆ 体を使って遊べるように、はしごや巧技台、平均台、トンネルなどの用具を用意する。
● はしごの下にマットを敷いたり、前の子どもが渡り終わってから進むように声を掛けたりして、危険のないようにする。

たのしいね♪

おさんぽ たのしいね ～秋の自然にふれる～

◆ 秋の自然にふれられるようなコースを確認しておく。
◆ 集めた自然物を持ち帰れるように、散歩バッグを用意しておく。
● 気候に応じて、衣服の調節をし、快適に過ごせるようにする。
● 秋の自然にふれる中で、子どもの発見やつぶやきを受け止め、共感する。

いろいろな 形があるね ～秋の自然にふれて楽しむ～

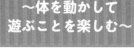

◆ 散歩中に集めた木の実や落ち葉を、形や種類別に箱に入れ、いつでも触れて遊べるように砂場の丸テーブルの上に置いておく。
● 大きさや形の違いに気付けるように並べたり、触ったりして一緒に遊ぶ。
● ままごと遊びなどイメージが広がるような言葉を掛けたり、言葉のやり取りを楽しめるように仲立ちしたりする。

むっくり熊さん♪ ～体を動かして遊ぶことを楽しむ～

◆ 思い切り走ることができるように広い場所を確保しておく。
● 保育者は、クマ役と逃げる役に分かれ、逃げる楽しさを味わえるようにする。

147

12月の計画

今月の予定
- お楽しみ会
- 身体計測

クラス作り
～養護の視点も含む～

一人ひとりの体調に留意しながら、冬の始まりを健康に過ごせるようにしたい。また自分でできることを喜び、簡単な身の回りのことを自分でできるようにしたい。

健康・食育・安全への配慮
- 暖房をつけるときは、換気をこまめに行ない、加湿器を置くなど乾燥しすぎないようにする。
- 旬の食材（コマツナ、ダイコン、リンゴなど）を見たり触れたりできるように飾っておく。
- 夜露で滑ったりしないよう園庭遊具の確認を行なう。

前月末の子どもの姿	ねらい	内容（🍴は食育に関して）
● 食べた後の食器やおしぼりの片付けを保育者と一緒にしようとしている。 ● トイレットペーパーを長く出しすぎたり、うまく切れなかったりする子どもがいる。 ● 掛け違うこともあるが、ボタン掛けを自分でしている。 ● 鼻水が出ても拭こうとしない子どもがいる。 ● ブクブクうがいとガラガラうがいをしようとするが、同じうがいになってしまう。 ● 戸外に出て、保育者や友達と一緒に木の実や落ち葉などを探したり、拾ったりして遊んでいる。 ● 好きな絵本の登場人物になり、言葉のやり取りを楽しんでいる。※a1 ● 拾った木の実や落ち葉を使って貼ったり、絵を描いたりしている。	● 保育者に見守られ、身の回りのことを自分でする。 ● 寒さに負けず、体を動かして元気に遊ぶ。 ● 保育者や友達とごっこ遊びを楽しむ。	● 決められた場所に食器を片付ける。🍴 ● 排尿後の後始末を自分でする。※b1 ● ボタン掛けやスナップ留めなど自分でしようとする。※b2 ● 鼻水が出たら鼻をかむ。 ● 手洗いやブクブク、ガラガラうがいをする。※b3 ● 戸外で走ったり、追いかけっこをしたりして全身を使って遊ぶ。 ● ごっこ遊びの中で役になり切って表現したり、言葉のやり取りをしたりする。※a2 b4 ● 絵の具やパスを使って描いたり、作ったりする。※b5
個別の計画 **R児**（3歳7か月） ● 食事中、食べ物をよくかまず飲み込んで食べている。	● 楽しい雰囲気の中でよくかんで食べる。	● 保育者と一緒に、ゆっくりとよくかんで食べる。🍴
Y児（3歳0か月） ● 話を聞くときに様々な物に気をとられて、横を向いたり、立ち歩いたりする。	● 保育者のそばで落ち着いて話を聞く。	● 保育者に見守られながら話を聞こうとする。
A児（2歳5か月） ● 保護者の体調不良もあり、「できない」と泣いたり、わざとゆっくりしたりする。	● 保育者と一緒に安心して過ごす。	● 保育者に甘えたい気持ちを受け止めてもらい、安心して過ごす。

家庭・地域との連携

- 冬の感染症が流行しやすい時季なので、手洗い・うがいの習慣を身につけ、感染予防に努めてもらう。
- 気温の低下に伴い、調節できる衣服や防寒着を持ってきてもらう。
- たこ揚げやかるたなどの遊びや、餅つき、正月といったこの時季ならではの伝承行事を知らせ、年末年始の休みを親子でふれあい、ゆったりと過ごしてもらうようにする。

延長保育を充実させるために
★ ホットカーペットやラグマットなどを敷き、暖かくして過ごせるようにする。

書き方のポイント ✏️

保育士等の **チーム ワーク**

★ 感染症の状況を把握し、保育室の消毒や掃除の仕方を確認し、感染予防に努める。

★ 冬至やクリスマスなど行事に合わせたメニューにしてもらうよう、栄養士と話し合っておく。

✿ ※a1〜2 指針を踏まえて

a1〜2は「言葉」の領域の内容⑤⑥⑦につながります。「内容の取扱い」①②③についても意識した関わりを目指しましょう。また、年齢によっては、「3歳以上児の保育に関するねらい及び内容」の「表現」領域の内容⑧とのつながりを意識しましょう。

✿ ※b1〜5 学びの芽を意識して

b1後始末やb2ボタン掛け、b3手洗いやうがいは、細やかな手先の動きを具体的に知らせ、自分からするようになることを意識しています。b4役になり切る、b5描いたり作ったりするも、自分から自己表現するようになることを意識しています。

環境づくり（◆）と援助・配慮（●）

1〜2週	3〜4週

◆食器が片付けやすいように、片付ける場所を定めておく。

●落とさないように食器は両手で持つことや、割れないように静かに食器を片付けることを知らせていく。

◆トイレのペーパー台の横にキリンの首までの絵を貼っておき、トイレットペーパーを使う長さが分かるようしておく。

●「キリンの首の長さまでね」などと、トイレットペーパーの長さや切り方を一緒にしながら丁寧に伝えていく。

●自分でしようとしているときは見守り、うまくできないときはボタンの穴にうまく入るようにそっと手を添えて、自分でできた喜びを味わえるようにする。

◆ティッシュペーパーは子どもの手の届く場所に置いておく。

●鼻水が出てもそのまま遊んでいるときは、拭くように促す。また、「フンってしてごらん」など、かみ方や拭き方を知らせ、自分でしたり、手伝ってもらったりして気持ち良くなった心地良さを感じられるようにする。

◆使用前、使用済みのコップが分かるよう色違いのトレイを用意しておく。

●保育者がガラガラうがいとブクブクうがいをやって見せ、ガラガラとブクブクの違いを知らせていく。

●「ハーってしたら白い息が出るよ」と息を吐いて見せたり、「風が冷たくて寒いね」と感じたことを言葉で伝えたりしながら、吐く息の白さや風の冷たさを感じられるようにする。

◆なり切って遊べるよう、絵本に出てくる小道具を用意しておく。

●絵本の登場人物になり切って遊べるよう保育者が仲立ちとなって、言葉のやり取りや表現する楽しさを味わえるようにする。

◆子どもの使いやすい用具や身近な素材を十分に用意しておく。

●子どもの「やってみたい」という気持ちを大切にしながら、作る楽しさを感じられるようにする。

◆掃除の用具（雑巾、エプロン、三角巾）を用意する。

●いつも使っていた机やイスをきれいに拭いたり、ごみを取ったりして年末の大掃除を知らせていく。

◆一気に口の中に入れないよう、食材の大きさを一口大にするなど工夫しておく。

●「よくかんでね」「ゆっくりでいいよ」など、しっかりとかむことを意識して食べられるように言葉を掛けていく。

●しっかりかむことで咀嚼力が増し、顎の発達につながることを保護者に伝え、家庭でもかむことを意識してもらう。

◆集中して話を聞けるように静かな場所を選んだり、他の物に気が向かないような場所を工夫したりする。

●保育者のそばに座るようにし、「○○くん、話するよ」などとできるだけ声を掛けて、話を聞けるようにする。

●甘えたい気持ちを受け止め、自分でできるところは見守り、できないときは一緒にしたりしながら安心して過ごせるようにする。

反省・評価	今月の保育終了後の文例として

★ 自分でできるように環境を整え、自分でしようとする気持ちを受け止めながら一人ひとりに合った援助をしたことで、自信をもって取り組む姿が見られた。

★ 一人ひとりの体調に留意し、寒い日でも戸外に出て体を動かし、元気に過ごすことができた。

★ 子どものイメージを大切にし、保育者も一緒にごっこ遊びを楽しむことができた。

CD-ROM 指導計画 ▼ 12月の計画

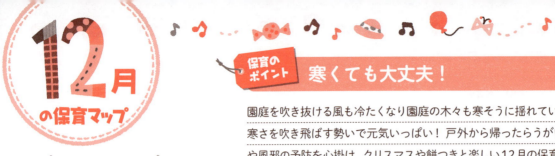

12月の保育マップ

◆は環境 ●は援助・配慮
について記入しています

保育のポイント 寒くても大丈夫!

園庭を吹き抜ける風も冷たくなり園庭の木々も寒そうに揺れています。でも、子どもたちは、寒さを吹き飛ばす勢いで元気いっぱい! 戸外から帰ったらうがいや手洗いをして、感染症や風邪の予防を心掛け、クリスマスや餅つきと楽しい12月の保育を展開しましょう。

サンタさん、トナカイさんができたよ
〜絵の具の筆を使って色塗りを楽しむ〜

◆ 少人数ずつ(5〜6人)ゆったりと行なえるよう机、シート、筆を用意しておく。
◆ 画用紙に、円すいの展開図の形を描いておく。
◆ 牛乳パックを3分の1に切って、絵の具入れを作る。
◆ 茶色(トナカイ用)と赤色(サンタ用)を入れておく。
● 見本を飾っておき、グループごとにサンタかトナカイのどちらかを作るようにする。

● 「ぬりぬり」「きれいにぬれるかな」など、筆を使って塗る楽しさを知らせていく。
● 塗れたら画用紙を円すいに完成させる。

どこに飾ろうかな
〜クリスマスツリーに飾り付けを楽しむ〜

◆ クリスマスの雰囲気を楽しめるよう、園内やクラスを飾り付けをしておく。
◆ 玄関に大きなツリーを飾っておき、各クラスが作った飾りを付ける。
● 「どこに飾ろうか?」など、子どもたちが自分で好きな所に飾り付けできるように言葉を掛ける。
● 保護者にも飾り付けしていることを知らせ、お迎え時に一緒に見て楽しんでもらうようにする。

寒くても

おいしいね
〜クリスマスメニューを喜んで食べる〜

◆ クリスマスの絵柄が描かれたランチョンマットを敷いて、食事を楽しめるようにする。
◆ 机に花を飾ったり、いつもと違う机の並べ方をしたりして、クリスマスの雰囲気の中で食事ができるようにする。
● 調理員にピラフやハンバーグを使ってトナカイの形にしてもらったクリスマスメニューに、「おいしそうだね」「トナカイさんの形してるね」など言葉を掛け、楽しく食事ができるようにする。

お化けのできあがり
〜たんぽで模様作りを楽しむ〜

◆ お化けの絵を画用紙に描いておく。
◆ たんぽを用意しておく。
● 絵本に出てくるお化けの話をしながら、思い思いにたんぽで模様付けを楽しめるようにする。
● できあがったお化けはすぐに飾り、みんなの作品を見て喜べるようにする。

ばけたくん 〜ごっこ遊びを楽しむ〜

◆ 絵本に出てくる物を小道具にして遊べるように作っておく。
● 作ったお面を着けて、お化けになり切ったり、友達とのやり取りしたりすることを楽しめるようにする。

	1週	2週	3週	4週
週案として		そーっと　キリンの首の長さまでね		
	まてまて〜捕まえちゃうぞ		赤のおうちに逃げろ	
		手や足をごしごし　ガラガラ、ブクブク	おいしいね	
	サンタさん、トナカイさんができたよ		どこに飾ろうかな	
	お化けのできあがり		ばけたくん	

そーっと
〜食事の準備や片付けを自分でする〜

◆ ご飯とおかずを、自分で取りやすいように机に並べておく。

◆ 食器は種類別に片付けられるように、お盆やトレイに写真を付けておく。

● 一人ひとりの様子を見守り、運び方や片付け方を一つひとつ丁寧に知らせていき、できたときには「上手にできたね」と認め、次への意欲につなげていく。

キリンの首の長さまでね
〜後始末の仕方がわかる〜

◆ トイレのペーパー台の横にキリンの首までの絵柄を貼っておく。

● 「キリンの首の長さに伸ばしてね」「ペーパー台の上に手を置いて切ってね」など、長さや切り方を知らせていく。

ガラガラ、ブクブク
〜うがいの習慣を身につける〜

◆ うがい用コップを用意しておく。

◆ コップは、手洗い場近くに机を出し、子どもが取り出しやすいようにおいておく。

◆ 使ったコップを入れるトレイを用意しておく。

◆ 滑らないようにマットを敷いておく。

● ブクブクうがい、ガラガラうがいの見本を保育者が見せる。

● 上手にできたときは、「よくできたね」とできた喜びをもてるようにする。

大丈夫！

まてまて〜捕まえちゃうぞ
〜体をたくさん動かして遊ぶ〜

◆ スズランテープを編んで作ったしっぽを用意しておく。

● 保育者が鬼になったり、交代して子どもが鬼になったりして遊べるようにする。

● 「体がポカポカするね」と体が温まったことを一緒に共感できるようにする。

手や足をごしごし
〜乾布摩擦をする〜

◆ 体をこする手ぬぐいを用意してもらう。

● 「♪もしもしかめよかめさんよ〜」と歌いながら、心臓に向かってこすっていくようにする（腕、足、おなか、首、背中 など）。

● 輪になって行ない、みんなの顔を見ながらできるようにする。

赤のおうちに逃げろ〜色遊びゲームを楽しむ〜

◆ 園庭に赤や黄、青などのマットを、間隔をあけて敷いておく。

ルール

子：「おにさんおにさんなんのいろ？」　保：「あか！」

・保育者の掛け声と同時に赤のマットのおうちに逃げる。

・保育者は逃げる子どもを追い掛ける。

・逃げ遅れて捕まった子どもは、鬼のマットのおうちで待っておく。

1月の計画

クラス作り
～養護の視点も含む～

手洗い・うがいを励行して、感染症予防に努め、元気に過ごせるようにしたい。友達とのやり取りが楽しめるように、正月遊びやごっこ遊びを計画していきたい。

健康・食育・安全への配慮

● 戸外に出るときは気温に応じて上着を着たり、室内では薄着にしたりして衣服の調節を行なう。
● お節料理に興味をもてるように、絵本を見たり、給食で食べたりする機会をもつ。
● 固定遊具で遊ぶ前は、霜でぬれて滑らないよう確認し、拭き取っておく。

前月末の子どもの姿	ねらい	内容（🍴＝は食育に関して）
● 箸に興味をもち、箸を持って食べようとしている。 ● 尿意、便意を言葉や動作で知らせるようになってきている。 ● 防寒着のファスナーを自分で上げようとしたり、友達とスナップボタンを留め合ったりしている。※b1 ● 鼻水が出ていることを保育者に知らせたり、自分で拭こうとしたりしている。 ● 戸外で気の合う友達と一緒に追いかけっこをしたり、遊具で遊んだりしている。 ● 保育者や友達と一緒に、絵合わせやパズルを楽しんでいる。 ● 白くなる息や園庭に降りた霜に、驚いたり喜んだりしている。 ● 保育者や友達と絵本の中に出てくる場面や、繰り返しの言葉を表現したり言ったりして遊んでいる。 ● 音楽が聞こえてくると楽しそうに体を動かしたり、楽器を鳴らしたりしている。	● 寒さに負けず、戸外で体を動かして遊ぶこと楽しむ。 ● 保育者や友達と一緒に、正月遊びやごっこ遊びを楽しむ。※a1 ※b2 ● 冬の自然にふれて親しむ。※b3	● 食べ物により、スプーン、フォーク、箸を使い分けて食べる。🍴 ● 尿意、便意を感じたら自分でトイレに行こうとする。 ● 防寒着の脱ぎ着を自分でしようとする。 ● 戸外から帰ってきたときは、手洗いやうがいをする。 ● 鼻水が出たことに気付き、自分で拭こうとする。 ● 戸外で思い切り体を動かして遊ぶ。 ● 友達や保育者と一緒に簡単な正月遊びをする。※a1 ● 散歩や戸外遊びを楽しみながら、冬の自然にふれる。 ● 絵本の中の登場人物になり、簡単な言葉のやり取りをして遊ぶ。 ● 曲に合わせて楽器を鳴らして遊ぶ。

個別の計画

	前月末の子どもの姿	ねらい	内容
N児 （3歳3か月）	● 野菜が苦手で、保育者に食べさせてもらうと、少し食べることができる。	● スプーンを持って、自分で食べようとする。	● 苦手な食材も自分で食べてみようとする。
K児 （3歳6か月）	● 服の脱ぎ着が思うようにできないと、かんしゃくを起こしている。	● 身の回りのことを自分でしようとする。	● 自分で脱ぎ着できた喜びを知る。
M児 （3歳8か月）	● 泣かずに登園するが、一人遊びをしている。	● 友達の遊びに、興味・関心をもつ。	● 友達と一緒に遊ぶ楽しさを知る。

家庭・地域との連携

■ 風邪やインフルエンザが流行する時季なので、手洗い・うがいを習慣づけることが予防につながることを伝え、家庭でも実施してもらう。
■ 園で身の回りのことを自分でしようとする姿が見られることを伝え、家庭でも子どもの思いを受け止め、自分でしようとする姿を見守ってもらうようにする。
■ 休み明けの子どもの様子や体調を、細かく家庭と連絡をとり合う。

延長保育を充実させるために

★ コーナーに絵かるたやこまなど十分に用意しておき、異年齢児と遊べるようにする。

書き方のポイント 🖊

保育士等の
チームワーク

★ 年末年始の休み明けの子どもの体調について、共通理解しておく。
★ 戸外に出られない子どもの配慮の仕方や、役割分担について話し合っておく。

✿ ※a1〜2
指針を踏まえて

a1は「人間関係」の領域の「ねらい」の①②、「内容」の①③④⑥に、また「環境」の領域の「内容」の⑥にもつながります。「内容の取扱い」の③について意識した関わりをめざしましょう。a2では「内容の取扱い」の①についても気を付けると、経験が広がります。

✿ ※b1〜3
学びの芽を意識して

自分だけでなく友達にもしてあげたり、b2正月遊びなどを友達と一緒に楽しんだりする経験は、人と生活を共にする社会生活の芽生えです。また、b3自然にふれる経験は、季節の変化や現象から物理的概念や知識の芽生えにつながります。

環境づくり（◆）と援助・配慮（●）

1〜2週	3〜4週

◆ 湿温計を見やすい場所に置いておく。
● 屋外と室内の温度差に留意し、室温や衣服の調節や換気をこまめに行なう。
◆ 子どもが食べやすい食具で食べられるように箸やスプーン、フォークを用意しておく。
● 保育者も一緒に食べながら、スプーンや箸を使い分けて食べることを知らせていく。
● 女児は排尿後の始末ができるよう見守ったり、男児には立って排尿するよう誘ったりする。
● 自分からトイレに行き、排せつができたときは褒め、自信につなげていく。
● 鼻水を自分で拭こうとする姿を褒め、拭ききれていないところは手伝うようにする。
◆ 戸外で体を動かして遊べるよう、大きさの違うボールを数多く用意しておく。
● 日なたの暖かい場所を選び、体を動かして遊ぶ楽しさや、動くと体が温かくなることを感じられるような遊びに誘う。

◆ 正月遊びが楽しめるこまやたこなどを自分で作ったり、遊んだりできるように、作るコーナーや広い場所を用意しておく。※a2
● 保育者も一緒に遊びながら遊び方を知らせていく。

◆ 遊びが広がるように、子どもが自分で着けて遊べるお面や話に出てくる小道具を用意しておく。
● 一人ひとりが表現している姿を見守り、保育者も一緒にしながら楽しさを共有する。

● 戸外遊びや散歩をしながら、空気の冷たさを感じたり、花や木の芽などの気付きや驚きに共感したり、気付かせたりする。
◆ 子どもたちが好きな楽器を選べるように、楽器を種類別に箱に入れておく。
● 持ち方や鳴らし方を知らせながら、保育者も一緒に楽器を楽しむようにする。

◆ 野菜の量を少なくしたり小さく切ったりする。
● 「強いお口どこかな?」と言葉を掛けたり、一緒に食事をしながら「甘いよ」などとおいしさを伝えたりする。

◆ 衣服を子どもの着やすいように並べておいたり、ゆったりした時間をとったりする。
● 自分でしようとしている姿を受け止め、できないところはさりげなく手伝うようにする。

◆ 好きな遊びを十分に楽しめるように、玩具を十分に用意しておく。
● 保育者と一緒に遊びながら、友達との関わりをもてるように仲立ちしていく。

反省・評価

今月の保育終了後の文例として

★ うがいや手洗いを丁寧に続けたことで、感染症にかかる子どもが少なかった。
★ 体を動かして遊べる用具や遊びを工夫したので、寒い日も戸外で十分に遊ぶことができた。
★ 正月遊びやごっこ遊びを通して子ども同士の関わりが広がってきている姿が見られるので、このつながりを来月の発表会に向けての遊びにつなげていきたい。

CD-ROM 指導計画 ▼ 1月の計画

1月 の保育マップ

（◆は環境 ●は援助・配慮について記入しています）

寒さに負けず友達といっぱい遊ぼう

冷たい風が吹いていても、戸外での遊びが大好きな子どもたち。簡単なルールを意識しながら友達と一緒に楽しめる戸外遊びをたくさんしていきたいと思います。また、手洗いやうがい、防寒着の脱ぎ着を自分でしようとするなどの姿が見られます。うがいの手順が分かる絵図を掲示したり、出入り口付近に防寒着を脱ぎ着する場所を用意したりして、"自分で"の気持ちを育てたいものです。

バイキン やっつけよう！
～手洗いやうがいの大切さを知る～

◆ 上を向いてうがいができるように、うがいの手順が分かる絵図を高い所に貼っておく。

● 手洗いやうがいを一緒にしながら、大切さを伝えていく。

● 手洗いやうがいの後は、きれいにタオルで拭けているか確認する。

一人で着られるよ
～自分で防寒着を脱ぎ着する～

◆ 防寒着掛けは脱ぎ着しやすいように、入り口近くに置いておく。

● 必要に応じて、保育者が見守ったり援助したりする。

冷たいね！
～風の冷たさを感じる～

● 吐く息の白さや、顔や手に感じる空気の冷たさに、保育者も一緒に共感する。

走るとあったかくなるよ
～戸外で体を動かして遊ぶ～

● 体操をしたり、園庭をみんなで一緒に走ったりして、体を温めてから遊ぶようにする。

寒さに負けず

お兄ちゃんみたいにできるかな
～ボールで遊ぶ～

◆ いろいろな大きさのボールや、ボールを投げて入れるカゴ、サッカーゴールを準備しておく。

かぜさんときょうそうだよ
～自分で作ったたこを揚げる～

◆ たこに付ける糸やあし（スズランテープ）は、長くならないように気を付ける。

〈材料〉
カラーポリ袋、油性ペン、シール、スズランテープ、たこ糸

	1週	2週	3週	4週
週案として		バイキン やっつけよう！		ふけたよ！
		冷たいね！		一人で着られるよ
	お正月に食べたよ！			走るとあったかくなるよ
		かぜさんときょうそうだよ	お兄ちゃんみたいにできるかな	
		一緒に遊ぶと楽しいね		
		おはなしだいすき！		

おはなしだいすき！
～絵本から表現遊びをする～

◆ 子どもたちが自分でかぶったり運んだり
できるお面や小道具を用意しておく。

● 保育者も役になり切って一緒にしながら、遊びが広がっていくようにする。

お面の作り方

〈材料〉厚紙、画用紙、輪ゴム
①3㎝幅に切った厚紙を子どもの頭に合わせてゴムを付けて輪にし、3㎝幅の厚紙を渡しておく。
②10～12㎝の切り込みを入れた画用紙（約40×20㎝）を①の輪に巻く。
③子どもの頭に合わせて切り込み部分を折って留める。
④動物の耳を作り、③の上に貼る。

ふけたよ！
～鼻水が出たら自分で拭く～

◆ ティッシュペーパーを子どもの手の届く所に置いておいたり、掛けておいたりしておく。

友達といっぱい遊ぼう

お正月に食べたよ！
～お節料理を食べる～

◆ 黒豆、きんとん、田作り、紅白なますなど、お節料理のメニューを1～2週目の献立の中に、取り入れる。

● 一緒に食事をしながら、献立に使われている食材を伝え、子どもたちの興味が広がるようにする。

一緒に遊ぶと楽しいね
～正月遊びをする～

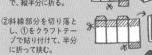

羽根の作り方

〈材料〉ボトルキャップ、20×20㎝の布またはカラーポリ袋
◎ボトルキャップ2個が当たり合って音が鳴るよう余裕をもって包み、長めのひもでくくり、高い位置から下げたひもにくくり付ける。

こまの作り方

〈材料〉12×12㎝の段ボール紙、ボトルキャップ
①段ボール紙に子どもたちが好きな絵を描く。
②絵を描いた段ボール紙の両面に、ボトルキャップを中心部に接着剤で貼る。

羽子板の作り方

〈材料〉牛乳パック、割り箸、クラフトテープ、ビニールテープ
①牛乳パックの2面を切り取り、割り箸を挟んで、縦半分に折る。
②斜線部分を切り落とし、①をクラフトテープで貼り付けて、半分に折って挟む。
③牛乳パックに画用紙を貼り付けて、子どもたちが好きな絵を描く。開かないように周りをビニールテープで巻く。

2月の計画

クラス作り
～養護の視点も含む～

感染症予防に留意し、手洗い・うがいを励行し快適に過ごせるようにしたい。寒い日でも元気に戸外遊びが楽しめるようにしていきたい。

健康・食育・安全への配慮

- 戸外と室内の温度差、湿度に気を付けながら、暖房器具や加湿器を使用し適宜換気をする。
- 畑で取れた冬野菜や節分に関心をもてるよう献立の中に取り入れてもらい、味わえるようにする。
- 霜や氷で滑りやすい箇所はないか点検したり、室内でも活動的な遊びができるよう工夫したりする。

前月末の子どもの姿	ねらい	内容（🍴は食育に関して）
● 箸を使って食べようする子どもが増えてきているが、献立によって食べにくそうにしている子どもがいる。 ● 尿意、便意を言葉や動作で知らせる子どもが増えてきている。 ● 自分で服を脱いだり着たりしている。 ● インフルエンザに感染して休んでいる子どもがいる。 ● 寒い日でも園庭に出て、追いかけっこや鬼ごっこをして遊んでいる。 ● 園庭でできた氷を見つけて、保育者や友達に知らせたり、触ったりして喜んでいる。 ● 保育者や友達と一緒に、ひも通しやパズル、簡単な絵合わせを楽しんでいる。 ● 絵本に出てくる動物や登場人物になって、言葉の繰り返しや表現を楽しんでいる。 ● 季節の歌や手遊び、踊りを楽しんでいる。	● 身の回りのことを自分でしようとする。 ● 寒い時季を元気に過ごす。 ● 冬の自然にふれて遊ぶ。 ● ごっこ遊びや表現遊びを保育者や友達と一緒に楽しむ。 ※a1 ※a2 ※b2	● 箸を使って自分で食べようとする。🍴 ● 尿意、便意を感じたら自分から保育者に知らせ、トイレに行こうとする。 ● 戸外から帰ってきたら、手洗い・うがいをする。※b1 ● 防寒着の脱ぎ着を自分でしたり、脱いだ服を畳んで片付けたりする。 ● 戸外で体を動かして遊ぶ。 ● 雪、氷の冷たさにふれて遊ぶ。 ● 保育者とごっこ遊びをする中で、簡単な言葉のやり取りや表現をする。※a1 ● 歌をうたったり、音楽に合わせて喜んで体を動かしたりする。※a2 ● パスを使って描いたり、絵の具でスタンプ遊びをしたりする。※a2

個別の計画

	前月末の子どもの姿	ねらい	内容
N児 （3歳10か月）	● 友達との遊びの中で、自分の思い通りにいかないと、泣いて訴える。	● 自分の気持ちを伝える。	● 友達と遊ぶ楽しさを味わいながら、自分の気持ちを伝えられるようにする。
R児 （3歳7か月）	● 自分で身の回りのことをしようとするが、すぐに「できない」と言う。	● 自分でできた喜びを知る。	● ゆっくりでも自分の身の回りのことをしようとする。
E児 （2歳11か月） 12月入園児	● 入園して間もないため、午前中は眠そうにしている。	● 新しい環境に少しずつ慣れ、いろいろな遊びを楽しむ。	● 保育者や友達と一緒に遊ぶ楽しさを知る。

家庭・地域との連携

- ■ 風邪や感染症が流行する時季なので発症状況を掲示するとともに、手洗い・うがいの励行を家庭にもお願いし予防に努めてもらう。
- ■ 身の回りのことが少しずつできるようになってきているので、一人ひとりのペースに合わせて見守ったり、認めたりする大切さを知らせる。
- ■ 生活発表会を通して子どもの様子を知らせ、成長を共に喜ぶ。

延長保育を充実させるために

★ 体調に変化があったときにはこまめに健康観察を行ない、延長保育の担当者には丁寧に引き継ぎ様子を見てもらう。

保育士等の **チームワーク**

★ 一人ひとりの健康状態を伝え合い、戸外遊びができない子どもにも配慮する。

★ 発表会の劇遊びを子どもたちが十分に楽しめるように、舞台の使用時間や個別配慮を保育者間で話し合っておく。

書き方のポイント ✏

❉ ※a1〜2 **指針を踏まえて**

a1は領域「健康」の「内容」③、「人間関係」の④⑥、「環境」の②、「言葉」の④〜⑦、「表現」の⑥に、a2は「健康」の③、「人間関係」の③④、「環境」の⑥、「表現」の②④⑤⑥につながります。一つのねらいが多くの「内容」につながり、広がりのある計画です。

❉ ※b1〜2 **学びの芽を意識して**

状況に応じb1「○○すると＊＊する」ようになることがポイントです。周りとの関わりも、b2点と点、モノと形をマッチングさせて関係付け、言葉にする経験が大切です。保育者のことばがけの視点が重要です。

環境づくり（◆）と援助・配慮（●）

1〜2週	3〜4週

◆ 室内の温度や湿度に気を付けこまめに換気する。

● 感染症が拡大しないように、一人ひとりの体調を観察しながら変化を見逃さないようにする。

◆ 献立により食べにくそうにしているときは、スプーン、フォークを選べるように用意しておく。

● 箸の使い方を知らせたり、食器に手を添えたりしながら、子どものペースに合わせて介助する。

● 自分から知らせたことを受け止め「トイレで出て気持ち良かったね」と声を掛け、排尿後の始末ができているか確認する。

◆ 戸外へ出る準備がしやすいように、防寒着を取りやすい場所へ移動しておく。

● 戸外から帰った後は保育者も一緒に手洗い・うがいをし、丁寧に行なうことを知らせる。

● 自分でしようとする気持ちを大切に、ゆっくりでもできるまで見守ったり、難しそうなときには少し手伝ったりする。

◆ 戸外で体を動かして遊べるよう、園庭に鬼ごっこ用の家を描いておく。

● 「いっぱい走ったらポカポカしてきたね」と言葉を掛けながら、体を動かして遊ぶことの楽しさを感じられるようにする。

● 雪の降る様子や、園庭で見つけた氷を触ったり集めたりしたときのうれしさや驚きに、「冷たいね」「きれいだね」と共感する。

◆ 豆まき遊びが楽しめるように、豆の代わりに布製のボールと鬼の的を用意しておく。※a1 ※a2

● 歌をうたったり、行事食を食べたりして、節分会を楽しめるようにする。※a2

◆ ごっこ遊びが広がるように、お面や小道具を用意しておく。※a2

● 言葉のやり取りや表現を保育者も一緒に楽しむ。※a1

◆ 発表会に使う衣装や小道具を事前に点検しておく。

◆ パスを使って描いたり、絵の具でスタンプ遊びをしたりして、ひな人形製作ができるよう用具を準備しておく。※a2

◆ できるだけ同じ保育者が関わるようにする。

● N児の気持ちを十分に受け止めながら気持ちの伝え方を知らせていく。

◆ 「先生見ているね」と言葉を掛け、そばで見守るようにする。

● ゆっくりでも自分でできたら「頑張ったね」と認めて、自信につなげていく。

◆ いろいろな玩具を用意しておく。

● 保育者も一緒に遊び、好きな遊びを見つけられるようにする。

反省・評価

今月の保育終了後の文例として

★ 自分でできることが増えてきているので、引き続き自分でしたい気持ちを大切にしながら援助していきたい。

★ 一人ひとりの健康観察をこまめに行ない、手洗い・うがいを励行したことで感染症も広がらず、健康に過ごすことができた。

★ 寒さの中でも嫌がらず、戸外で自然にふれて新しい発見や楽しさを感じることができた。

★ 生活発表会を通して、友達と一緒に言葉のやり取りを楽しむなどの成長した姿を保護者に見てもらうことができた。

CD-ROM　指導計画
▼
2月の計画

2月 の保育マップ

◆は環境 ●は援助・配慮 について記入しています

保育の ポイント 寒い日も元気いっぱい

「2月は逃げる」といわれ、日数も一年で最も短い月。保育者にとっても何かと気ぜわしくバタバタしがちです。でも、子どもたちは寒さに負けずに大好きな鬼ごっこに夢中!みんなで元気に遊べば体もポカポカです。そんな姿をゆったりとした気持ちで見守り、あっという間に過ぎ去る"逃げる2月"を一日一日大切に過ごしたいと思います。

みつけた! ～雪、氷を触って遊ぶ～

◆ バケツやカップなどにを水を入れて氷を作っておく。
◆ 遊んだ後は、冷えた手を温められるようバケツに湯を入れておく。
● 温めた手はタオルで拭くようにする。
● 見つけたときのうれしさや驚きに共感する。

ブタさん!まてまて～ ～戸外で体を動かすことを楽しむ～

◆ 園庭にブタとオオカミの家を描いておく。
● 温めた手はブタとオオカミを分かりやすくするために、オオカミはしっぽを付ける。

【ルール】
オオカミがブタを追い掛け、捕まったらオオカミの家に入る。ブタはブタの家で休憩できる。保育者がオオカミになってもよい。

しっぽの作り方
①フェルトをしっぽの形に切る(2枚)。
②①の中に少し綿を入れて貼り合わせる。
③平ゴム(80cm程度)を輪にして②に付ける。

寒い日も

おにはそと、ふくはうち ～節分会を楽しむ～

● 節分の由来について話し、伝統行事のメニューを食べられるようにする。
◆ 豆まき遊びが楽しめるように、布製のボールと鬼の的を用意しておく。
●「鬼は外、福は内」と保育者も一緒に楽しむ。

おひなさまきれいだね ～ひな人形を作って飾る～

ひな人形の作り方
①丸型に切った和紙にスタンプをする。
②①を半分に折り、丸い色画用紙にパスで顔を描いて貼る。
③モモの花の形の台紙に貼る。

週案として	1週	2週	3週	4週
		自分でできたよ		
	みつけた!	ブタさん! まてまて〜		
		うんとこしょ おいしいね		
	おにはそと、ふくはうち			おひなさまきれいだね
	「おふろにいれて」「いいですよ」			

自分でできたよ
〜身の回りのことを自分でする〜

◆ 「上手にできたね」と言葉を掛けて、できたという喜びを受け止める。また、できないときは、さりげなく援助して喜びを一緒に味わう。
● 戸外へ出るときは気温に合わせて防寒着を着るように言葉を掛ける。

「おふろにいれて」「いいですよ」
〜言葉のやり取りや表現することを楽しむ〜

◆ ごっこ遊びが広がるようにお面や小道具を用意しておく。
● 保育者も一緒に楽しみながら子どもの表現を認めることばがけをする。

元気いっぱい

うんとこしょ
〜冬野菜の収穫を楽しむ〜

◆ 畑でできたダイコンやニンジンを収穫しやすいように、土を耕すなどして畑の整備をしておく。
● 茎や葉を持って抜くことを伝え、収穫の喜びを共有する。
● 取れた野菜は給食室へ持って行き、献立に取り入れてもらう。

おいしいね
〜みんなで味わう〜

ニンジン蒸しパンの作り方
・すりおろしたニンジンを蒸しパンミックスと混ぜ、ニンジンの角切りと、ニンジンの葉をトッピングする。

3月の計画

今月の予定
- ひな祭り会
- 誕生会
- お別れ会
- 身体計測

クラス作り
〜養護の視点も含む〜

一人ひとりの発達を確認し、自分でできるという自信をつけていきたい。戸外へ出る機会を多くもち、春の訪れを感じられるようにしたい。

健康・食育・安全への配慮
- 気温差がある時季なので、室温や換気、乾燥などに留意する。
- 旬の食材をメニューに入れてもらい、事前に実物を目にしたり、触れたりできるようにする。
- 活動が活発になってくるので子どもの活動範囲を予想し、けがのないよう十分に配慮する。

前月末の子どもの姿	ねらい	内容（ ➡ は食育に関して）
● 生活の流れが分かり、自分でできることが増えている。 ● 箸やスプーン、フォークを選び、使って食べている。 ● 尿意を感じたら「トイレに行く」と知らせる子どもが増えている。 ● 戸外から帰ってきたら防寒着を自分から脱ごうとしている子どもがいる。	● 自分で身の回りのことができる喜びを感じる。	● 身の回りの準備や片付けを自分からしようとし、自分でできたことに満足感を味わう。※b1 ● 友達や異年齢児と一緒に食べることを喜ぶ。🍴 ● 保育者と一緒に3歳児クラスのトイレに行き、排せつをする。 ● 自分で衣服の脱ぎ着をする。
● 戸外で追いかけっこをしたり、ボールを蹴ったりして楽しんでいる。 ● プランターのチューリップの芽が出てくる様子を保育者と見て花が咲くのを楽しみにしている。	● 戸外で伸び伸び遊んだり、春の訪れを感じたりする。	● 戸外で保育者や友達と、一緒に思い切り体を動かして遊ぶ。 ● 身近な春の草花に興味をもち、見たり触れたりして親しむ。※b1
● ごっこ遊びや表現遊びを通して、言葉数が増え、保育者や友達と一緒に楽しく言葉のやり取りをしている。 ● 異年齢児の表現遊びを見たり、まねをして歌ったりして喜んでいる。 ● のりやハサミを使ってひな人形などを作ることを楽しんでいる。※a2	● 進級することに期待をもつ。	● 進級する保育室や玩具に親しみをもち、喜んで遊ぶ。 ● 友達や異年齢児と一緒に遊ぶ中で必要な言葉を使う。※a1 b2 ● ひな祭り会やお別れ会に喜んで参加する。 ● 紙を切ったり、貼ったりしていろいろな物を作ることを楽しむ。※a2

個別の計画

	前月末の子どもの姿	ねらい	内容
T児 （3歳10か月）	● 列で並ぶときに、一番になりたくて友達を押してしまう。	● 順番を守ろうとする。	● 順番を知り、並ぼうとする。
S児 （3歳6か月）	● 手指がうまく使えず、ハサミで画用紙を挟んで、そのまま引きちぎっている。	● ハサミの使い方を覚える。	● 保育者と一緒にハサミで紙を切ろうとする。
R児 （3歳0か月）	● 3歳児の保育室に行くと遊ぼうとせず、保育者のそばで友達の様子を見ている。	● 3歳児の保育室に慣れる。	● 保育者と一緒に遊びながら少しずつ、3歳児の保育室で過ごす。

家庭・地域との連携
- 食事や着替え、片付けなどを自分でする喜びを感じられるように、家庭でも最後まで見守ったり、できたことを十分に褒めたりしてもらうよう伝える。
- 一年間の子どもの成長を送迎時や連絡帳などで伝え合い、保護者と共に喜び、安心して進級できるようにする。
- 新年度からの生活について丁寧に説明し、準備してもらう物の見本を見せたり写真で示したりする。

延長保育を充実させるために
★ 異年齢児との関わりが増える時期なので、一緒に遊べる玩具を用意しておく。

保育士等の
チームワーク

★ 異年齢児クラスとの交流について遊びの内容や時間について話し合っておく。

★ 来年度も、継続的な関わりができるよう、一人ひとりの成長や発達の記録、今後の課題をまとめておき、伝え合う。

書き方のポイント

✿ ※a1〜2 指針を踏まえて

a1は「人間関係」の内容⑥、「言葉」の内容①〜⑦の経験につながります。「言葉」の領域では、話すだけでなく聞くことも意識しましょう。a2は「環境」の②③、「表現」の①③⑥の内容の経験につながります。作品を飾る場所は見たり触ったりできる所が適当です。

✿ ※b1〜2 学びの芽を意識して

b1春の草花の生長と自分の成長とを重ね合わせたり、b2異年齢との関わりを通して同年齢間や自分自身の関わりの違いに気付いたりする経験を通して、変化する自分への期待感や、友達とは違う自分への気付きが自他の分化を促し、自己存在感を強めます。

環境づくり（◆）と援助・配慮（●）

1〜2週	3〜4週

◆ 異年齢児が混ざって座れるようにテーブルにネームプレートを置いておく。また楽しい雰囲気になるよう春の花なども飾っておく。

● 「みんなで食べるとおいしいね」などと言葉を掛けて、友達と食べる楽しみを感じられるようにする。

◆ 3歳児クラスのトイレを使えるように、クラス間で連絡をとり合っておく。

● 扉の開け閉めの仕方や約束事などを知らせ、安心してトイレを使用できるように、保育者がそばにつくようにする。

◆ 衣服の脱ぎ着や片付けには、最後まで自分でできるように、広い場所と十分な時間をとっておく。

● 自分でしたいという気持ちを受け止め、一人ひとりのペースを大切に見守り、できたときは十分に褒める。

◆ 友達や異年齢児と一緒に体を十分に動かして遊べるよう、広い場所を用意したり、サーキットコースをつくったりしておく。

◆ 事前に散歩コースを下見し、春の草花が咲いている場所を見つけておく。

● 草花を見つけたときのうれしい気持ちに共感し、「きれいね」「○○色だね」などと言葉を掛けて興味をもてるようにする。

◆ 進級に期待をもてるよう3歳児の保育室で過ごす機会を設ける。

● 3歳児の保育室で過ごしたり遊んだりして、進級を楽しみに待てるようにする。

● 異年齢児と遊ぶ中で、「いっしょにしよう」「ありがとう」などの必要な言葉を自分で伝えられるように見守りながら、必要に応じて仲介したり、言葉を添えたりする。※a1

◆ ひな飾りやモモの花、自分たちで作ったひな人形を飾っておく。※a2

● ひな祭りの歌をうたったり、給食のメニューを見たりして伝統行事に親しめるようにする。

◆ 5歳児との思い出づくりができるように一緒に過ごしたり、遊んだりする機会をもつ。

● 5歳児との関わりを見守り、必要に応じて仲立ちをする。

◆ 楽しみながら順番を知ることができるように、電車ごっこなどの遊びを用意する。

● 遊びながら楽しんで並べるように言葉を掛け、一番に並ばなくても楽しいことを伝える。また、順番を守れたときは十分に褒める。

◆ 手指の操作が発達するように全身運動や指を使った遊びを用意しておく。

● はさみを使うときは保育者が手を添えて握り方を知らせ、一回切りで紙が切れる楽しさを伝えたり、切れたうれしさに共感したりする。

◆ 3歳児の保育室での楽しい場面や玩具のおもしろさを伝える機会をもつ。

● 子どもの様子を見ながら保育者が一緒に遊び、安心して過ごせるようにする。

反省・評価

今月の保育終了後の文例として

★ 自分でしようとする姿を見守りできた喜びに共感することで、自信につながった。保護者と共に、成長を喜ぶこともできた。

★ 春を感じられるような環境づくりをすることで、春の自然に興味をもつことができた。また、戸外で伸び伸び遊ぶこともできた。

★ 異年齢児と交流する場や時間を多く計画したことで、日々の遊びの中でも関わって遊ぶ姿が見られるようになり、進級への期待も膨らんだ。

CD-ROM 指導計画 ▼ 3月の計画

3月 の保育マップ

（◆は環境　●は援助・配慮 について記入しています）

ぽかぽかはるがきたよ！

春の自然にふれることは、子どもたちに新鮮な感動と多くの発見をもたらしてくれます。瑠璃色の小さな花（オオイヌノフグリ）や、草花の葉先から飛び立つテントウムシを見つけて、笑顔いっぱいの子どもたち…、この時季にしかできない「気付き」の機会をたくさんつくってあげましょう。

ひな祭り うれしいね
〜ひな祭りの雰囲気を楽しむ〜

◆ ひな祭りの雰囲気を感じられるように、モモの花を飾ったり、ひな祭りの曲を流したりする。
● ひな祭りのお祝いにちらし寿司を食べることを知らせ、行事食を味わえるようにする。

はるをさがそう
〜散歩に出掛け、春の草花に興味をもつ〜

◆ 春の草花が咲いている場所を探しておく。
● 春の風を感じながら、日ざしや風の暖かさ、花の名前などを知らせたり、子どもの発見に共感したりする。

この花食べられるの？
〜旬の食材の味を知る〜

◆ 旬の食材を触ったり匂いをかいだりできるように、メニューの横に飾っておく。
● 「どんな味がする？」「ちょっとにがい？」などと会話を楽しみながら食べるようにする。

ぽかぽか

おにいちゃん、おねえちゃんありがとう
〜お別れ会に参加する〜

◆ 5歳児の卒園について知らせ、5歳児と関われるゲーム遊びを用意しておく。
● 5歳児との遊びに戸惑っている子どもに寄り添い、楽しめるように言葉を掛けていく。

みんなで食べるとおいしいね！
〜異年齢児と一緒に食べる機会をもつ〜

◆ 異年齢児同士で座れるよう席を決めて、名前を書いたプレートを置く。
◆ 楽しい雰囲気を味わえるよう、テーブルには散歩時に摘んできた花を飾っておく。
● 食事や会話を楽しめるよう保育者が仲立ちする。

	1週	2週	3週	4週
週案として	自分でできるよ！ 一つ大きくなるよ		だいじょうぶ！トイレにいけるよ	
	はるをさがそう		あったかいよ！	
	いっしょがいいね！		おにいちゃん、おねえちゃんありがとう	卒園おめでとう！
	ひな祭り うれしいね	この花食べられるの？	みんなで食べるとおいしいね！	

あったかいよ！
～戸外で体を動かして 遊ぶことを楽しむ～

- ◆ 思い切り動くことができるように広い場所を確保しておく。
- ● 保育者も一緒に遊びながら楽しさを共感する。
- ● サーキット遊びをするときは、用具の使い方や遊び方を知らせ、約束事を守って遊べるようにする。

自分でできるよ！
～自分でできることを喜ぶ～

- ◆ 持ち物の始末をしたり、衣服を畳んだりする場所を十分にとるようにする。
- ● 自分でしようとする気持ちを十分に受け止め、自分でできたという達成感を味わえるよう「上手にできたね」などの言葉を掛け、次の意欲につなげる。

はるがきたよ！

卒園おめでとう！
～卒園児へのプレゼント作りを楽しむ～

- ● 5歳児と遊んだことを一緒に振り返り、楽しかったことを思い出し、喜んでプレゼント作りができるようにする。

牛乳パックのペン立ての作り方

〈材料〉牛乳パック、色画用紙、色紙、はさみ、のり
①牛乳パックを半分に切った物に画用紙を貼る。
②はさみで一回切りをして作ったものを貼る。
③色紙でチューリップを作り貼る。
※全体にクリアテープを貼っておくと、色紙などが剥がれにくい。

一つ大きくなるよ
～3歳児クラスになることを 楽しみに待つ～

- ◆ 3歳児の保育室で過ごす時間を決めておいたり、遊ぶ玩具を用意したりしておく。
- ● 保育室の玩具に興味をもったり、机やイスに座ったりして喜んでいる姿に共感する。

だいじょうぶ！トイレにいけるよ
～3歳児クラスのトイレに慣れる～

- ◆ トイレの中を明るく清潔に保ち、親しみのある絵を貼っておく。
- ● 保育者がそばにつき、扉の開け閉めの約束を伝え、安心してトイレを使えるようにする。

いっしょがいいね！
～年長児と関わることを喜ぶ～

- ◆ 5歳児と関われるように、一緒に食事をする、トイレに連れて行ってもらう、着替えを手伝ってもらう、午睡時に横についてもらうなど、生活のいろいろな場面で関われる機会を計画しておく。

4月

テーマ **いろいろな言葉を使うように**

A児（2歳8か月）　4月7日（金）　天候（晴れ）

家庭から	園から
昨日はお風呂の中で、湯船に浸かりながら、お兄ちゃんと金魚すくいをしました。しばらく機嫌良く遊んでいたかと思うと、「おにいちゃんのバケツがいい」と泣き出し、お兄ちゃんはしぶしぶ「Aにかしてあげるよ。どうぞ」と渡してくれました。もらったAは「ありがとう」と大喜びで、その後にAが言った言葉は「"ありがとう"したのに、おにいちゃん、"いいえ"っていわない」でした。その言葉にお兄ちゃんは苦笑いしていました。Aがそんなことを言えるのかと思うと、びっくりしました。	おうちでそんなことがあったのですね。❶最近、いろいろな言葉を使うようになったAちゃん。毎日いろいろな場面で新しい言葉や会話を聞いて覚えているのでしょうね。また、❷園でも友達が持っている物が「ほしい」と言うこともありますが、順番を待つこともできるようになっています。また貸してもらったら、「ありがとう」と言うことや、「ありがとう」と言ってもらったら、「どういたしまして」や「いいえ」と言うことも同時に伝えています。きっとAちゃんは、おうちでもそのように教えてもらっているのでしょうね。❸園でも1日の中でいろいろな場面があります。そのときに応じて、子どもたちに丁寧に言葉を伝えていくことの大切さを感じます。

テーマ **虫探しが大好きです**

B児（2歳4か月）　4月10日（月）　天候（晴れ）

家庭から	園から
休みの日に、公園に行って来ました。すべり台で遊んだり、砂場でままごと遊びをしたりしました。中でも楽しんでいたのは虫探しで、ダンゴムシを見つけると、じっと見て、話し掛けていました。私は虫が苦手なので一緒に触ったりできませんが、「おかあさん、ダンゴムシおててにのせてみて」と言われます。園でもよく虫探しをしていますか？	そうですね。虫探し、みんな大好きです。Bくんは見つけるのが得意で、アリやダンゴムシを見つけては「あっ、ここにいた」と目を輝かせて教えてくれます。今日も朝から園庭でたくさん遊びました。❹園庭の桜の木の下は、桜のじゅうたんのようになっており、そのふかふかのじゅうたんの上を、ジャンプしたり、桜の花びらを吹雪のようにしたりして遊びました。その後、ダンゴムシ探しに夢中になりました。❺ダンゴムシの手遊びをすると、「もう1かい」と何度も催促されました。❻春になると、いろいろな虫や草花に出会えるので楽しみです。今の季節のよさを大切に、たくさん自然と触れ合えるようにしていきたいと思います。

書き方のポイント

❶ 2歳児は、言葉の習熟時期であることを伝えようとしています。

❷ それぞれに遊んでいる「平行遊び」から「協同遊び」へと移る段階。友達との遊びから我慢することや許すことを学んでいる様子が分かります。

❸ 社会性の発達とともに、言葉も習熟していきます。大人が丁寧に関わりながら育てていくことの大切さを知らせています。

❹ 園の恵まれた環境の中で、子どもたちが伸び伸びと遊ぶ姿が目に浮かぶような記述です。

❺ B児は、虫に関わる手遊びが特に大好きな様子が伺えます。

❻ クラスで、これから大切にしていきたいと思っていることを記入し、保護者と共有しようとする書き方です。

保護者にも伝えよう

発育・発達メモ

社会性を伴う「会話」を身につけるために

　2歳児は、「語の爆発的増加期」ともいわれ、「これ、なに？」「どうして？」などの質問が多くなります。面倒がらずに答えるようにすることで、さらに興味が深まり語彙数が増えていきます。しかし、言語理解は未熟で、園で、玩具の貸し借りの際、教えられた「ありがとう」に対して「いいえ」と返すことは覚えたものの、その意味や応用はまだ分からないA児。自分の経験の中で得た"会話のルール"（「ありがとう」に対して「いいえ」と答える）に兄が違反したと言って指摘しています。保育者は、いつの日かA児が相手の言葉を理解し、自分の思いも話すという、社会性を伴う「会話」を身につけていくことを願いながら「そのときに応じて、子どもたちに丁寧に言葉を伝えていくことの大切さを感じます」と締めくくっています。

テーマ 保育参観の翌日

C児（2歳7か月）　4月17日（月）　天候（雨）

家庭から	園から
保育参観ありがとうございました。 　新しいクラスになり、登園時、泣くときがあるので心配しながら仕事に向かっていました。でも、参観の日、友達と言葉を交わしたり、笑い合っていたり、また、先生のお話や手遊びにも一緒に楽しんでいる様子を見て少し安心しました。家での姿とはまた違うCを見ることができて良かったです。	Cくんの園での様子を見て安心していただけたようで私たちもうれしいです。❶登園時、Cくんとの涙の別れは、おうちの方にとって胸が痛む毎日だったことでしょう。 でも、今では、友達と一緒に大好きな電車を走らせて遊ぶなど、日に日に笑顔も増えて行動も活発になってきました。また、手遊びや絵本も大好きで、何度も「もう1かい」とせがむときもあります。❷本当に4月当初の姿がうそのようですね。毎朝、お母さんと笑顔で「ばいばい」できるのも、もうすぐですよ。

テーマ いろいろなことに興味津々

D児（2歳4か月）　4月21日（金）　天候（晴れ）

家庭から	園から
最近、私と主人が話をしていてふたりで笑っていると、何も分かっていないのに一緒になって大きな声で笑うDです。それが何だかおかしくてまた笑ってしまいます。それに、口癖のように「なんで？」「これはなんだ？」ということが多く、いろいろなことに興味津々です。これも成長だと思い、できるだけ答えようとしているのですが、忙しいときに何度も言われるとちょっと面倒になってしまいます。	❸笑顔で会話しているお父さんとお母さんの顔を見上げながら、ニコニコしているDくんの姿が目に浮かびます。園でも、友達や保育者が笑っているとそばに来て「おもしろいなぁ」と言いながら一緒に笑っています。Dくんはみんなの笑顔が大好きなんですね。 　それから「これも成長…」当たり！　です。 ❹今はいろいろなことに興味があり、好奇心いっぱいで「何で？」が多くなる時期です。質問攻めはDくんの探求心が順調に育っている証拠です。それも、❺お母さんが、Dくんの質問にしっかりと答えてあげているからこそ！ですね。

書き方のポイント

❶ 泣いている子どもを背に、不安なまま仕事に向かう保護者の気持ちを察した表現です。

❷ 4月当初のことを振り返りながら、C児の心の成長を共に喜んでいます。また、行きつ戻りつしながらも、少しずつ自立していくという見通しを知らせて励ましています。

❸ 両親の笑顔は、子育て環境の大切なポイントとなります。そのことを知らせようとしている記述です。

❹ 保護者自身も分かっているようですが、2歳児の特徴を専門的な目線で記入しています。

❺ 子どもの話し掛けに、丁寧に答えようとする保護者を励ましています。

発育・発達メモ ［保護者にも伝えよう］ 両親の愛情豊かな関係が子どもの心を満たします

　人間は環境について絶えず能動的に情報を収集し、その情報に基づいて環境を解釈し、その意味にも基づいて働きかける存在です。低年齢幼児も、周囲の環境に敏感であり、特に愛着関係のある母親の表情を情報として行動を取ることができるようになります。これを社会的参照といいますが、母親と最も親しい父親にどう接するかは、母親の表情が大きく影響します。父親と母親が楽しそうに笑っている場面では、母親の表情と楽しげな雰囲気だけで、自分も幸せな気分になり一緒になって大きな声で笑うようになります。訳も分からず笑っている子どもがおかしくて、両親もまた笑ってしまう楽しい情景を大切にしたいものです。

テーマ トイレでできました！

E児（2歳11か月）　5月12日（金）　天候（晴れ）

家庭から	園から
家では「トイレに行きたい」と言わないので、こちらから帰宅後の入浴前に声を掛けています。昨日は、お風呂前に「おしっこもれる～」と言い、慌てながらトイレに行きました。すると、出ました。「でた！」と喜んでいるEです。これからも根気よく声を掛けていこうと思っています。	Eくんすごい！！　入浴前に知らせてくれたんですね。いっぱい褒めてあげてくださいね。❶園では、時間を見計らってトイレに誘うと、トイレでおしっこが出ていますよ。「出た、Eくんすごい！」と褒めてもらうと、うれしそうです。❷おしっこの出る感覚が分かってきたのでしょうね。そろそろ、事前に知らせてくれるようになる頃ですね。そうなると日中だけでもパンツに変えてみましょうね。

テーマ 命の大切さを伝えたい

F児（2歳5か月）　5月23日（火）　天候（晴れ）

家庭から	園から
最近、虫を見つけると足で踏みつけてしまいます。先日も、オタマジャクシを下に落としてしまい「だめ！　拾ってあげなさい」と言った瞬間、足で踏もうとしたので慌てて止めました。小さなものにも命があること、大切に扱うように知らせていきたいのですが…どういう風に伝えると分かってくれるのか悩んでしまいます。	幼い子どもたちに命の尊さを伝えるのは本当に難しいですね。❸「Fちゃんも足で踏まれると痛いよね。虫も同じで痛いって言っているよ」と、伝えたり、手のひらに乗せて「かわいいね」と言いながら見せてあげたりしてはどうでしょうか？今日は、園庭でバッタを見つけ、スコップですくおうとしていたFちゃん、❹「小さいね。そっと触ってみようか」と誘うと、優しくそっと触っていましたよ。進歩です！　園でも命の大切さを知らせていきたいと思います。

書き方のポイント

❶園でも子どもの排尿間隔に合わせて誘うことで排尿ができていることを知らせ、保護者の喜びに共感しています。

❷排せつのタイミングが少しずつ合ってきていることを知らせ、次へのステップを示しています。

❸どう伝えたらいいか分からない保護者に、虫に対する関わり方を具体的に知らせ、おうちでの関わり方のヒントにしてもらえるようにしています。

❹どう扱っていいか分からなかった子どもの姿から保育者の関わり方によって変化している様子を伝えています。

保護者にも伝えよう
生きるという命の大切さを知らせる

　子どもは、自分より小さく弱い昆虫や小動物が、ほんのちょっと力を込めればあっけなく失われる「はかない命」であることを、実際に関わる中で少しずつ少しずつ学んでいきます。しかし、関わり方が分からず、棒でつついたり踏みつけたりする子どもも少なくありません。残酷な扱いをしないというのは大切なことですが、その「残酷」の基準を大人が判断して「だめ！」と禁止するのではなく、関わり方を根気よく知らせ、"生きる"という命の大切さを子どもなりに漠然と捉えられるようにすることが必要なのです。

そっと
触ってみようか

テーマ イヤイヤ期…？

G児（2歳6か月）　5月11日（木）　天候（晴れ）

家庭から	園から
昨日は、心配をお掛けいたしました。電話をいただきありがとうございます。最近園から帰ると「○○いや〜ちがう」の繰り返しで、こちらもヘトヘトになっています。これって、『イヤイヤ期』と呼ばれるものなのでしょうか？？　園に行くのは楽しいようで「ほいくえんいく!!」と、休みの日もかばんを背負うほどです。	昨日は電話口でGちゃんの元気な声を聞いて安心しました。この時期は自我が強くなり、❶「○○は▽▽するんだ」という自分流の決まり（こだわり）が出始めます。その「独自のルール」を崩されることに拒否反応を起こし「イヤイヤ」の症状になるわけです。❷こうした意見のぶつかり合い（やり取り）を経験しながら、相手の意見を聞いたり我慢したりして少しずつ自己主張の仕方を学んでいきます。これは、成長過程にとても重要な要素を含んでいます。お母さんには、大変な時期かもしれませんが、気持ちを言葉にしたり受け止めたり、時には違うことに気持ちを向けたりしながら、一緒に見守っていきましょうね。

テーマ 「おおきい」「ちいさい」こいのぼり

H児（2歳8か月）　5月16日（火）　天候（くもり）

家庭から	園から
今のHのブームは、こいのぼりです。歌ももちろん『こいのぼり』。週末も帰宅後すぐに、園から持ち帰っていた「こいのぼり」を見ながら「おおきいのは、パパ。ちいさいのがH。これはママ」と赤いこいのぼりを指さしして教えてくれました。近頃、特に言葉が増えてきて、話が楽しいです。	連絡帳を読ませていただいて、Hちゃんの言葉に思わず笑顔になりました。園でも最近急に言葉がいろいろ聞かれるようになり、食べ物や動物・魚などが載っている本が大好きで、❸「おおきいイチゴ」「これはちっちゃいよ」などと比較して教えてくれます。また、友達と、❹「でんしゃにのっていったよ」「リンゴたべたよ、おいしかった」などと文の形を作って会話を楽しんでいます。これから、言葉がたくさん出る時期ですね。❺私たちもHちゃんの言葉に耳を傾け、言葉で伝わるうれしさに共感し、しっかりと受け止めていきますね。

書き方のポイント

❶ この時期に強く見られる子どもの姿を、専門的な目線で分かりやすく記入しています。

❷ これから、どう成長していくかを知らせ、成長過程において大切なことであることを伝えて、負担感を和らげています。

❸ 語彙数が増えるだけでなく、2歳児の特徴である大小の比較語も使えるようになったことを知らせています。

❹ 言葉の数だけでなく、友達との「会話」が増えたことは、園ならではの姿です。

❺ 園での取り組みを伝えて、家庭でも子どもの話に耳を傾けるように促しています。

連絡帳

5月

保護者にも伝えよう

発育・発達メモ

大きい小さいと中間の量が分かるようになる

　2歳後半になると、日常使える言葉が急に増えてきます。言葉の名詞や動詞を使って2語文で話し、大きい、小さいの量の概念ができてきます。量の中でも子どもは大きいものから覚え、比較ができるようになって小さいを言葉で表すようになります。具体的なこいのぼりを見て、「大きいのはパパ」「小さいのがH」と言い分けた後で、「これはママ」と指さしたこいの

ぼりの大きさは、中間なのです。H児は量の連続性が分かっていることになります。すばらしい概念の発達ですね。保護者も保育者に伝えたかったのでしょう。保育者の「うれしさに共感する」反応も見事！

これはママ

6月

テーマ きちんと伝えられていますか？

I児（2歳10か月）　6月6日（火）　天候（晴れ）

家庭から	園から
昨晩、お父さんに「きょうおなかのせんせいきて、ポンポンした」と内科検診のことを話していました。「どんな風にしたの？」と聞くと、シャツをめくって「こうしたよ」と教えてくれました。白衣を着た人や初めて会う人に対してはいつも大泣きするのですが、大丈夫でしたか？　Iの言ってることは合っていますか？	お母さんの心配は無用だったようです。内科検診では、❶Iちゃんが話していたように、泣かずにじっとしながら診てもらいましたよ。白衣を着たお医者さまだったのですが、真剣な表情のIちゃんに、私たちも思わずほほえんでしまいました。入園当初はあんなに泣いていたのに、園生活にもすっかり慣れ、たくさんの笑顔が見られるようになりましたね。❷家で、園の出来事を伝えてくれて、うれしく思います。これからも、どんな話をしてくれるのか楽しみですね。

テーマ 目やにが心配

J児（2歳6か月）　6月15日（木）　天候（晴れ）

家庭から	園から
昨日迎えに行ったとき、目やにが出ていて目の周りも赤かったのですが、いつから症状が出ていましたか？　朝は出ていなかったように思うのですが…。一応病院に行くと、鼻風邪からの目やにで、ウイルス性の結膜炎ではないと言われました。午睡後は特に出ていると思いますので、拭いてやってもらえますか？　お願いします。	お母さんがお気付きのように、昨日の午前中は目の赤みはそれほど気にはなりませんでしたが、違和感があるのか、時々こすっている姿が見受けられました。午睡後に目やにが出ていましたので、拭き取ってあげると落ち着いた様子でした。❸大切な目のことですのに、その様子をお伝えできておらず、申し訳ありませんでした。❹早めに受診していただいて良かったです。今日も午睡後に少し目やにが見られました。拭いてあげると「こすったらいけないよ」と自分で言い聞かせるように言っていました。早く良くなるといいですね。

書き方のポイント

❶ 子どもの話を聞いて「大丈夫でしたか？」と心配する保護者に対して、具体的な子どもの姿を伝えることで、安心へとつなげています。

❷ 2歳半を過ぎると、断片的ですが、経験したことを言葉で表そうとします。園での出来事を保護者に伝えようとする子どもの姿を、保護者と共に喜んでいるという書き方です。

❸ 朝の様子と違い、目やにが出ていて保護者は心配したことでしょう。様子について保育者からの話もなく、不安になったと思います。保護者の思いをくみ取り、「申し訳ありませんでした」とわびる言葉を添えることが大切ですね。

❹ 子どもの様子の変化に気付き、忙しい中でも早急に対処した保護者の姿を認めています。

保護者にも伝えよう

発育・発達メモ

たかが目やに、されど目やに

　目やにを安易に考えていると、深刻な病気の場合もあります。特にウイルス性の結膜炎が原因で目やにが多く出る場合、この年齢の子どもはかゆみを我慢できず目をこするため炎症がひどくなり、症状が落ち着いたあとでも角膜が濁ってしまうという後遺症が残ることもあります。また、ウイルス性の結膜炎は爆発的に感染します。J児の目やにには細菌性のもので、抗生物質がよく効くタイプだったようで大事には至りませんでしたが、専門職として今回のことを謙虚に反省し、「集団生活の上では目やにを侮ってはいけない」という意識を常にもつことが必要です。眼科で簡単にウイルスのチェックをしてもらうことができるので、目やにに気付いたときは早めに受診を勧める姿勢をもちましょう。

テーマ 母親の気を引きたい…？

K児（2歳6か月）　6月7日（水）　天候（晴れ）

家庭から	園から
昨夜パパに髪の毛を切ってもらったFですが、気に入らないのか鏡を見て、「これいらん！！」と不機嫌でした。今までどんな切り方をしてもそんなことを言わなかったので驚きましたが、私の気を引きたいのでしょうか。妹が生まれてから、寝る前にはぐずぐずを言い、公園に行っても「ママとあそぶー！」とべったりです。	❶「散髪したの？」と聞くと「パパがさんぱつやさんになってきってくれたの」とうれしそうに教えてくれました。ずっと独り占めできていたお母さんとの時間が、今までより減り、❷Kくんなりに我慢や葛藤があるのかもしれないですね。訴えてきているときはぎゅっと抱きしめたり、時間があるときは、思い切り甘えさせてあげたりすることで❸少しずつ落ち着いてくるといいですね。園では「Kちゃん、うんちしたよ」など、妹の様子を教えてくれています。その表情からは、お兄ちゃんになってうれしそうな様子が伝わってきます。

テーマ カエル大好き

L児（2歳10か月）　6月22日（木）　天候（晴れ）

家庭から	園から
最近カエル捕りにはまっているLです。カエルを見つけると素手で捕ろうとするのですが、すぐに逃げるのでその後をピョンピョンとカエルのように追い掛けて捕まえています。そんなカエルも増え続け、今では20匹くらいになりました。毎朝「カエルさんおはよう！」と挨拶するのが日課になり、様子を見るのが楽しみのようです。私はそれを見てぞぉーっとします。	必死にカエルを追い掛ける姿、目に浮かびほほえましい気持ちになりました。❹梅雨期になりなかなか外で遊ぶことができないので楽しい経験でしたね。素手で捕まえるとは、怖いものなしのしちゃんですね。でも、両生類は多かれ少なかれ毒を持っていますので、❺触った手で目や口をこすらないように気を付けてあげてくださいね。また、❻カエルは、非常に熱に弱いため、子どもの高い体温の手で長時間握っていると、弱ったり死んでしまったりすることもあるそうです。「すぐ放してあげようね」と教えてあげてくださいね。生き物を大切にする気持ちを学ぶ良いきっかけになり、優しい気持ちがしっかり育まれていくと良いですね。

書き方のポイント

❶ 翌日には笑顔で「パパがさんぱつやさん」と言う子どもの様子を知らせることで、その様子を思い浮かべる保護者は、ホッとして笑顔になることでしょう。

❷ 第2子の誕生は、うれしい反面複雑な気持ちが交差します。そのことを"Kくんなりに…"と表現し、おおげさに捉えないように配慮しています。

❸ 気長に子どもの気持ちを受容するよう、保護者の気持ちに寄り添うような書き方です。

❹ 梅雨期の小動物とのふれあいは、貴重な時間であることを伝えています。

❺ ヒキガエルに限らず他の両生類は、体を細菌などから守るため毒が分泌されているので、子どもが素手で触った後の注意を具体的に知らせることが大切です。

❻ カエルの生態を具体的に記入し「生き物を大切にする」ということの大切さを知らせています。

連絡帳

6月

保護者にも伝えよう

発育・発達メモ

兄になった誇らしさと、母親を独占できない戸惑い

2〜3年の間があいて、次の子どもができるのは、家族構成として理想的だと一般にいわれています。それは2〜3歳になると自我が芽生え、自分と他の存在が意識できて受け入れることができるからという理屈からです。K児も理屈では分かっているのですが、今までは母親を独占できていたのに、赤ちゃんに掛かりきりの母親の愛情を自分にも向けたくて、思いがけないところで不機嫌になり、自己主張しているのです。園では、お兄ちゃんになった誇らしさを保育者に知らせてくることを、連絡帳で伝えることで、母親は安心感をもてたことでしょう。K児の戸惑いを理解してもらい、K児との時間をつくってもらえることを期待しましょう。

パパがきってくれたの

7月

テーマ　我慢できるようになってほしい…

M児（2歳7か月）　7月12日（水）　天候（晴れ）

家庭から	園から
家では棒を振り回して遊ぶのが好きです。私たちもたたかれるので、その都度怒っているのですが、自分に注目してほしいときにしている感じがあります。また、大人の持っている物を欲しがります。「だめ」と言うと泣きわめき物を投げつけます。結局こちらが根負けしてしまうのですが、少しは我慢できるようになってほしいです。一人っ子で、家では王様のような生活をさせてきたのがいけないのでしょうか。	❶この年齢の子どもは、興味をもったら何でも欲しがり、使ってみたくなるという姿が多く見られ、好奇心が旺盛で意欲にあふれています。何でも自分で試してみたいという気持ちを見守ることは大切ですが、人をたたく姿はきちんと注意する方が良いと思います。❷一方的に「だめ」というのではなく、たたかれた人は痛いだけでなく嫌な気持ちになること、貸せない物は「○○だから貸せない」と理由を説明してあげてくださいね。❸自分と人との関係が分かるようになるまで、根気よく伝えていくことで少しずつ我慢ができるようになっていくと思います。

テーマ　泣き叫んで主張します

N児（2歳5か月）　7月25日（火）　天候（晴れ）

家庭から	園から
ここ最近、して欲しいということがあると、ささいなことでもおおげさに泣き叫んで主張します。 　例えば、枝豆のガラを入れるお皿が欲しいとき、「おさらほしい〜！（号泣）」となります。「泣かずに言いなさい」と言うのですが、どうしてもそうなります。園でもそうですか？ 　どうしたものでしょうか？	園でも確かにそういう場面が見受けられます。❹大きな声を出すときは、自分の思いをアピールしているのかな？　と思い、そばに行って話し掛けたり、訳を聞いたりしています。そうするとNちゃんもすぐに落ち着きます。 　自分の思いを聞いてくれるということが分かれば、大きな声を出したり泣いたりすることも少なくなると思いますので、❺根気よく、じっくりとNちゃんの話を聞いてあげるようにしてみてはいかがでしょうか。

書き方のポイント

❶2歳児の発達段階で見られる姿であることを知らせ、保護者の不安な気持ちを取り除いています。

❷この年齢だから理解できないと考えるのではなく、どうして「ダメ」なのか理由を話す大切さを伝えています。

❸先を見据えた子どもの姿を知らせながら、子どもへの関わり方を伝えています。

❹保護者が心配している園での子どもの様子を記入しています。

❺具体的な関わり方を伝え、家庭でも子どもの気持ちに寄り添って思いを受け止めてもらうよう促しています。

保護者にも伝えよう

発育・発達メモ

「待つ」は子育てにとって大切なキーワード

　「魔の2歳児＝terrible twos」と呼ばれるこの時期。思い通りにならないと泣き叫んだり、蹴ったりたたいたりするという姿も見られます。「自分でこうしたい」という思いを遮られて、かんしゃくを起こしている場合が多く、強い主張・意欲をもっている姿だとも言えます。この時期は「第1反抗期」とも言われ「反抗＝悪いこと」という受け止め方をしないことが必要です。「こうしたい」という姿を受け止めつつ、乱暴なことはいけないとしっかり伝えることが大切です。「危ないことはいけない」「全てが自分の思い通りなるのではなく、少し我慢することも必要」ということを徐々に理解していくのを待つという姿勢を大人がもち、感情だけで怒らないように心掛けてもらいましょう。

テーマ 七夕飾りを飾りました

O児（3歳3か月）　7月3日（月）　天候（晴れ）

家庭から	園から
園からもらってきた七夕飾りを一緒に飾りました。輪つなぎや三角つなぎを見せながら「これOがつくった。のりでぬりぬりしたんだよ！」と作ったときの様子をうれしそうに話してくれました。「上手にできたね」と言うと満足そうな顔をしていました。飾るときは、『たなばたさま』を歌いながら一緒に飾れたので、私も七夕の日を楽しく過ごせました。	おうちでも、お母さんと一緒に七夕の日を楽しんでもらえてうれしいです。 　園でも、七夕の歌をみんなでうたいながら、5歳児のおにいちゃんやおねえちゃんと一緒にササに飾り付けをしました。❶一人ではうまく付けられないときには、おにいちゃんたちに手伝ってもらいながらたくさんの飾り付けをして大喜びしていました。 　園では1年を通して様々な季節の行事がありますが、❷Oちゃんも少しずつ行事の意味を理解してきているので、分かりやすく伝えていきながら、日本古来の伝承行事を大切にしていきましょうね。

テーマ 今日からプール

P児（3歳2か月）　7月20日（木）　天候（晴れ）

家庭から	園から
今日からプールが始まりますね。昨日、「明日からプールが始まるよ。大きなプールに入れて、楽しみだね〜」と言うと「やったー！」と張り切っていましたが、家ではお風呂で顔に水が掛かるだけでも大泣きして「やめてー」と言っています。本当に入れるか心配ですが、プール遊びを楽しんでほしいです。	今日のプール遊びでは、❸金魚すくいをしたりボール集めゲームをしたりと楽しんでいました。時々、大きな水しぶきが上がると顔をそむけて水が掛かるのを嫌がる様子も見られましたが、友達と一緒にたくさん遊べたのでとても満足した表情でした。 　園では、今日のように金魚すくいやボール遊び、ペットボトルで作ったシャワーなど、❹しぜんと水に親しみ、段階を経て水に慣れていけるようにしています。Pくんもこの夏、たくさん水に触れて水遊びやプール遊びを楽しんでほしいと思います。

連絡帳

7月

書き方のポイント

❶ 多くの異年齢児がいる園ならではの姿、5歳児とふれあいの様子をさりげない書き方で知らせています。

❷ 日本古来の伝承行事を、保護者と共に大切にしていきたいという思いを記入しています。

❸ まず始めにP児が楽しんでいる様子を記入し、水を嫌がる姿は後から記入して、保護者の心配を軽減するような配慮をしています。

❹ 園では段階を経て、水に徐々に慣れさせていく…という風に専門性のある記述をしています。

保護者にも伝えよう
発育・発達メモ

季節の伝承行事を大切に家庭でも受け継ぐ

　家庭環境や日本の文化の変化により、伝承されてきた行事が、次第に影薄くなってきたようで寂しく思います。大人になって幼児期を振り返ったときに、季節ごとの伝承行事の夢多き懐かしい経験に、胸が熱くなって、明日へのエネルギーをもらえることがありますが、園で大切に受け継がれていることはうれしいですね。七夕の日には、大きなササに色紙で作った天の川や、ちょうちん、舟、網、輪つなぎなどを飾り、短冊に願い事を書いてこよりで結びます。輪つなぎは、自分でのりを付けてつなぐだけではなく、友達とも、クラス全体ともつなぐすばらしい作業なのです。家庭でも七夕を楽しめて良かったですね。

テーマ　弟にやきもちをやいているようです

Q児（2歳8か月）　8月7日（月）　天候（晴れ）

家庭から	園から
週末はママに甘えたモード全開で、弟にやきもちをやいて押したり、たたいたり…。私が叱ると、大声で泣いて暴れる始末です。先週は弟が風邪で園を休みがちだったので、そのことが影響しているのかもしれません。ここ最近、弟の授乳後や寝る前にやたらとおっぱいを触ってくるので、心が不安定になっているのかなあと思います。	❶週末は大変でしたね。お母さんを独り占めして甘えたかったのでしょう。でも、押したりたたいたりしてはいけませんね。お母さんが弟のyくんに掛かり切りになっていたので、少し寂しかったのかな？　週末、ママに甘えて満足したのか、今朝園では「ママ〜」と泣いているお友達のそばに行って涙を拭いてあげていましたよ。おうちでも、Qくんが優しい行動をしたときに❷「やさしいね」「ありがとう」と伝えて、ギュッと抱き締めてあげてください。それだけでQくんの心は満たされると思いますよ。

テーマ　トイレットペーパーが大変なことに…

R児（3歳2か月）　8月24日（木）　天候（晴れ）

家庭から	園から
今日は珍しく自分から「トイレにいく」と言ってトイレに入ったのですが、なかなか出てこないのでのぞいてみると、トイレの中をトイレットペーパーでいっぱいにしていました。思わず「何してるのー！！」と怒ってしまったのですが、Rが「ほいくえんでキリンさんクルクルする」と教えてくれました。園で教えてもらったことを、家でもしようとしていたんでしょうね。	大変でしたね。おうちのトイレでも自分でやってみようとしていたんですね。園では以前❸トイレットペーパーを1回分ずつ切ってカゴに入れていましたが、最近は子どもが直接ペーパー台から取って拭くようにしています。1回分に必要な長さが分かるようにキリンの絵を壁に貼り、「キリンの首の長さまで伸ばして、クルクルと巻いてから切ってね」と伝えています。Rちゃんも絵を見ながら「ここまで？」と確認したり、「クルクルクル」と言ったりしながら自分でペーパーを切ろうとしています。❹ペーパーの長さを調節することはまだ難しく、目印などが必要です。おうちでも見てあげてくださいね。

書き方のポイント

❶ 保護者の気持ちやQ児の思いを受け止め、不安を解消するような書き方になっています。

❷ どのように関わればよいか具体的な例を挙げ、Q児の思いを代弁したような書き方をしています。

❸ 子どもの発達に沿って園で実践している、トイレの環境構成や配慮の仕方が分かるように記入しています。

❹ 一人では完全にできない状態で、まだまだ大人の援助が必要であることを伝え、家庭でも気長に見守ることの大切さを伝えています。

保護者にも伝えよう　発育・発達メモ

赤ちゃん返りが見られた子どもに「言ってあげたい」フレーズ

　親は平等に接しているつもりでも、弟・妹ができると「お兄さんだから我慢して」などと言われることも多くなり、子どもとしても何だか納得できないものでしょう。小さな不満や不安をうまくコントロールできず、赤ちゃん返りをするなど態度に表れる子どももいます。しかしそれは、ある意味では健全な反応ともいえます。むしろ、このような状況のときでも聞き分けが良かったり、淡々といつもと変わらず過ごしたりできる子どもは、ストレスやフラストレーションがうまく発散されていない可能性があります。「ママは弟の世話で大変だけど、○○くんがお手伝いしてくれるから助かるわ」とか、「○○くん大好きよ。だって弟に優しくできるんですもの」など、意識して言ってあげることで、上の子の気持ちも上向きになってくるでしょう。

R君大好きよ

テーマ 「やって！」と甘えます…

S児（2歳8か月）　8月17日（木）　天候（曇り）

家庭から	園から
最近、「おしっこでるよー」と知らせてくれるようになり、トイレで成功することが多くなってきました。でも、パンツやズボンを脱ぎ着するとき、甘えてなのか「やって！やって！できない！」と、助けを求めてきます。結局、根負けして手伝ってしまう状態です。こんなときどうすればいいのでしょうか。	❶Sくん、すごい！！ 園でもトイレでの排せつが確実に多くなってきましたよ。ズボンやパンツの脱ぎ着は、ほとんど自分でしていますが、時々助けを求めてくることがあります。❷今は汗ばむ時季なので、衣服が体にくっつき、脱ぎ着がしにくいことがあるのではないでしょうか。園でもこの時季は、援助を求める子は多く見られます。❸一人でできにくいところを手伝ってあげ、最後は自分でできるようにして「やったー！できたね！」と一緒に喜んであげてくださいね。

テーマ 病後なのでプールをお休みに

T児（3歳2か月）　8月23日（水）　天候（晴れ）

家庭から	園から
土曜日、日中は元気にしていたのですが、夜中38.3度の発熱があり、日曜日の夕方に解熱しました。鼻水とせきは少し出ているものの食欲もあり元気にしています。Tは朝から「プール、プール！！」とうれしそうにしていたのですが、今日のプール遊びはお休みさせていただきます。また夕方にでも病院へ連れて行こうと思っています。今、園ではやっている病気はありますか？	急な発熱で大変でしたが熱が下がって良かったですね。❹今日は1日熱も上がることなく元気でした。プールが大好きなTちゃんは「きょう、はいれないの」と少し残念そうな表だったので❺3歳児クラスにある大好きなままごとセットを一緒に借りに行きました。すると「やったー！」と顔色がパッと明るくなって大喜びで遊んでいました。園では今、❻手足口病（発熱や手足・口腔内に水泡状発疹）がはやりつつありますので、お気を付けください。また❻夏の感染症については、今月の園便りに詳しく掲載していますので、参考にしてくださいね。

書き方のポイント

❶ 排せつの自立は、園と家庭での共同作業です。共に喜ぶ姿勢がうかがえます。

❷ 「できない」の理由を、子どもからの目線で考えてみることを知らせています。

❸ 「できる・できない」ではなく、子どもの気持ちを育てることの大切さを専門的な立場で記入しています。

❹ 解熱した翌日の登園、まずは、1日元気で過ごしたことを最初に知らせることで、保護者の心配を取り除いています。

❺ 体調の悪い子どもへのこまやかな配慮が見えてきます。

❻ 園から感染症について知らせ、その流行を防ぐという専門職としての姿勢がうかがえます。

連絡帳

8月

保護者にも伝えよう
発育・発達メモ

プール遊びの期間は、家庭からの連絡が最重要

連絡帳の基本は、架け橋ノートといわれるように、家庭と園との子どもの24時間の生活状況を伝え合うことですが、特に命を預かる園としては、子どもの健康状態を把握し安全を守る義務があります。季節ごとの感染症の予防、発症の早期発見と処置、日々の健康観察、検温の励行、清潔の徹底などなど、様々な専門的な配慮が欠かせませんが、何といっても毎朝の家庭からの子どもの健康状態の連絡が、最重要事項でしょう。夏のプール遊びをしている期間は、夏風邪による発熱、下痢、感染する湿疹など、事前に把握して対応していかなければなりません。改めて連絡帳の大切さを確認させられたT児の保護者に感謝です。

9月

テーマ 悪ふざけが気になります

U児（3歳1か月） 9月1日（金） 天候（晴れ）

家庭から	園から
最近、ふざけてだとは思うのですが、主人の耳に指を入れたり、私に大きい声で怒ったりします。「お友達には優しくしてね」といつも言っているのですが、園での様子が気になっています。一人っ子なので、家で好きにさせているのがいけないのでしょうか…。	❶遊具に乗っていたときに、一緒に乗ろうとしていた友達に気付き「○○ちゃんものる？」と声を掛けていた優しいUくん、お母さんが心配されているような姿は園では見られませんよ。❷もしかして、お父さんやお母さんの気を引きたかったのかもしれませんね。でも、悪ふざけで危ないことをしたときは「これは嫌だと思うよ」ときちんと言葉で教えてあげてくださいね。そうすることで少しずつ自分の気持ちを言葉にできるようになっていくと思います。

テーマ 園でのことを話してくれます

V児（2歳5か月） 9月14日（木） 天候（くもり）

家庭から	園から
最近、園での話をよく聞かせてくれるようになりました。入園当初は何も話さなくて心配していたので、良かったです。昨日は帰るなり兄に「にいちゃん、Vのうんどうかい、みにきてね」と一生懸命話していました。初めての運動会なので、きっと当日はたくさんの人を前に驚くだろう…と思いますが、頑張ってほしいです。	Vくん、おうちでもいっぱいお話ししているんですね。❸運動会を楽しみにしている様子が見られて私たちもうれしいです。❹練習も積極的で、自分だけでなく友達とも一緒に楽しみたいという気持ちが芽生えてきたようです。保育室に帰ってからも、運動会でのダンス曲をかけるとすぐに立ち上がって、「はいはい〜♪」と掛け声もかっこよく、友達と一緒に踊っていました。初めての運動会、❺当日は大好きなお兄ちゃんが見ている前で楽しんで踊るVくんの姿が目に浮かびます。

書き方のポイント

❶ まずは、園での様子を気遣う保護者への返答を先に記入しています。

❷ あくまでも推測した書き方ですが、U児の日頃の様子をよく観察している保育者が書くことには重みがあり、保護者にとっては気付きにもなることがあります。

❸❺ 園での様子を笑顔で話す子どもの姿は、入園当初の保護者の心配を払拭してくれることでしょう。その喜びに保育者も心から共感する書き方です。

❹ 2歳児のこの時期は平行遊びながらも"友達"を意識し始める頃です。「友達と一緒」を楽しんでいる姿を知らせようとしています。

保護者にも伝えよう

発育・発達メモ

イメージが芽生え心の世界が始まる

　この時期は、周囲への興味が広がり、他人に対して関心をもつようになります。また、前頭葉の発達が始まり、目の前にある物をイメージして記憶に留め、それをいろいろな物に置き換えて表現するようになります。経験したこと（園での出来事）を言葉で話したり、これから起こること（運動会）を想像したり、過去に経験したこと（ダンス）を後で同じようにして楽しんだりして、自分と周りをいろいろな形でつなぐことを楽しみます。これは、心の世界の始まりです。自我が芽生え、自己存在のアピールが始まります。悪ふざけもその一つ。適切な自己表現を知らせていくことが大切です。

テーマ 「宝物」を持って帰ってきました

W児（2歳8か月）　9月7日（木）　天候（晴れ）

家庭から	園から
家に帰ると、園から大事そうに持って帰ってきたビニール袋の中に入っている物を全部出して見せてくれました。花びらは、しおれていましたが、Wにとっては宝物のようです。Wと一緒に、水の入ったガラスの器に花びらを浮かべて玄関に飾ると「きれいね〜」と言って喜んでいました。	散歩に出掛けた公園でコスモスの花びらを見つけて、とてもうれしそうに知らせてくれたWくん。❶きっと、真っ先にお母さんにも見せたかったのだと思います。お母さんと一緒に、花びらをそっとガラスの器に浮かべた時間。❷その時間もWくんにとっては「宝物」になることでしょう。お母さんの優しさをWくんは忘れないと思います。

テーマ 赤ちゃん、かわいい

X児（3歳2か月）　9月22日（金）　天候（晴れ）

家庭から	園から
先の休みに、友達の所に遊びに行ってきました。友達の所は、Xより一つ上のおにいちゃんと、もうすぐ4か月になる赤ちゃんがいます。Xは、赤ちゃんが泣くと「どーしたの？」と心配そうに顔をのぞき込んだり、ティッシュペーパーで涙を拭いてあげたりしていました。時々頭をなでてあげているのを見ているとハラハラしますが、おにいちゃん気分のXでした。	私たちにもうれしそうに赤ちゃんのことを報告してくれました。❸Xくんにとって赤ちゃんは、とてもかわいく映っていたようですね。 ❹園でも赤ちゃん組の子どもが遊んでいる所に行って、顔をのぞき込んでみたり、ポイっとする玩具を拾っては何度も手渡してあげたりするなど、赤ちゃんのことを気遣ったり、優しく接してあげたりする様子が見られます。きっとXくんも愛情いっぱいで大切に育ててもらっているのだろうとほほえましい気持ちになりました。

書き方のポイント

❶園から持ち帰った物…、それがたとえ"しおれた花びら"であっても、笑顔で差し出す子どもの表情に保護者は安心します。子どもは片時もお母さんを忘れてないよというメッセージを送る書き方です。

❷子どもの優しい思いを温かい気持ちで受け止めている保護者。保育者も"宝物"と表現して受け止め、保護者の関わり方を評価する記述をしています。

❸自分より小さい赤ちゃんへの興味が深まる時期でもあるということを伝えようとしています。

❹多年齢の子どもたちが生活する"園ならではの経験"を、具体的な表現で記入して知らせています。

保護者にも伝えよう

発育・発達メモ

子どもの宝物を受け止めるのは子どもの心育ての基盤

　コスモスの花びらが公園の庭に散っている、その当たり前の自然の光景に、W児は心を弾ませ、花びらを拾い集めてビニールの袋に入れ、大切に持ち帰りました。その様子を見ていた保育者は、保護者からの連絡にまず「きっと、真っ先にお母さんにも見せたかったのだと思います」とW児の思いを代弁し、保護者か「Wにとっては宝物のようです」と受け止められ

ている言葉に返して「お母さんと一緒に花びらをガラスの器に浮かべたその時間も、Wくんにとっては『宝物』になることでしょう」と述べられています。保護者も、子どものあるがままの姿を受容する優しさを共感されたことでしょう。感動的な連絡帳による交流です。

きれいね

10月

テーマ 我慢ができるようになってきました

Y児（3歳2か月）　10月2日（月）　天候（くもり）

家庭から	園から
昨日、夕食前に「ドーナツたべたい」と言い出したので、「今はだめだよ。もうすぐごはんだからね」と言い聞かせたところ、ぶつぶつ言って不満げでしたが、数分で諦めました。以前なら、わんわん泣いて大変だったのになぁ…と成長を感じてうれしかったです。	❶Yちゃん、お母さんの「もうすぐごはんだからね」の言葉でちゃんと納得したんですね。えらい！　夕食の準備中だとついついあげてしまいがちですが、お母さんも頑張られましたね。 　園でも、少し前までなら、ままごとで遊んでいるときに「おにんぎょうがほしかった」と泣いて訴えていましたが、最近は「あとでかしてね」と泣かずに言葉で伝えています。❷ただ、我慢しているというのではなく、「今は○○ちゃんが使ってる」ということが分かり、気持ちの切り替えが少しずつできるようになってきているように思います。日常のさりげない場面で心の成長が見えると、本当にうれしくなりますね。

テーマ 絵本に興味がないようです

Z児（3歳4か月）　10月27日（金）　天候（晴れ）

家庭から	園から
毎日寝る前に絵本を読んでいますが、途中でどこかへ行ってしまったり、おもちゃで遊ぼうとしたりします。絵本にあまり興味がないようです。 　園ではちゃんと絵本を見ていますか？ちゃんと聞けるようになってほしいです。	Zちゃんとの絵本の時間、大切にしてくださっているんですね。うれしいです。❸おうちではどんな絵本を読んでいますか？　一緒に読んでみようと思います。❹園でもお昼寝の前に絵本を読んでいます。今は『しろくまちゃんのほっとけーき』がお気に入りです。他に『しろくまちゃんぱんかいに』という本も大好きですよ。他にもZちゃんの好きな絵本が何冊かありますので、またお伝えしますね。一緒に楽しんでみてはいかがでしょう。おうちでの絵本の時間が楽しみになると思いますよ。

書き方のポイント

❶ 子どもには、ただ「だめ」ではなく、次の予測ができるように「もうすぐごはん…」ということばがけが大切なことを知らせています。

❷ 園生活の中でも自分の気持ちを言葉で表現する方法を学んでいる過程であることを知らせて、その節々での成長を保護者と共に喜ぶ姿勢が見られます。

❸ 連絡帳は"会話のキャッチボール"です。「絵本に興味がない」とする保護者からの情報を受け止めて、さりげなく問い掛けながら、その原因や対応を一緒に考える姿勢がうかがえます。

❹ 具体的な例を示すことで、保護者が絵本を選ぶ際の参考になります。

保護者にも伝えよう

発育・発達メモ

時系列の中に自分を置く

　3歳を過ぎると自他の分化が始まり、自分と周りに区切りが入ってくるようになります。自分の物と人の物、して良いことと悪いことなどが少しずつ分かり始めます。また、「前と後」「さっきと後」「昨日と今日」といった具合に、自分の経験したことが時系列で捉えられるようになります。経験したことであれば、「後で」が何を意味しているか予測でき、少しなら待つことができるようになります。でも、大人のようなわけにはいきませんから、「後で」と言ったことは必ず実現させ気持ちを満たしていく関わりが大切です。これが自己統制の芽生えにつながっていきます。

テーマ 言葉が遅い…?

a児（2歳11か月） 10月6日（金） 天候（晴れ）

家庭から	園から
園では、お友達と会話していますか？迎えに行くと、お友達から、「aくん、ママきたよ〜」と声を掛けてもらっていますが、それに対して返事している姿を見るときがあまりないので心配しています。言葉も遅く感じます…。	最近、aくんは友達と遊ぶのが楽しいようで、笑顔で一緒に遊ぶ姿がよく見られます。今日もブロックで車を作り、友達にぶつかりそうになったとき、「ブップーッ。あぶないですよ〜」と言いながら、遊んでいました。❷確かに言葉数は多くないですが、言葉の意味をよく理解して使っているので心配ないと思いますよ。また、友達と遊んでいる様子もお伝えするようにしますね。

テーマ お箸を使いたい！

b児（3歳3か月） 10月26日（木） 天候（晴れ）

家庭から	園から
急にお箸に興味をもち、食事の際、お箸でないと「イヤ！！」と言うようになりました。まだ、うまく使えないので、左の手でおかずをつかんだり、ポトッ、ポトッ…とこぼしたりしてなかなか食事が進みませんが、気長に見守るしかないですね…。	興味・関心が出てきたときが、絶好のチャンスです。❸bちゃんは、スプーンやフォークを「3点持ち」で持てるようになっているので、お箸に移行するのは、いい時期だと思います。❹お箸の持ち方について、イラストで分かりやすく記載しているプリントを連絡帳に挟んでおきますね。参考にしてみてください。時間はかかると思いますが、意欲を損なわないように気長に見守っていきましょうね。

書き方のポイント

❶「言葉」で友達と関わって遊ぶ姿を記入しています。

❷a児の発達の姿を、しっかり見ている保育者の専門的な姿勢が感じられます。

❸b児の中で、レディネスが形成されていること（学びが成立する準備が整っていること）を具体的な基準を用いて記入しています。

❹イラスト入りのプリントを用意するなど、保護者への配慮が感じられます。

連絡帳

10月

保護者にも伝えよう

発育・発達メモ

箸は使い初めに正しく持つことが大切

箸で食事をするのは日本の食文化です。日本社会で生活する限り、箸の使用は必須条件です。2歳後半頃から手先の操作も器用になり、左手で食器を持ち、右手で食具を使って食べ、箸に興味をもちだします。自分から箸で食べようとするb児は適切な時期を迎えたといえるでしょう。箸の持ち方のイラストが園にあるようですので、参考にしてb児の意欲の後押しをしてもらいたい願いを、保育者も示しています。使い始めに変な癖がつくと後からなかなか矯正しにくいので、最初にこぼし食べをしても正しく持たせることが大切です。保護者と協力して、b児の欲求を満足させるように進めていきましょう。

11月

テーマ　いつまで続くのやら…

c児（2歳10か月）　11月13日（月）　天候（晴れ）

家庭から	園から
休日は、わがままばかりでした。トイレに行きたくないと言って泣いて嫌がったり、ごはんを食べなかったり…。自己主張したい時期なのでしょうか。今まで好きだった、おみそ汁も飲まなくなり、コロコロ変わる姿や好みについていくのに必死です。いつまで続くのやら…。	cちゃんの思いを一生懸命受け止めるおうちの方に拍手です。お気付きのように、今の時期は自我の確立に伴い自己主張が強くなる頃です。園では、❶遊びたいときなどは同様の姿も見られますが、自分からトイレに行くことも増えてきましたよ。トイレに好きなキャラクターのシールを貼るなどして、楽しみをつくってあげるのも良いかと思います。また、❷食事面も味覚がはっきりしてくる時期です。好みが変わることもありますが、2歳頃に好んでよく食べた物は、大人になっても好物のままだと言われています。いろいろな味に慣れることも大切ですね。どうしても嫌がるときは、無理をせず、❸おうちの方もcちゃんも一休みしてくださいね。

テーマ　『3匹のこぶた』がお気に入りです

d児（3歳2か月）　11月24日（金）　天候（くもり）

家庭から	園から
就寝前、いつも布団でひと暴れするd…。昨日は「オオカミだぞー！」と言うので、「キャー！」と怖がるふりをすると大喜びでした。布団に入ってしばらくすると、「dのおうちはレンガのおうち？　ばぁばのおうちは？　こわれない？」と、とても心配そうに聞いてくるので、笑ってしまいました。園で『3匹のこぶた』を読んでもらっているのですね。	『3匹のこぶた』は、園で大人気のお話です。❹段ボール箱を使って、ワラ・木・レンガの家を作ると、大喜びのdくん。❺ノッシノッシと歩き、「ふきとばしてやる〜、フゥー、フゥー、フゥー!!」と、すっかりオオカミになり切って友達とのやり取りを楽しんでいます。"ごっこ遊び"を通して、❻友達と一緒に遊ぶことや表現する楽しさを感じてくれているようです。❼自分の家だけでなく、おばあちゃんの家の心配をするdくん。とても優しいですね。心配そうな表情が目に浮かびます。豊かな感性を大切に育んでいきたいですね。

書き方のポイント

❶ 子どもなりに、トイレを嫌がる「理由」があること、また主体的にトイレに行く姿もあることを記入し、保護者の焦りを払拭しようとしています。

❷ 子どもの好き嫌いに悩む保護者は多いものです。好き嫌いが起こる理由に子ども特有の味覚のメカニズムが関係していることを知らせようとしています。

❸ 子育てに焦りは禁物、肩の力を抜いて子育てをしてほしいという保育者の思いが表れています。

❹ 遊びが発展するように用意している物が目に浮かぶように記入されています。

❺ 表情豊かな子どもの姿が分かる記述です。子どもの様子をよく観察していることが分かります。

❻ 遊びを通して子どもの中で育っているものを、専門的な立場で解説しようとしています。

❼ 祖母へのいたわりや優しさは、保護者にとってもうれしいもの。その気持ちに共感しています。

保護者にも伝えよう

発育・発達メモ

自分の存在と周りとの関係への気付き

　自我の芽生えには二つの意味があります。「自分の意思の表現」と「周りとの関係への気付き」です。自己主張は、おのずと自分でせざるを得ない状況を生みます。それをうまく切り抜けるためには、自分の表現を認めてもらい、相手ともうまく関わることを学ばなければなりません。これは幼児期全体の課題ですが、この時期は能力的に未熟で思うようにならないため　に周りの人を試すような形になります。楽しみを共有しながら反抗のかわし方を工夫していくと、それが子どもにとって自分の出し方や荒れた気持ちの切り替え、安定を取り戻す方法のモデルとなります。多様な関わりの工夫を気長にしていきましょう。

テーマ　言うことを聞きません

e児（3歳1か月）　11月2日（木）　天候（晴れ）

家庭から	園から
昨日お風呂に入るのでお人形を片付けるように言うと、「もっとあそぶ！　ママきらい」と言われてしまいました。お誕生日にもらった人形が大のお気に入りです。「片付けないなら、もう人形捨てちゃうよ」ときつく言うと、泣きながら片付けました。園でも先生の言うことを聞かずに困らせているのではないでしょうか。しかってくださいね。	eちゃんは、園でも大好きなお人形をいつもだっこして遊んでいます。片付けのときは、❶「人形の○○ちゃんをベッドに寝かせてあげてね」「ここで待っててもらおうね」など、遊びに区切りをつけられるような言葉を掛けたり、「片付けをしてから〜しようね」と後の楽しみを知らせたりすると、eちゃんは「はーい」と返事をして、保育者と一緒に片付けています。お話ししながら一緒に片付けをしてみてください。大好きなお母さんとお片付けをすることで少しずつ習慣づいてくると思いますよ。

テーマ　できることが増えて楽しみです

f児（2歳10か月）　11月17日（金）　天候（くもり）

家庭から	園から
園でトイレに行っていると先生から聞いていましたが、男子トイレに立ってしていると聞いてびっくりしました。家では洋式トイレなので座ってしています。いつの間にかfも大きくなったんだなあとうれしくなりました。これからいろいろなことができるようになるのかなと思うとなんだか楽しみです。	心身ともに成長がみられるfくん、私たちもうれしいです。❷排尿コントロールができるようになり、パンツの上げ下げも上手になったので排せつ時にぬらすことがなくなりました。きっと、❸できたときの自信が、またやってみようという意欲につながるのでしょうね。今は❹ボタンに興味をもち、自分でやってみようとはりきっていますよ。私たちも自分でやろうとする気持ちを大事にしながらさりげなく手伝い、できたときはいっぱい褒めるようにしています。これからもfくんの成長を一緒に見守りたいと思っています。

保護者にも伝えよう

発育・発達メモ

園ならではの排せつの自立の姿

　最近、園の運営形態が変わり、幼稚園教諭が乳児保育を担当し、とまどっておられる実情がよく聞かれるようになりました。そのひとつが排せつのしつけの遅れです。3歳になっても紙オムツで過ごしている、子どもが行きたいと言わない限りトイレには行かせない、など心配な情報でしたが、2歳10か月で男子トイレで立って排せつできているf児の姿に、さすが園の適切な排せつ指導だと感銘を受けるとともに、安心しました。ひとり歩きが習熟する時期になると、脳からの神経支配も足先まで通じていますので、個別の排せつ間隔に応じてトイレで排せつする習慣をつけることは、理にかなっています。自信をもってしつけ、見守りましょう。

12月

テーマ クリスマスが待ち遠しい！

g児（2歳10か月）　12月6日（水）　天候（晴れ）

家庭から	園から
我が家では、日に日にサンタさんの話題で盛り上がっています。 　昨日はお兄ちゃんがサンタさんに手紙を書いている姿を見て、「おにいちゃん、どうやってかくの？」と聞きながら、gもまねをして絵を描いていました。サンタさんにプレゼントを入れてもらう袋も作り、その後にベランダに飾っていました。	gくんは、お絵描きが大好きなので、お兄ちゃんがサンタさんにお手紙を書いている姿にも興味津々だったのでしょうね。❶ご家庭でも、クリスマスを心待ちにして、手紙を書いたり、プレゼントの袋を作ったりする姿、きっとサンタさんもほほえましく見ていることでしょう。二人の夢がサンタさんに届くよう、園でもクリスマスに向けて盛り上げていきたいと思っています。

テーマ お兄ちゃんに憧れています

h児（2歳11か月）　12月19日（火）　天候（晴れ）

家庭から	園から
お兄ちゃんがフットサルの試合に向けて、家の前でもボールを蹴るなどして、友達と練習しています。hも早くお兄ちゃんみたいになりたいと思っているようで、お兄ちゃんが履いているフットサル用の靴を見て、「このくつ、hにおいといて」と言っています。「いいよ。ボロボロになってもいい？」「いいよ」など、二人の会話を聞いているとおもしろいです。 　兄弟でけんかもよくしますが、こうして見ていると、男の子同士で良かったなと思います。	自分より大きくて何でもできる、かっこいいお兄ちゃんの姿を見て、憧れの気持ちをもっているhくん。お兄ちゃんの靴を欲しがるなんてかわいいですね。❷hくんの目には、お兄ちゃんの靴は、うまくボールを蹴ることができる"魔法の靴"のように映っているのかもしれません。「ボロボロになってもいい？」と聞くお兄ちゃんも優しいですね。 ❸きっと兄弟で、良い刺激を受け合っているのでしょうね。「憧れの気持ち」は人を成長させるといいます。あと数年して、hくんがお兄ちゃんの靴を履いて活躍する姿を楽しみにしています。

書き方のポイント

❶クリスマスの本来の意味は別として、子どもたちにとって「サンタさんに会える」ということは大きな楽しみです。手紙を書いたり袋を作ったりして、"楽しみに待つ"という体験を家庭でも大切にしていることに着眼して応援しています。

❷兄弟のやり取りを、保護者と同じ目線でほほえましく見守ろうとしています。

❸「男の子同士で良かった」という保護者の気持ちを肯定し、仮説ではありながら、兄弟から受ける刺激の良さを知らせ、子育ての力（励みやエネルギーなど）を応援しようとしています。

保護者にも伝えよう

発育・発達メモ

「見えない世界」に楽しみと憧れを感じる

　サンタさんに手紙を書くg児、お兄ちゃんのようになりたいh児。どちらも「現実」ではない「見えない世界」を楽しんだり、憧れを抱いたりしています。心の内面に物語をつくることができるようになるということは、イメージを描く想像力が育ってきているという証拠です。ごっこ遊びにもこれと同じ意味があります。もうすぐ3歳になるこの時期は、まだ「現実」と「見えない世界」とをうまく区別することができないので、時にトラブルになることもあるかもしれませんが、こうした経験をたくさんしていくことは心の内面の育ちを促します。十分に楽しませたいものです。

テーマ　1回結びができるように！

i児（3歳4か月）　12月26日（火）　天候（晴れ）

家庭から	園から
昨日は、ハンカチで遊びました。いつのまにか、自分で1回結びができるようになっていて、びっくりしました。「せんせいにおしえてもらった！」と言っていました。ハンカチでバナナを作ると、早速まねをして作っていました。「ほかには？」と言われたのですが、ネタ切れです。 　また教えてください。	ハンカチで一緒に遊んでいるときに、私がハンカチを結んでいると❶「どうやってするの？」と興味津々だったので、一緒にしてみました。先週の金曜日には、まだひとりではできなかったのですが、できるようになったのですね、すごい！❷何度も試してできるようになったんですね。おうちでもこうした姿を見守っているからこそだと思います。❸中でも"バナナ"はクラスでも大好評ですので「当たり！」でしたね。ほかにも、ウサギ・リボン・ネズミなどをハンカチで作る遊びがあります。❹作り方を書いたプリントがありますので、連絡帳に挟んでおきますね。

テーマ　他人の事情を理解するには？

j児（3歳4か月）　12月26日（火）　天候（晴れ）

家庭から	園から
クリスマスは、サンタさんにプレゼントをもらい、とっても喜んでいました。しかし…ホールケーキがあったのですが、切り分けようとしたら「ぜんぶぼくの!!」と泣いて怒ってすねたままで寝てしまいました。 　「みんなで食べたらおいしいよ」「食べたらお代わりあるよ」と伝えたのですが、理解できないようで困っています。みんなで分け合うことやルールなどを、どうしたら分かってくれるのか…。他に良い声掛けがあったのでしょうか？	きっと独り占めしたくなるほど、おいしそうなケーキだったのですね。今は、自己主張が強く、まだ他人の事情を配慮することは苦手です。これは、ごくふつうの姿で、むしろ、❺この時期に大切な"自分を主張する"という2歳児らしい姿だともいえます。❻友達との中で、自己主張し、時にはけんかもしながら相手にも思いがあることに気付いていきます。そんなときは、今回のように気長に関わってあげてほしいと思います。ほかに、ホールケーキを先に切り分けておき、「みんなで分けようね」と言葉を掛けるのも一つの方法かもしれませんし、「○○ちゃんも欲しかったと思うよ」とほかの人の気持ちを代弁するなどいろいろ試してみてください。きっと少しずつ理解してきますよ。

書き方のポイント

❶ 保育者主導ではなく、「どうやってするの？」と子ども自らが興味をもったときがチャンスだということを知らせています。

❷ 興味をもったことを何度も繰り返して試すという、2歳児の発達の特徴を記入しています。

❸ 保護者が作ってみせた"バナナ"を見ているi児の笑顔が目に浮かびます。

❹ 保護者のリクエストには、できるだけ日を置かず応えることが大切です。保育者の"共に…"という姿勢がうかがえます。

❺ "2歳児"の発達の姿の中で、自己主張をすることを肯定的に捉えることの大切さが書かれています。

❻ 他人にもいろいろな思いがあることに気付き、少しずつルールや思いやりを学んでいくという"集団生活"ならではの気付きがあることを知らせています。

保護者にも伝えよう

発育・発達メモ

分与行動は社会性の基礎

　社会性の未熟な子どもが増えています。社会性とは、「個人が存在する社会の中にあるルールや振る舞い方を身につけ」（社会化）「自分らしく生きて行くこと」（自己形成）をいいます。乳児期に保護者を安全基地として自分の行為を十分に受け止められた子どもは、自分に自信をもち、身辺自立するようになるとともに、他児を認めて協調したり、自己の欲求を抑えて人に思いやりを示すようになったりします。これを「分与行動」「向社会的行動」といいます。自分が欲しい物をひとり占めしようというj児の行動は、自己中心性、我欲が強く、思いやりが育っていない姿です。このような機会に保護者とよく話し合って、我慢する、譲る心を育てましょう。

テーマ　自分からパンツをはきました！

k児（2歳10か月）　1月15日（月）　天候（晴れ）

家庭から	園から
昨日、kがお兄ちゃんのパンツを持って来て「このパンツはく〜」と言いました。「ホント!?」とパンツを驚きながらもはかせ、時間を見てトイレに誘うと、トイレでおしっこをすることができました！買い物に行くことになったので紙パンツをはかせようとすると、「パンツのままいく〜」と…。もしものために紙パンツを持参しましたが、家に帰って来るまでは大丈夫でした。昼寝するのにはき替えると、ボトボトでしたが…。	お休みの間にうれしいことがあったのですね。❶kくんが「パンツをはきたい！」と思った今が、パンツに替えるチャンスですね。膀胱にたくさんおしっこを貯めておけるようになったのか、排尿間隔も長くなりましたね。園でトイレに誘うタイミングは、起床時や食事の前後、戸外に出る前など生活の区切りですが、紙パンツがぬれていないことが多くなってきています。❷紙パンツが外れる日はもう間近かも？おうちでも寝るとき以外は、布パンツをはいて過ごしてみてはどうでしょうか？❸一緒に頑張ってみませんか？

テーマ　危ない行動が気になります

m児（3歳2か月）　1月23日（火）　天候（くもり）

家庭から	園から
この間、家から走って出て、自転車とぶつかりそうになりました。今までも何度か危険なことがあり、その都度注意したり、話をしたりしましたが、分かっていないようです。節分が近いので、「危ないことしていたら、鬼さんにも叱られるよ…」と言ってみたりしたのですが、分かってくれていないようです。発達に何か問題があるのでしょうか？	大けがや事故にならず良かったです。先日の個人懇談でもお伝えしましたが、❹園でも、園庭で遊んでいるときなどに周りを見ず走り回り、よく物や友達とぶつかりそうになっています。その都度、目を見て注意するようにしていますが、何度も繰り返します。❺コミュニケーションや対人関係をつくるのがちょっと苦手なmくん、何かのサインかもしれませんね。❻体も心もまだまだ成長段階ですので、しばらく様子を見て、❼危険なことが多くなるようなら、専門の先生のアドバイスがいただける「すこやか相談」がありますので、いつでも声を掛けてくださいね。

書き方のポイント

❶ この時期の排せつのしつけは、子ども自身が「自分でやってみたい」気持ちになれること、排尿機能の働きが成熟してきたことが"成功のカギ"となることを知らせています。

❷ 次のステップへの期待感を共有しています。

❸ 共に育てていくという姿勢が感じられます。

❹ 園での様子を知らせて見守っていく姿勢を記入しています。

❺ 集団の場でのm児の様子で気に掛かる部分を記入しています。

❻ ある特有の症状があるからといって、発達上の問題と単純に決めつけられるものではないので、経過を見守ることも大切です。

❼ 専門機関を紹介して保護者の心配を軽減しようとしています。

保護者にも伝えよう
発育・発達メモ

自己中心性と自立のはざま

　3歳前後はいろいろな意味で節目の時期です。身体面で自立が始まる反面、精神的にはまだ自己中心的で、自分の思いが先走り、前後の見境がつかない行動がよく見られます。遊びの中でも、お漏らしするまで夢中になりのめり込んで、友達の存在に気付かなかったりします。起こる事柄を自分の出来事としては把握できても、周りとの関係で捉えるにはもう少し時間が必要です。コミュニケーションが苦手というのも、そうした自他の分化が不十分なためかもしれません。やり取り遊びやごっこ遊びの中で、人と交替したり他者を演じたりする経験が自己中心性からの脱却につながります。

テーマ　手洗いの習慣が身についてきました

n児（3歳0か月）　1月19日（金）　天候（晴れ）

家庭から	園から
園のおかげで、家でも手洗いの習慣がついてきました。最近は「バイキン、やっつける！」と、うがいもするようになってきています。でも、終わった後は服だけでなく、洗面所の周りも水でびちゃびちゃで、大変です。	①ほほえましい姿ですね。園での働き掛けを守ろうとしてくれてうれしいです。②口を閉じて口の中をすすぐ「ブクブクうがい」は上手になってきたのですが、喉の奥をすすぐ「ガラガラうがい」は、少し難しいようですね。園では毎日、「バイキンやっつけようね」と言って、③天井に貼られたウサギやクマのイラストを見上げながら、「ガラガラ」とがんばっています。おうちでもずっとうがいを続けているnくんをいっぱい褒めてあげてくださいね。

テーマ　できることが増えてきました

o児（3歳10か月）　1月25日（木）　天候（晴れ）

家庭から	園から
昨日は帰宅後、月刊絵本を持って帰って来たこともあり、めずらしく「えほん、よんで！」の連続でした。 　最近絵本から遠ざかっていたので、一緒に楽しい時間を過ごしました。持って帰って来た絵本に雪だるまのシールが上手に貼られていて、びっくりしました。またまた成長を発見！ 　この頃どんどん成長していくoの姿に、少し寂しさを感じています。	月刊絵本が取り持つ楽しい時間になりましたね。雪だるまのシールは、④指先を使って1枚ずつゆっくりはがして、自分で上下の向きを一つひとつ確かめながら貼っていました。お友達と楽しそうに話しながらも、指先に神経を集中させて最後まで自分で貼っていましたよ。そのほかにも、のりを指に取って紙に伸ばして貼る、人形の服のボタンを上手にはめるなど、指先が器用になっています。⑤今まで頼られていたお母さんの気持ち、複雑な思い、分かるような気がします。これからも、気付かない間にoちゃんができることが増えてきます。それが「うれしい驚き」になってほしいものです。私たちも一緒に驚き、一緒に楽しみたいと思っています。

書き方のポイント

①「水でびちゃびちゃ」にしながらうがいをするn児。そのn児の姿を苦笑しながらも受け止めている保護者の姿を、"ほほえましい"と感じること…、専門職として子育てを支援する気持ちが伺えます。

②子どもたちにも分かるような"うがい"の名称を、保護者にも分かりやすく知らせるような記述をしています。

③子どもが楽しみながらうがいができる園での工夫を、具体的に知らせています。

④シール貼りを楽しむo児の姿を、まるで写真のコマ送りのように詳しく記述しています。きっと保護者はo児の姿を具体的に目に浮かべることができたことでしょう。

⑤いつのまにか子どものできることが増えていることに気付いた複雑な保護者の気持ちを受け止め、共に喜ぼうとする記述の仕方です。

連絡帳

1月

保護者にも伝えよう

指先を使う遊びを増やしましょう

発育・発達メモ

　指先を使うシール貼りは、「巧緻性」を育てるうえで、とても重要な遊びの一つです。指先は「出ている脳」「第2の脳」などといわれるほど末梢神経が集中しており、この能力を鍛えることは、"幼児脳"の発達に大きく影響し、子どもの知能が高められると言われています。ついつい多忙を理由に、子どもの遊びに根気良く付き合う保護者が少なくなっています。事例のように、3歳頃は巧みに指先を使う能力が育つ時期であること、園では発達に合わせた成長を意識しながらこういう遊びを積極的に取り入れていることなどを保護者にも知らせ、一緒に遊ぶ機会を増やしてもらえるといいですね。

2月

テーマ 自分でしなくなりました

p児（3歳7か月）　**2月6日（火）**　**天候（晴れ）**

家庭から	園から
以前までは「じぶんでする〜」と言って着替えたり、靴下を履いたり、張り切っていたのですが、最近は私が忙しく、「自分で用意してね」と言うと、「できない〜」と大騒ぎです。出掛けるときには、靴下も「できない〜」靴も「できない〜」と、甘えて自分では全くしようとしません。園でも同じ様子でしょうか？	園では自分で着替えたり靴を履いたりしていますよ。でもお母さんが忙しそうにしていると、時には甘えたいという気持ちが出るのかもしれませんね。行きつ戻りつする年頃、こんなときは❶無理強いは禁物！ いつまでも「しなさい」「いやだ」を繰り返すよりも、一旦そこを離れて違うことをしてから改めて着替えに誘ってみると、❷自分からし始めることがあります。また、「お母さんと一緒にしようね」と❸少しだけ手伝ううちに、"自分でできる"という成功体験を思い出させるようにしてあげるのも良いですね。

テーマ 朝ごはんを食べません

q児（2歳11か月）　**2月22日（木）**　**天候（くもり）**

家庭から	園から
最近、朝起きたときの機嫌がとても悪く、何もしようとしません。寒いためか、布団から出ようとせず、着替えることも嫌がり、朝ごはんを食べない日が続いています。 　仕事をしながら「おなかをすかせているのではないかな？」と心配しています。朝・昼・夜と三食しっかり食べてほしいと思います。	毎日、朝ごはんを食べていないとのこと。それも要因なのか、午前中はけだるそうなときがあります。でも、❹給食時は毎日お代わりをして、食欲旺盛で元気ですよ。❺夕食が遅いと胃腸に負荷がかかり、睡眠にも影響するので、起床後すぐは食欲が出ないことがあるといわれます。❻できれば就寝の3時間くらい前までには夕食を済ませ、就寝時はおなかが空っぽに近い状態にしておくと、睡眠の質も向上して朝の目覚めも良いそうです。一度試してみてください。おいしい朝食でスタートできたら良いですね。

書き方のポイント

❶ せっかく身につき始めた習慣も、無理強いすることでやる気を失い、一からやり直しになってしまうということになりかねません。

❷ 「自分から」が大切なことを知らせています。

❸ 大人が見守る中で子どもの自尊感情が育っていきます。

❹ 「おなかをすかせているのでは…」という保護者の心配を払拭するように記入しています。

❺ 保護者はどうしても目の前の姿だけを捉えがちですが、その"要因"と思われることを一緒に考えることも大切です。

❻ 専門職の立場から、一つの"改善策"として提案しています。

保護者にも伝えよう

発育・発達メモ

大人の気持ちが自分に向いていると安心してできる?!

　生活行動の習慣化が始まり、自分の思いが生まれ、状況が読めるようになる時期です。それが、時にこうした状況を引き起こします。習慣が崩れることに、つい不安を感じるのです。保育者からは適切なアドバイスが伝えられていますが、心に留めておきたいことは、子どもに対する大人の態度です。子どもが身の回りのことをある程度自分でできるようになると、「自分で」にこだわって任せ切ってしまったり、他のことに気を取られたりしてしまいがちです。すると子どもは大人の目が自分に向いていないことを敏感に感じ取り、無意識に目を向けさせる行動を取るようになります。子どものすることに一つひとつ心を向けることが大切です。

テーマ 話を理解できるようになってきました

r児（3歳10か月）　2月5日（月）　天候（晴れ）

家庭から	園から
今日、歩いて帰っていると「けいさつのおねえさんがきたよ」「こわいひとといっしょにいったらだめだよ」など話してくれました。今日は、防犯訓練があったのですね。警察の人が来て教えてくれたことをちゃんと覚えていて教えてくれました。知らない人にはついていかないなどまだまだ意味が分からないかと思っていましたが、rなりにちゃんと理解していたようでうれしかったです。	初めて防犯訓練に参加したrちゃん。警察の方が不審者役（着ぐるみを着て）になり、言葉巧みに子どもたちを誘惑しようとするという寸劇をしてくださいました。❶最初は不審者役の迫力に圧倒されたのか、私の手をギュッと握っていましたが、ストーリーが進むにつれ真剣な表情で興味をもって見入っていました。最後に、文字プレートを使い、「いか・の・お・す・し」というテーマで、怖い目に合わないためのお約束をしました。❷rちゃんは、友達と目を合わせて「こわいおじさんとこいったらだめだよ」と話していました。大事なことはきちんと理解できるようになってきました。❸rちゃんのお話を聞きながらの帰り道は、大切な時間になりましたね❹（「いか・の・お・す・し」について、プリントをお渡ししますので一緒に見てくださいね）。

テーマ 一年の成長は大きいと感じました

s児（3歳5か月）　2月21日（水）　天候（晴れ）

家庭から	園から
発表会、ありがとうございました。昨年は泣いていたわが子が一生懸命歌をうたい、ごっこ遊びをしている姿を見て感動しました。一年の成長は大きいなと思いました。帰ってからたくさん褒めてあげるととても喜んでいました。他のクラスも見せてもらいましたが、来年はあんなふうになるんだなと、また楽しみになりました。	発表会でのsくん、とても楽しそうな表情でしたね。❺入園から二年目に入り、毎月の誕生会などで舞台での発表も経験し、今年は練習のときから抵抗なく舞台に上がり、大好きな歌を元気にうたったり、動物のまねをして伸び伸びと表現したりする姿が見られました。❻きっと、毎日の生活の中で自信がついてきたのでしょうね。また、発表会前日には「はっぴょうかい、がんばる！」と張り切っていました。当日も、その意気込み通りいきいきとした姿が見られ、終わった後「おかあさんもみていたよ」と報告するほどのゆとりも見られ驚きました。❼年々、大きくなって成長が見られる発表会…、他クラスの様子も見ることで、来年は、という期待も膨らみ楽しみが倍増ですね。

書き方のポイント

❶ 寸劇を見始めたときのr児の緊張状態を保育者が見守っている様子や、r児がだんだん興味を増していく様子がよく分かる記述です。

❷ 幼いながらもr児が理解できるようになったことを伝えて、成長を共に喜んでいます。

❸ 園からの帰り道での親子の会話…、家事に仕事にと多忙な保護者にとって、短くとも大切な時間であることを伝えようとしています。

❹ 園だけの活動に終わらないように、不審者から子どもたちを守ろうとする思いが伝わってきます。

❺ 園生活に慣れて、今子どもが楽しんでいることを知らせようとしています。

❻ 大切なのは、子ども自身の"やる気"や"自信"であることを強調しています。

❼ 当日の姿がゴールではなく、むしろ通過点であるということを知らせています。

連絡帳

2月

保護者にも伝えよう

発育・発達メモ

「怖いこと」に対する意識をもつ

深刻な社会問題となっている子どもの誘拐・殺人…。もっとも危ないのは、「これくらい大丈夫」「まさか自分の周辺では起きないだろう」という認識の甘さです。これまで起きた不審者による痛ましい事件を、決して他人事にしてはいけません。子ども自身が、「怖いこと」に対して意識をもつことが防犯対策の第一歩であるとし、遭遇したときの避難方法や対応の仕方を家庭と共有する機会としたいものです。
※「いか・の・お・す・し」
●知らない人について「いか」ない。●知らない人の車に「の」らない。●助けてと「お」おきな声を出す。●怖かったら大人のいるほうに「す」ぐ逃げる。●どんな人が何をしたのか家の人に「し」らせる。

3月

テーマ　制服を嫌がります

t児（2歳11か月）　3月6日（火）　天候（くもり）

家庭から	園から
4月には制服の着用が始まりますが、制服を着ること自体を嫌がっています。「〇〇組になったら自分で着るんだよ」と言うのですが、自分ではほとんど着脱しようとしません。他の服でも自分でボタン掛けをしないので私がしています。 　無理に制服を着せて園に行くことを嫌がってしまわないように、機嫌良く着るところから始めていきたいと思いますが良いですか？	制服のボタンの大きさに慣れなくて、ちょっと苦手なようですね。ボタンを引っ張って無理やり外そうとしていたので、「ここを持ってね」と❶手を添えて一緒にすると、頑張って外そうとしていました。❷着脱のコツが分かると自信がつき、自分からしようとするかもしれませんね。❸園でも引き続き練習していきますね。制服ですが、着用練習期間ですので、嫌がるようなら着用していなくても大丈夫ですよ。❹tちゃんが友達の様子を見て、着てみようかなと思うかもしれないので、園に持参してくださいね。

テーマ　一年前は泣いていましたが…

u児（3歳7か月）　3月23日（金）　天候（晴れ）

家庭から	園から
一年前は朝よく泣いて困りましたが、最近は泣くこともなく、園に行くことを喜んでいます。「じゃあね」と言っても全然こっちを見ずに先生や友達と遊ぶ姿を見ると、うれしく感じるとともに少し寂しさも感じてしまいます。私の中では、いつまでもかわいい末っ子のuです。いつも元気で、わざとおもしろいことを言うなどして、家の中でも元気いっぱいです。	クラスのムードメーカーのuくん、園でもおもしろいことをして友達や保育者を楽しませてくれています。❺一年前、uくんの泣き声を聞きながら職場に向かうお母さんの姿を見送りながら、きっと後ろ髪を引かれる気持ちだろうなと思っていました。今、泣かずに登園できるのは、大好きな友達がいることもそうですが、❻いつもそばで見守ってくれているご家族がいるからだと思います。この一年間で、心も体も本当に大きく成長しましたね。私たちもうれしいです。

書き方のポイント

❶❷着脱は一挙にできるものではなく、コツをつかむまで手を添えて根気良く見守ることがポイントになるということを知らせようとしています。

❸「〇〇組になるまでに…」と思う保護者の焦りを軽減しようとしています。

❹友達の影響を受けて自分でしようとする姿は、集団生活の中でこそ育つ主体性です。

❺一年前、保護者がどんな思いで職場に向かったか、その背中を後押しした保育者ならではの言葉です。

❻3月も末に近づくこの頃、保護者の思いに寄り添って思い出を語り合えることは、保育者としても感慨深いものがあることでしょう。

保護者にも伝えよう

見守ってもらえる安心感が自立を支える

生活行動には、文化行動としての様々なパターンがあり、ボタンを掛けたり箸を使ったりするなど、それぞれの指を異なる動きで使う必要があります。まだ指先を十分に使いこなせない子どもには時間のかかる作業です。それを習慣化するには、モデルを示しながら手を添え、見守りながら任せるといった、子どもが安心してできる環境が必要です。そのような関係の中で繰り返すうちに、気が付くといつの間にか親元を離れ、自分で自分のことをしながら、一人で遊ぶことができるようになります。u児の姿もそうした自立に向けた姿として受け止めていきたいですね。

テーマ 子どもの成長を感じました

v児（3歳5か月）　3月22日（木）　天候（晴れ）

家庭から	園から
昨日、vが「ママ、このはななんていうのかしってる？」と聞きました。 　「う〜ん、何だったかな？」とわざと知らない振りをして言うと、「タンポポっていうんだよ！」と教えてくれました。自慢気に言うわが子に、また一つ成長を感じるひとときでした。そのタンポポを摘みながら「せんせいにあげよう」と言っていました。明日持っていったときに受け取っていただければ、喜ぶと思います。	「タンポポありがとう」と言うと、笑顔で「どういたしまして」と答えてくれました。園でも「これなに？」「どうして？」などの質問が多くなるとともに、「これは○○なの」など知っていることを得意気に教えてくれます。❶周りのいろいろなことに興味をもち始めているようですね。❷vちゃんの"知ってるよサイン"を察してのお母さんの応答に、心温まる思いがしました。今日は園庭でツクシを見つけました。「暖かくなってうれしくて顔を出してきたんだね」と言うとにっこり。❸お母さんにどんな報告をしてくれるのか楽しみです。

テーマ 公園でたくさん遊びました

w児（3歳1か月）　3月6日（火）　天候（くもり）

家庭から	園から
昨日、竹取公園へ遊びに行きました。長いすべり台やボールの追いかけっこ、アスレチックの丸太のグラグラ橋が怖くて「あぶない、あぶない」と言いながら助けを求めていました。ちょっと甘いのですが、手をつなぐとホッとした表情でした。おやつは、移動販売に来ていた"わらびもち屋さん"で。「きなこたっぷりにしてね」なんて自分で言っていました。	広い公園で楽しそうに遊ぶwちゃんの様子が目に浮かびます。園庭での遊びも❹飛んでいる鳥を見上げて追い掛けて走ったり、石に上って飛び降りてみたりと活発です。これも、とてもすてきな成長の証ですね。また、❺平均台（台幅14㎝・高さ20㎝）を前に進んで渡れるようになり、何回も繰り返し楽しんでいます。この1年で随分足腰に力がついたようです。❻ためらっているときには、迷わず援助してあげることで"渡れた！やった！"といううれしさが自信へとつながっていきますよ。たっぷり遊んだあとのわらびもち、おいしかったでしょうね。

書き方のポイント

❶2歳児としての純粋な好奇心の表れを知らせています。

❷自分の質問にお母さんが反応してくれること自体が楽しいという、子どもの思いに気付かせるような書き方です。

❸子どもの好奇心をさらなる興味・関心につなげてあげる工夫も必要です。

❹何よりも「体を動かしたい」という欲求が出てくる時期。運動能力が発達しているので、その欲求を満たしてあげることの大切さを知らせています。

❺2歳児に向いた平均台のサイズを記入しています。

❻運動能力が著しく発達する時期。"できた""できない"ということが大切なのではなく、挑戦する意欲や達成感を大切にする関わり方を知らせています。

連絡帳

3月

保護者にも伝えよう

発育・発達メモ

「答える」ではなく「応える」関わり

　子どもと一緒に歩くと、道に咲く花や草に気を取られたり、歩道の縁石に上ってみたりと、道草も多くて時間がかかります。しかし、2歳児にとってはすてきな成長の姿なのです。自分の周りのこと全てが「知りたい」対象で、"これは何だろう？"という探究心が発達しているのです。そして、自発性が目覚め「あれ、なに？」「どうして？」の質問が多くなります。この時期の子どもの質問には、「答える」（正解を出す）ではなく「応える」（対応する）関わりをすることが大切です。子どもは、応えてもらうことで自分の存在を認められたと感じ、安心します。2歳児の発達の特徴を知らせるとともに、応答的な関わりの大切さを知らせていくことも大切です。

おたより

保護者に伝わる ポイント

季節の挨拶を入れましょう。

保護者に伝わる ポイント

伝統行事の由来や子どもたちの取り組みを伝えていきましょう。

保護者に伝わる ポイント

簡単に分かりやすく説明しましょう。

保護者に伝わる ポイント

誤字・脱字がないか確認しましょう。

レイアウト例

12がっ

クラスだより

○○○○年12月
○○○○園

■ 冬の空は澄んでいて、夜空の星がきれいに見えます。12月は忙しく過ごしてしまいがちですが、空を見上げてゆっくりした時間を過ごすのもいいですね。

もちつき

お餅を食べると力が湧いてくるといわれていて、昔からお祝いのときにはお餅が食べられてきました。今年も園でおもちつきを予定しています。きねや臼など道具の名前を伝え、伝統行事を大切にしていけたらと思っています。

⌧クリスマス会

■ 楽しい音楽が聞こえ、気持ちも明るくなってくる気がします。クリスマスのお楽しみ会は、みんなで楽しく過ごしたいと思います。

冬至

「冬至」は1年でいちばん昼が短い日で、この日から少しずつ昼の時間が長くなっていきます。冬至の日にはカボチャを食べ、ユズ湯に入って無病息災を願います。カボチャには栄養補給の意味があり、ユズの香りは、悪い物を払いのける力があるといわれています。

大晦日

大晦日は1年の終わりの日のことで、大晦日の夜を除夜といいます。年越しそばを食べるのは、長く伸ばして細く切るそばが長寿健康の縁起を担いでいるからです。また、人には108の煩悩があるといわれ、これらを払うために鐘を突くそうです。大晦日はそばを食べて除夜の鐘を聞きながら、ゆっくり過ごせたらいいですね。

体内にウ
必死で戦っ
の一つと考え

イラストや文例など、おたよりの素材を12か月分たっぷり掲載しています。

読みやすく、分かりやすいおたより作りに大活躍！

まずは、保護者に伝わるおたより作りのポイントをおさえたレイアウト例をご紹介します。

文例・イラスト案／永井裕美

※本書掲載のおたより素材は、『月刊 保育とカリキュラム』2013〜2015年度の連載『毎月のおたよりイラスト＆文例』に修正を加えたものです。

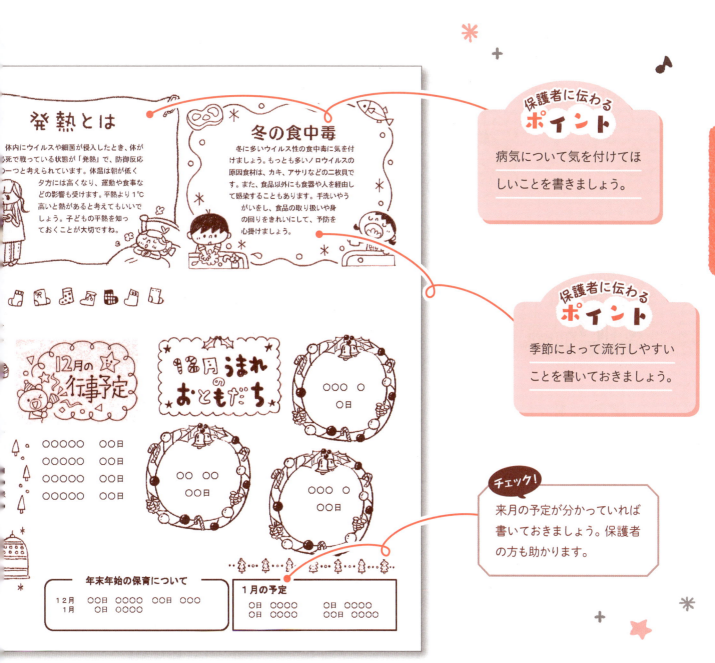

発熱とは

体内にウイルスや細菌が侵入したとき、体が必死で戦っている状態が「発熱」で、防御反応の一つと考えられています。体温は朝が低く夕方には高くなり、運動や食事などの影響も受けます。平熱より1℃高いと熱があると考えてもいいでしょう。子どもの平熱を知っておくことが大切ですね。

冬の食中毒

冬に多いウイルス性の食中毒に気を付けましょう。もっとも多いノロウイルスの原因食材は、カキ、アサリなどの二枚貝です。また、食品以外にも食器や人を経由して感染することもあります。手洗いやうがいをし、食品の取り扱いや身の回りをきれいにして、予防を心掛けましょう。

12月の行事予定

睦月うまれのおともだち

○○○
○日

○○ ○○○
○○日

○○○ ○○
○○日

○○○○○ ○○日
○○○○○ ○○日
○○○○○ ○○日
○○○○○ ○○日

年末年始の保育について

12月 ○○日 ○○○○ ○○日 ○○○
1月 ○日 ○○○○

1月の予定

○日 ○○○○　　　　○日 ○○○○
○日 ○○○○　　　　○○日 ○○○○

保護者に伝わる ポイント

病気について気を付けてほしいことを書きましょう。

保護者に伝わる ポイント

季節によって流行しやすいことを書いておきましょう。

チェック！

来月の予定が分かっていれば書いておきましょう。保護者の方も助かります。

おたより

イラスト

204-01

204-02

204-03

204-04

204-05

204-06

204-07

204-08

204-19

204-10

204-11

204-09

204-12

204-13

204-14

204-15

204-16

204-20

204-21

204-22

204-17

204-18

このメッセージが見えるまでページを開くと、きれいにコピーできます。

190

囲みイラスト付き文例

※ CD-ROM 内の囲みイラスト付き文例は Word 文書です。
Excel で使用される際は、P.230 をご参照ください。

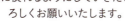

入園式

入園おめでとうございます。サクラが満開になり、いよいよ新しい園生活がスタートします。子どもたちや保護者の皆様は、緊張と不安でいっぱいだと思います。教職員一同、一人ひとりの思いを大切に受け止め、少しでも早く園生活に慣れるようにしていきたいと思います。よろしくお願いいたします。

204-23

朝ごはんを食べよう！

1日を元気に過ごすために、朝食を食べるのはとても大切なことです。寝ている間に下がった体温は、朝食を食べることにより上がっていきます。体や脳を働かせるためのエネルギーになるのです。朝食を抜くと、集中力の低下や低体温にもつながります。早起きをして、しっかり朝ごはんを食べましょう。

204-24

朝の健康チェック

新しい生活に慣れるまで、子どもたちは緊張した日々を送っています。朝の状態をよく観察して、元気に登園できるようにしましょう。

□ 顔色は悪くないですか？
□ 体はだるくないですか？
□ 食欲はありますか？
□ すっきり起きましたか？
□ 下痢や便秘はしていませんか？
□ 発しんは出ていませんか？
□ 熱はありませんか？

204-25

休むときは連絡をお願いします

体調が悪かったり用事があったりして休むときは、朝9時までに連絡をお願いします。感染症が理由で出席停止になることがあります。インフルエンザ・はしか・おたふく風邪・風しん・水ぼうそう・プール熱・流行性角結膜炎など、感染症にはいろいろな種類があります。分からないときはご相談ください。

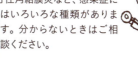

204-26

書き出し文例

4月のあいさつ

● 春風が吹き、チューリップや春の花が楽しそうに揺れています。花の蜜に誘われて、チョウも飛んで来ました。
204-27

● サクラの花びらが風に舞い、春の季節を演出してくれています。花の次にはきれいな緑色の葉っぱが見られますね。
204-28

● 若葉の緑が太陽の光に当たり、キラキラと輝いています。新しい生活が始まって緊張しますが、自然を感じることで心も体もリラックスできるようです。
204-29

名前の確認

● 新学期の始まりです。持ち物に名前が書いてありますか。今まで使っていた物も、名前が取れたり薄くなったりしていませんか。確認してみましょう。
204-30

文章の最後にチェック！

読みやすい文章とは

短い文章ほど読みやすく印象に残ります。読点「、」で文章を長々とつないでいくと、伝えたい内容がぼやけてしまいます。一文にたくさんの事柄が入ると、読んでいるうちに混乱してくることもあるでしょう。長い文章は読み直して、短く切ったり箇条書きにしたりするなどしてまとめましょう。

おたより

4月

このメッセージが見えるまでページを開くと、きれいにコピーできます。

CD-ROM　おたより ▶ 4月

5月 イラスト

205-01

205-02

205-03

205-04

205-05

205-06

205-07

205-16

205-18

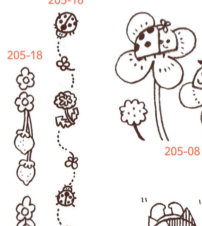

205-09

205-10

205-13

205-13

205-12

205-11

205-14

205-15

205-17

205-19

205-20

205-08

※ CD-ROM 内の囲みイラスト付き文例は Word 文書です。
Excel で使用される際は、P.230 をご参照ください。

囲みイラスト付き文例

こどもの日の食べ物

こいのぼりが空高く泳ぎ、すがすがしい季節を迎えました。5月5日は「こどもの日」。こどもの日に食べる物といえば、「ちまき」や「かしわ餅」ですね。かしわ餅は、子どもの成長と子孫繁栄を願います。ちまきは、悪い物から守ってくれる力があるとされ、無病息災を祈ります。こいのぼりを飾ったりかしわ餅を食べたりして、こどもの日を楽しく過ごしましょう。

205-21

母の日

5月第2日曜日は「母の日」です。お母さんに赤いカーネーションを贈り、日頃の感謝の気持ちを伝える習慣がアメリカから伝わり、日本国内に広まりました。最近では、花以外の物も贈るようになってきました。お手伝いをしたりお母さんに手紙を書いたりしてみるのもいいですね。

205-22

手洗いをしましょう

新学期が始まって1か月がたち、園生活にも少しずつ慣れてきた頃です。戸外で遊んだ後は、必ず手洗いをしています。トイレの後、食事の前など、手を洗う機会はたくさんあります。おうちでも、手洗いの習慣を付けるようにしましょう。

205-23

健康診断

毎日健康に過ごすために、眼科・耳鼻科・内科の検診を予定しています。園医さんに診ていただき、もしも治療が必要と判断された場合は後日手紙を渡しますので、早めにかかりつけの病院へ行ってください。治療が終わらないとプールに入れない場合もありますので、よろしくお願いします。

205-24

書き出し文例

5月のあいさつ

● すがすがしい風が吹き、こいのぼりが元気良く空を泳いでいます。ヒゴイやマゴイも子どもたちの元気な姿を見ているようです。　205-25

● 太陽の光を浴びて新緑の葉がまぶしく輝き、戸外でも気持ち良く過ごせるようになってきました。　205-26

● 爽やかな季節です。ゴールデンウイークに家族で出掛けることもあると思いますが、遊び過ぎて疲れがたまらないよう、健康管理に気を付けて楽しんでくださいね。　205-27

ごみ0（ゼロ）の日

● 5月30日は「ごみ0の日」です。ごみはきちんとゴミ箱に捨てるよう、子どもたちにもマナーを伝えていきましょう。205-28

文章の最後にチェック！

「ず」「づ」の使い分け①

「ず」「づ」は間違いやすい文字です。
しっかりチェックして、正しくお便りを書きましょう。

○	×
○ 少しずつ	× 少しづつ
○ 言葉づかい	× 言葉ずかい
○ 片づく	× 片ずく
○ 近づく	× 近ずく
○ 手づくり	× 手ずくり
○ 気づく	× 気ずく
○ いずれは	× いづれは
○ つまずく	× つまづく

CD-ROM ▶ おたより ▶ 5月

おたより

5月

このメッセージが見えるまでページを開くと、きれいにコピーできます。

イラスト

206-01

206-02

206-03

206-04

206-05

206-06

206-07

206-08

206-19

206-09

206-10

206-11

206-12

206-15

206-13

206-14

206-16

206-21

206-17

206-22

206-20

206-18

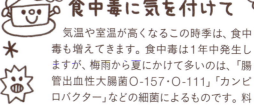

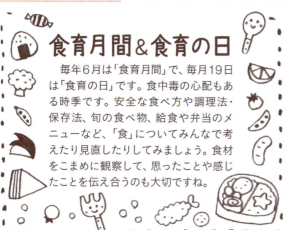

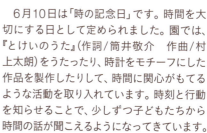

囲みイラスト付き文例

※ CD-ROM 内の囲みイラスト付き文例は Word 文書です。
Excel で使用される際は、P.230 をご参照ください。

食育月間&食育の日

毎年6月は「食育月間」で、毎月19日は「食育の日」です。食中毒の心配もある時季です。安全な食べ方や調理法・保存法、旬の食べ物、給食や弁当のメニューなど、「食」についてみんなで考えたり見直したりしてみましょう。食材をこまめに観察して、思ったことや感じたことを伝え合うのも大切ですね。

206-23

食中毒に気を付けて

気温や室温が高くなるこの時季は、食中毒も増えてきます。食中毒は1年中発生しますが、梅雨から夏にかけて多いのは、「腸管出血性大腸菌 O-157・O-111」「カンピロバクター」などの細菌によるものです。料理を作るときは手をしっかり洗い、中までよく加熱し、作ったらすぐに食べます。保存する場合は必ず冷蔵庫に入れるなど、注意を払いましょう。

206-24

1日3食しっかり食べよう

食事は1日3食、決まった時間に食べるようにし、特に朝食はしっかりとりましょう。朝食を食べると脳が活発に働き始めます。昼食は午後からの活動に必要なエネルギーの補給、夕食は筋肉や骨になる栄養素が睡眠中につくられるための補給です。規則的な食事は体のリズムの調節に大切な役割を果たします。

206-25

時の記念日

6月10日は「時の記念日」です。時間を大切にする日として定められました。園では、『とけいのうた』（作詞/筒井敬介　作曲/村上太朗）をうたったり、時計をモチーフにした作品を製作したりして、時間に関心がもてるような活動を取り入れています。時刻と行動を知らせることで、少しずつ子どもたちから時間の話が聞こえるようになってきています。

206-26

書き出し文例

6月のあいさつ

●赤くておいしそうなサクランボがたくさん実り、鳥たちも食べ頃を待っていたようです。　206-27

保育参観

●日曜日は保育参観を予定しています。日頃お仕事で来られないおうちの方も、ぜひご参加ください。子どもたちは楽しみにしています。　206-28

衣替え

●衣替えの季節になりました。長袖から半袖に着替えて動きやすくなり、いろいろなことに挑戦できそうです。206-29

梅雨

●爽やかな初夏の風が通り抜け、梅雨はしばらく一休みです。戸外で遊んだ後は、しっかりうがいと手洗いをしましょう。　206-30

文章の最後にチェック！

「じき」3通り

「じき」の漢字は3通りあります。
意味をよく理解して、正しい漢字を書けるようにしましょう。

時季→そのことが盛んに行なわれる季節、シーズン

時期→そのことをするとき、季節

時機→ちょうどよいとき、チャンス、タイミング

7月

207-01

207-02

207-03

207-04

207-05

207-06

207-07

207-08

207-20

207-09

207-10

207-11

207-12

207-13

207-14

207-15

207-16

207-17

207-22

207-23

207-21

207-18

207-19

このメッセージが見えるまでページを開くと、きれいにコピーできます。

囲みイラスト付き文例

※ CD-ROM 内の囲みイラスト付き文例は Word 文書です。
Excel で使用される際は、P.230 をご参照ください。

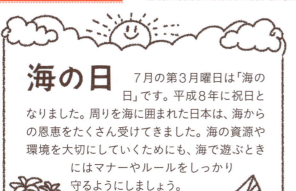

海の日

7月の第3月曜日は「海の日」です。平成8年に祝日となりました。周りを海に囲まれた日本は、海からの恩恵をたくさん受けてきました。海の資源や環境を大切にしていくためにも、海で遊ぶときにはマナーやルールをしっかり守るようにしましょう。

207-24

スイカ

スイカの果肉は90％以上が水分です。中央が一番甘く、外側ほど甘みが少なくなります。おいしいスイカは縞模様がはっきり見え、ヘタの周りがへこみ、おしり部分が小さいものです。カットされたスイカの場合は、種が黒く、皮の内側の白色と果肉の赤色がはっきりしたものがおいしい目安です。旬の物を食べて夏バテを予防しましょう。

207-25

水分補給をしよう！

暑い日は汗をかき、水分が欲しくなります。水分は、起床後、運動の前後、入浴の前後、就寝前などにとると良いそうです。ただし、冷たい水やお茶を一気にたくさん飲むと、食欲が落ちたり胃に負担がかかったりします。水分補給は少しずつ、こまめにして、夏を元気に過ごしましょう。

207-26

打ち水

道路や庭に打ち水をすると、水が蒸発するときの気化熱で地面の熱が奪われるため、気温を下げることができます。早朝や日没前後にまくと、効果があるそうです。昔から伝わる生活の知恵ですが、本来は神様が通る道を清めるためのものだったようです。江戸時代になってから、涼を得ることを目的に行なわれるようになったといわれています。

207-27

書き出し文例

7月のあいさつ

● 夏の太陽をたっぷり浴びて、アサガオが元気に咲いています。毎日少しずつ咲く姿に、暑さも忘れてしまいそうです。
207-28

子どもの姿

● セミの大合唱が聞こえてきて、いよいよ夏本番を迎えます。子どもたちは大喜びでセミを探しています。　207-29

● 園ではトマトやキュウリなどが生長し、おいしそうな野菜がたくさんできました。子どもたちは収穫をとても楽しみにしています。　207-30

七夕

● 短冊や吹き流しなど、毎日少しずつ飾りを作り、にぎやかで色鮮やかな七夕飾りができました。　207-31

文章の最後にチェック！

文体を統一しよう

文章の終わりの文体には「ですます調」と「である調」があります。

● ですます調　→です、ます、でした、ました

● である調　　→である、だ

一つの文章の中に、二つの文体があると読みにくくなります。文章を書くときには、統一するようにしましょう。

イラスト

208-01

208-02

208-03

208-04

208-05

208-06

208-07

208-08

208-17

208-19

208-09

208-10

208-11

208-12

208-13

208-14

208-15

208-16

208-18

208-20

208-21

このメッセージが見えるまでページを開くと、きれいにコピーできます。

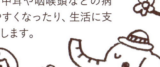

鼻の日

8月7日は「鼻の日」です。鼻の病気にはアレルギー性鼻炎・副鼻腔炎・味覚障害などがあります。異状を感じた場合は、医師の診断を受けましょう。鼻が悪いと、中耳や咽喉頭などの病気に掛かりやすくなったり、生活に支障を来したりします。

208-22

夏の下着

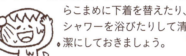

夏は下着を着ると暑く感じますが、下着には汗を吸い取る役割があります。着ていないと、汗がべたべたと肌に付いて気持ち悪いはずです。1枚着ているだけで、随分違います。汗をかいたらこまめに下着を替えたり、シャワーを浴びたりして清潔にしておきましょう。

208-23

野菜を食べよう

8月31日は語呂合わせで「野菜の日」です。栄養たっぷりの野菜をもっと知ってほしいと、1983年に野菜を生産・流通する団体などが制定しました。残暑も厳しく、疲れがたまって体調を崩しやすい時季なので、野菜をたくさん食べて、元気な体をつくりましょう。

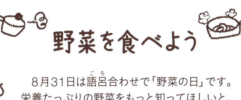

208-24

水の事故

夏はプール、海や川などへ遊びに行く機会がたくさんあります。泳ぐ前に準備体操をしたり適度な休息をとったりして、安全を心掛けましょう。水位が浅くても溺れることがあります。おうちの方が必ず見守って、楽しいお出掛けになるようにしたいですね。

208-25

書き出し文例

8月のあいさつ

● 暑い日が続きますが、少しずつ風や雲の様子から季節が変わろうとしているのを感じます。涼しい季節が待ち遠しいですね。　　　208-26

● 立秋を過ぎたものの気温や湿度は高く、秋はまだまだ遠いようです。ヒマワリの花も、相変わらず太陽に向かって笑っています。　　　208-27

● 残暑が厳しいと、冷たい食べ物や飲み物がとてもおいしいですが、食べ過ぎたり飲み過ぎたりして体調を崩さないように気を付けましょう。　　　208-28

子どもの姿

● 真夏の日差しが照りつけ、毎日暑い日が続きますが、プール遊びや水遊びを楽しんでいる子どもたちには関係ないようです。　　　208-29

文章の最後にチェック！

重複表現

過剰に表現していませんか？

● 炎天下の下→炎天下
● 今現在→現在
● 約10㎝程度→約10㎝（または、10㎝程度）
● 返事を返す→返事をする
● 必ず必要である→必要である（または、必ず要る）
● 期待して待つ→期待する
● 頭痛が痛い→頭痛がする（または、頭が痛い）
● 尽力を尽くす→尽力に努める（または、尽力する）

CD-ROM　おたより ▶ 8月

9月

イラスト

209-01

209-02

209-03

209-04

209-05

209-06

209-07

209-08

209-09

209-10

209-11

209-12

209-13

209-14

209-15

209-16

209-17

209-18

209-19

209-20

209-21

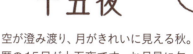

※ CD-ROM 内の囲みイラスト付き文例は Word 文書です。
Excel で使用される際は、P.230 をご参照ください。

囲みイラスト付き文例

防災の日

9月1日は「防災の日」です。1923年、関東大震災が発生して大きな被害が出ました。また、この時季は台風も多いということで、災害に備える意味もあり、1960年に制定されました。避難所・広域避難場所、避難経路、家族との連絡方法、防災グッズ、保存食の賞味期限などを確認し、必要な物を常備しておきましょう。

209-22

十五夜

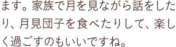

空が澄み渡り、月がきれいに見える秋。旧暦の15日が十五夜です。お月見に欠かせないだんごは満月の形を表し、ススキは魔よけの効果があるとされています。家族で月を見ながら話をしたり、月見団子を食べたりして、楽しく過ごすのもいいですね。

209-23

秋分の日

"春分の日"と"秋分の日"は、国立天文台が太陽の位置を計算して発表します。秋分は昼と夜がほぼ同じ長さで、この日を境に少しずつ夜が長くなっていきます。秋分は「祖先をうやまい、なくなった人々をしのぶ」日です。おはぎをお供えしたりお墓参りをしたりして、ご先祖様を供養しましょう。

209-24

食器の並べ方

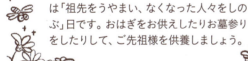
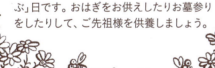

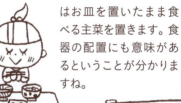

お箸は手前に、ご飯は向かって左、お汁は右に並べるのがマナーです。左奥にはお皿を手で持って食べる副菜、右奥はお皿を置いたまま食べる主菜を置きます。食器の配置にも意味があるということが分かりますね。

209-25

おたより 9月

書き出し文例

9月のあいさつ

●アカトンボが園庭を飛び回り、その後を子どもたちはうれしそうに追い掛けながら、かけっこの練習をしています。
209-26

●爽やかな秋風が吹き、コスモスがうれしそうに咲いています。花を見ていると、気持ちが明るくなります。 209-27

●9月の空を見上げると、イワシ雲がたくさん見られます。雲の形や高さなどで季節を感じることができます。 209-28

水分補給

●9月に入ったというのにまだまだ暑い日が続き、汗をたくさんかきます。水分補給が必要なので、水筒を持たせてください。
209-29

文章の最後にチェック！

正しい漢字を

間違いやすい漢字です。
気を付けて正しい漢字を使いましょう。

○正しい	✕誤り
○ 低温	✕ 抵温
○ 徐々に	✕ 除々に
○ 子ども同士	✕ 子ども同志
○ 栽培	✕ 裁培
○ 収穫	✕ 集穫
○ 検討	✕ 険討

CD-ROM ▶ おたより ▶ 9月

10月

210-01

210-02

210-03

210-04

210-05

210-06

210-07

210-16

210-18

210-08

210-09

210-10

210-12

210-13

210-11

210-14

210-15

210-17

210-19

210-20

このメッセージが見えるまでページを開くと、きれいにコピーできます。

※ CD-ROM 内の囲みイラスト付き文例は Word 文書です。
Excel で使用される際は、P.230 をご参照ください。

囲みイラスト付き文例

体育の日

10月第2月曜日は「体育の日」で、「スポーツにしたしみ、健康な心身をつちかう」ことを目的に制定された国民の祝日です。地域で行なわれるスポーツ大会や催しなどに参加したり、家族で体を動かしたりして過ごしてみるのもいいですね。

210-21

リサイクルの日

10が一回り、20が二回りという語呂（ごろ）合わせで、10月20日は「リサイクルの日」です。また、10月は「リサイクル推進月間」でもあります。家の中に不要な物を増やさない、壊れたら修理をしてみる、ごみは分別するなどの意識をもって、生活を見直してみましょう。

210-22

お茶わんの持ち方

子どもたちの手元を見ていると、お茶わんの持ち方が様々です。正しい持ち方は、まず両手でお茶わんを持ち上げ、右手を離して左手だけで持ち、4本の指の上にお茶わんの底（糸底）をのせ、親指は縁に軽く添えます。おうちでも確認してみてください。

210-23

しっかり手洗いを

手には、目に見えないばい菌がたくさん付いています。手を洗わずに鼻や口を触っていると、ばい菌が体内に入り、病気の原因になることがあります。戸外から帰ってきたとき、動物を触ったとき、トイレの後、食事の前などは、必ず丁寧に手を洗いましょう。

210-24

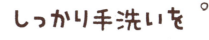

書き出し文例

10月のあいさつ

● 雲一つない青空が気持ちの良い季節を迎えました。風や雲などから、季節の変化を感じ取ることができます。
210-25

● 空を見上げるとヒツジ雲が出ていて、秋を感じることができます。日中はまだ暑い日もありますが、少しずつ季節が移っているようです。
210-26

● キンモクセイの香りが気持ちをリラックスさせてくれます。子どもたちは、オレンジ色の花をたくさん集めて楽しんでいます。
210-27

十三夜

● 秋の夜は月がとてもきれいに見えます。十五夜は終わりましたが、十三夜の月もじっくりと見てみましょう。十三夜は「栗名月」「豆名月」ともいわれています。
210-28

文章の最後にチェック！

ひらがなと漢字を使い分けよう

文章を書くとき使いたい言葉を、漢字かひらがなどちらにするか考えることがあります。そのときは、言葉の意味や文章の内容によって使い分けましょう。ひらがなのほうが分かりやすい場合もあります。

おたより 10月

イラスト

211-01

211-02

211-03

211-04

211-05

211-06

211-07

211-17

211-09

211-08

211-10

211-11

211-12

211-13

211-14

211-15

211-16

211-18

このメッセージが見えるまでページを開くと、きれいにコピーできます。

囲みイラスト付き文例

※ CD-ROM 内の囲みイラスト付き文例は Word 文書です。
Excel で使用される際は、P.230 をご参照ください。

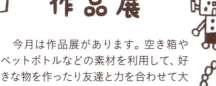

立冬
（りっとう）

今年は11月7日が「立冬」で、暦のうえでは「立冬」から「立春」前日までが冬です。「立」には新しい季節が始まるという意味があり、「立春」「立夏」「立秋」「立冬」の四つを合わせて「四立」といいます。カレンダーを見たりニュースを聞いたりして、少し意識しながら過ごしてみましょう。

211-19

よくかんで食べよう

食事はしっかりよくかんで食べましょう。少しずつ口に入れ、30回くらいを目安にかみます。汁物や飲み物で食べ物を流し込まないようにしましょう。意識してかみ、味わって食べると体にも良いことがたくさんあります。生活習慣病や虫歯の予防にもなります。毎食よくかむことを習慣付けましょう。

211-20

作品展

今月は作品展があります。空き箱やペットボトルなどの素材を利用して、好きな物を作ったり友達と力を合わせて大きな作品を作り上げたりしました。また、今まで経験したことを絵に表現しています。子ども一人ひとりの作品をじっくり見て、話を聞いてあげてくださいね。

211-21

11月9日〜11月15日
秋の全国火災予防運動

空気が乾燥してくると、火災が発生しやすくなります。家の周りに燃えやすい物がないか確認しておきましょう。家の中にも火災につながる物がないか、見て回ります。ファンヒーターや電気カーペットなど寒くなると暖房器具を使うようになるので、十分に気を付けたいですね。

211-22

書き出し文例

11月のあいさつ

●秋も深まり、日だまりが心地良く感じられるようになってきました。公園の木々も冬支度を始めたようです。　211-23

子どもの姿

●秋風が吹き抜け、風の冷たさを感じる季節になってきました。子どもたちは、友達と一緒にいろいろな物を作ったり描いたりして、楽しんでいます。　211-24

●紅葉がきれいな季節になりました。赤色や黄色の葉っぱが園庭のあちらこちらに落ち、子どもたちは大喜びでたくさん集めています。　211-25

いい歯の日

●「いい歯の日」の8日には、歯ブラシの点検をしてみましょう。毛先が開いているようなら新しい歯ブラシと交換し、歯磨きが気持ち良くできるようにしましょう。　211-26

文章の最後にチェック！
正しい送りがな

間違いやすい送りがなです。
しっかりチェックして、正しいお便りを書きましょう。

○ 自ら	× 自から	○ 新しい	× 新い
○ 備える	× 備る	○ 少ない	× 少い
○ 半ば	× 半かば	○ 短い	× 短かい
○ 親しい	× 親い	○ 快い	× 快よい

このメッセージが見えるまでページを開くと、きれいにコピーできます。

CD-ROM　おたより ▶ 11月

12月

イラスト

212-01

212-02

212-03

212-04

212-05

212-18

212-06

212-07

212-08

212-20

212-09

212-10

212-11

212-12

212-13

212-14

212-15

212-16

212-17

212-19

212-21

212-22

このメッセージが見えるまでページを開くと、きれいにコピーできます。

囲みイラスト付き文例

※ CD-ROM 内の囲みイラスト付き文例は Word 文書です。
Excel で使用される際は、P.230 をご参照ください。

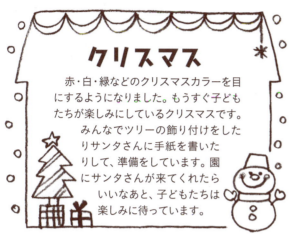

クリスマス

赤・白・緑などのクリスマスカラーを目にするようになりました。もうすぐ子どもたちが楽しみにしているクリスマスです。みんなでツリーの飾り付けをしたりサンタさんに手紙を書いたりして、準備をしています。園にサンタさんが来てくれたらいいなあと、子どもたちは楽しみに待っています。

212-23

年越しそば

大晦日(おおみそか)に食べる年越しそばには、細く長くという健康長寿や、家運を伸ばしたいという願いが込められています。1年間の苦労を切り捨てるという意味もあるようです。年を越してから食べると縁起が悪いといわれています。1年間無事に過ごせたことを感謝しながら食べるといいですね。

212-24

冬至(とうじ)

冬至は二十四節気の一つで、1年で一番昼が短く夜の長い日です。この日を境に、昼の時間が少しずつ長くなっていきます。冬至の日には、悪い物を払う力があるといわれているユズを浮かべたユズ湯に入り無病息災を願ったり、カボチャを食べて栄養補給をしたりしましょう。

212-25

大晦日(おおみそか)

1年の最後の日を大晦日、大晦日の夜を除夜といい、お寺では除夜の鐘を突きます。除夜に107回、年が明けて1回、合計108回突くのが正式だといわれています。家族が元気で幸せに暮らせるよう、年越しそばを食べ、除夜の鐘を聞き、初詣に出掛けるなどして、年末年始を過ごしましょう。

212-26

書き出し文例

12月のあいさつ

●12月に入り、今年もあと僅かとなりました。師走(しわす)というだけあり、毎日が慌ただしく過ぎていきます。　212-27

子どもの姿

●日増しに寒さが厳しくなり、子どもたちは戸外に出て体を温めてから遊んでいます。体操やマラソンを頑張っています。　212-28

冬休み

●今年のカレンダーも残り1枚となりました。年末年始は忙しく、生活も乱れがちです。規則正しい生活を心掛けて冬休みを過ごしましょう。　212-29

餅つき

●頬や耳に当たる風に、より一層冷たさを感じるようになりました。寒さに負けず、餅つきを行ないます。　212-30

文章の最後にチェック!

「が」「の」の連続

助詞の「が」や「の」を連続して使うと、読みにくくなります。読み直して他の言葉に変えたり、省略したりしましょう。

イラスト

201-01

201-02

201-03

201-07

201-04

201-05

201-06

201-17

201-19

201-08

201-09

201-10

201-11

201-12

201-13

201-14

201-15

201-18

201-16

201-20

このメッセージが見えるまでページを開くと、きれいにコピーできます。

※ CD-ROM 内の囲みイラスト付き文例は Word 文書です。
Excel で使用される際は、P.230 をご参照ください。

春の七草

セリ（水辺の山菜）、ナズナ（ペンペングサ）、ゴギョウ（ハハコグサ）、ハコベラ、ホトケノザ、スズナ（カブ）、スズシロ（ダイコン）が春の七草です。実際に野山で探すのは大変ですが、スーパーなどでも七草がセットで売られています。どんな植物なのか、一緒に図鑑などで調べてみるのもいいですね。

201-21

お節料理

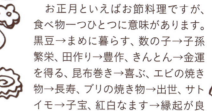

お正月といえばお節料理ですが、食べ物一つひとつに意味があります。黒豆→まめに暮らす、数の子→子孫繁栄、田作り→豊作、きんとん→金運を得る、昆布巻き→喜ぶ、エビの焼き物→長寿、ブリの焼き物→出世、サトイモ→子宝、紅白なます→縁起が良い　などです。クイズのように当てっこしながら食べるのも楽しいですね。

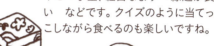

201-22

生活チェック

冬休みの間、規則正しい生活ができていましたか？

□ 早寝早起きをした　　□ 歯磨きをした
□ 朝ごはんを食べた　　□ うんちをした
□ 顔を洗った　　　　　□ 自分で身支度をした

幾つチェックが入りましたか？
3学期もよいスタートとなるよう、生活リズムを整え、元気に登園しましょう。

201-23

鼻水が出たときは

鼻水が出たらすすらずに、ティッシュペーパーを使ってかみましょう。鼻をかむときは、両方の穴で一気にかむと、耳が痛くなったり鼻血が出たりします。片方の鼻の穴を押さえて優しくかみ、もう片方も同じように押さえてかみます。ティッシュペーパーを捨てたら手を洗いましょう。

201-24

書き出し文例

1月のあいさつ

● 底冷えする寒さの中、少しでも周りを暖かくしようとしているのか、ツバキが元気に咲いています。　　201-25

● 日ごとに寒さも厳しくなり、吹く風も体を芯から冷やしていくようです。寒さを楽しめるようにしていきたいですね。
　　201-26

健康

● 底冷えのする毎日ですね。手を洗うと体も冷えてしまいそうですが、寒さや水の冷たさに負けずに手洗い・うがいをしましょう。　　201-27

鏡開き

● 11日は、子どもたちの健康を願って鏡開きをします。ぜんざいを作って、おいしく頂きたいと思います。　　201-28

文章の最後にチェック！

正月のいろいろ

正月とは、本来1月のことを示していました。最近では1月1日〜3日までを三が日、7日までを松の内（地域によって違う場合もある）、この間を正月といっています。
元日は1月1日のこと、元旦は1月1日の朝のことをいいます。
元旦に最初に昇る太陽のことを「初日の出」といいます。

CD-ROM　おたより ▶ 1月

202-01

202-02

202-03

202-16

202-04

202-05

202-06

202-07

202-08

202-09

202-10

202-11

202-12

202-13

202-17

202-18

202-19

202-14

202-15

このメッセージが見えるまでページを開くと、きれいにコピーできます。

立春（りっしゅん）

今年の「立春」は2月4日です。旧暦では1年の始まりの日でした。冬至（とうじ）と春分の間で、暖かい地域ではウメの花が咲き始めます。まだまだ寒い日が続きますが、春は少しずつ近づいています。園庭や公園などで"春の兆し"を探してみるのも楽しいですね。

202-20

建国記念の日

2月11日は「建国記念の日」です。「建国をしのび、国を愛する心を養う」という趣旨で制定されました。住んでいる地域に関心をもち、地図を見たり本を読んだりして、日本の成り立ちや歴史とふれあう機会をもってみるのもいいですね。日本の良いところを伝え、子どもたちの心を育てていきたいと思います。

202-21

アレルギーの日

2月20日は「アレルギーの日」、17日～23日は「アレルギー週間」です。(公財)日本アレルギー協会により定められました。花粉やハウスダストなど、身の回りにはいろいろなアレルギーの原因が存在します。正しい情報をもとに、症状や緩和する方法などを知ることが大切です。規則正しい生活を心掛け、免疫力を高めておくようにしましょう。

202-22

大豆の栄養

大豆には、肉と同じくらい良質なタンパク質・鉄・カルシウム・食物繊維など、栄養がたくさん含まれています。大豆製品には、豆腐・納豆・しょう油・きなこ・おから・ゆば・モヤシ・枝豆などがあります。節分には豆まきだけでなく、大豆を食べて体に取り入れるのもいいですね。しっかり食べて元気に過ごしましょう。

202-23

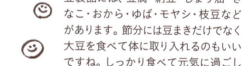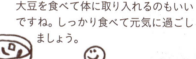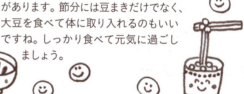

書き出し文例

2月のあいさつ

●立春は過ぎ、暦のうえでは春を迎えましたが、吐く息は白く、まだまだ本格的な春は遠いように感じます。早く暖かくなってほしいものです。 202-24

●寒気の中にも、少しずつ春の気配を感じられるようになってきました。ウメのつぼみやジンチョウゲの香りなど、少しずつ春を見つけることができますね。 202-25

子どもの姿

●吹く風は冷たいですが暦のうえでは春を迎えました。まだまだ寒いですが子どもたちは元気に戸外で体を動かしています。 202-26

●寒さがまだまだ続きますが、園の周りでは春の便りが届き始めました。子どもたちと一緒に春探しを楽しんでいます。 202-27

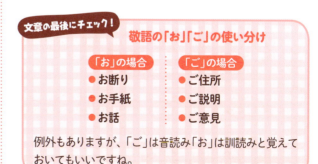
文章の最後にチェック！ 敬語の「お」「ご」の使い分け

「お」の場合	「ご」の場合
●お断り	●ご住所
●お手紙	●ご説明
●お話	●ご意見

例外もありますが、「ご」は音読み「お」は訓読みと覚えておいてもいいですね。

このメッセージが見えるまでページを開くと、きれいにコピーできます。

月 イラスト

203-01

203-02

203-03

203-04

203-05

203-06

203-07

203-08

203-17

203-09

203-10

203-11

203-12

203-13

203-14

203-19

203-20

203-18

203-15

203-16

このメッセージが見えるまでページを開くと、きれいにコピーできます。

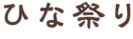

囲みイラスト付き文例

※ CD-ROM 内の囲みイラスト付き文例は Word 文書です。
　Excel で使用される際は、P.230 をご参照ください。

このメッセージが見えるまでページを開くと、きれいにコピーできます。

耳の日

　3月3日は「耳の日」です。耳の役割は音を聞くだけではありません。体のバランスを取ったり、気圧の変化を調整したりするのも耳です。健康な耳を持っていることに感謝し、難聴や言語障がいをもつ人々がどのようなことに悩んでいるのかを考え、耳の働きや病気について知るきっかけにしたいですね。

203-21

ひな祭り

　3月3日はひな祭りです。子どもたちがすくすくと大きく成長するように願い、ひな人形を飾ります。ひな人形は、子どもたちの身代わりになり、病気や事故から守ってくれるといわれています。子どもたちと一緒に伝統行事の由来やお祝いの仕方を知り、楽しい思い出をつくりたいですね。

203-22

春分の日

　3月20〜21日頃は「春分の日」で、国民の祝日です。「自然をたたえ、生物をいつくしむ」日として制定されました。昼と夜の長さがほぼ同じになり、次の日から少しずつ昼の時間が長くなっていきます。虫や動物たちも春を感じながら目を覚まし、活動を始めます。

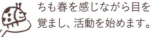

203-23

よくかんで食べよう

　昔に比べ、軟らかい食べ物が増え、かむ力がおよそ6分の1になったといわれています。咀嚼(そしゃく)することにより、病気を予防する、歯を強くする、胃腸の負担を軽減する、食べ過ぎを防ぐなど、体にいいことがたくさんあります。時間をかけて食べるようにする、歯応えのある物を選ぶなど、食事の方法を工夫してみましょう。

203-24

おたより

3月

書き出し文例

3月のあいさつ

● 柔らかい日差しが差し込んで、春の訪れを感じられるようになり、吹く風も気持ち良くなってきました。　203-25

● サクラのつぼみが膨らみ、周りも少しずつ柔らかな春の色に染まりつつあります。足元にできる影も少しずつ変化しているのが感じられます。　203-26

子どもの姿

● 園庭に暖かい春の日差しが降り注ぎ、子どもたちが元気いっぱい体を動かすと汗が出るほどです。寒さとバトンタッチですね。　203-27

来年度の準備

● 身の回りの整理整頓をして、来年度の準備をしていきましょう。持ち物の名前が消えていないか、確認をしてください。　203-28

文章の最後にチェック！

「ず」「づ」の使い分け②

「ず」「づ」は間違いやすい文字です。
しっかりチェックして、正しくおたよりを書きましょう。

○	×
○ 一つずつ	× 一つづつ
○ 色づく	× 色ずく
○ ずかん	× づかん
○ 活気づく	× 活気ずく
○ 読みづらい	× 読みずらい
○ うなずく	× うなづく
○ ひざまずく	× ひざまづく
○ おとずれる	× おとづれる

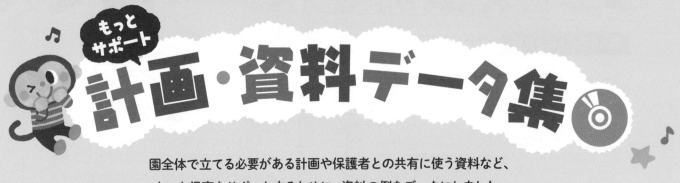

計画・資料データ集

もっとサポート

園全体で立てる必要がある計画や保護者との共有に使う資料など、

もっと保育をサポートするために、資料の例をデータにしました。

園運営に必要な保健計画や子育て支援計画といった計画や、与薬依頼票などが入っています。

これらのデータは、CD-ROMの 計画・資料データ集 に入っています。

※本書掲載の指導計画とのつながりはありませんが、一例としてご覧ください。

健康

健康支援年間計画

CD-ROM ▶ 健康
▼
健康支援年間計画

子育て支援

子育て支援年間計画

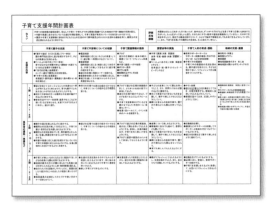

CD-ROM ▶ 子育て支援
▼
子育て支援年間計画

A 施設の安全管理チェックリスト

B 施設安全チェックリスト

C 防災チェック表

保健

保健年間計画

避難訓練

Ⓐ 避難訓練年間計画

CD-ROM　避難訓練　▶ A_避難訓練年間計画

Ⓑ 避難訓練年間計画

CD-ROM　避難訓練　▶ B_避難訓練年間計画

Ⓒ 避難訓練年間計画

CD-ROM　避難訓練　▼ C_避難訓練年間計画

Ⓐ 2歳児の食育計画

A_2歳児の食育計画

Ⓑ 0〜5歳児の食育計画

B_0〜5歳児の食育計画

Ⓒ 食物アレルギー指示書

C_食物アレルギー指示書

病気関連書類

登園許可証明書

 CD-ROM　病気関連書類 ▶ 登園許可証明書

与薬依頼票

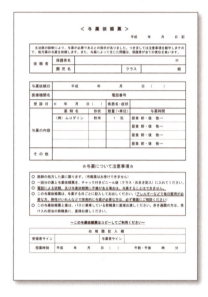

 CD-ROM　病気関連書類 ▶ 与薬依頼票

今日の保育記録

今日の保育記録

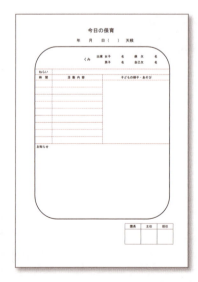

 CD-ROM　今日の保育記録
▼
今日の保育記録

苦情処理

苦情申出書

苦情処理 ▶ 苦情申出書

苦情受付書

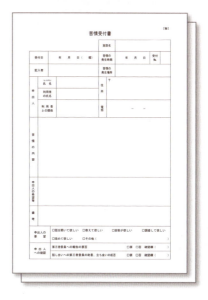

苦情処理 ▶ 苦情受付書

苦情受付報告書

苦情処理
▼
苦情受付報告書

CD-ROMの使い方

ここからのページで、CD-ROM内のデータの使い方を学びましょう。

⚠ CD-ROM をお使いになる前に必ずお読みください

付属のCD-ROMは、「Microsoft Word 2010」で作成、保存したWord文書（ファイル）、
Wordで開くリッチテキストデータ、イラスト画像（PNG形式）データを収録しています。
お手持ちのパソコンに「Microsoft Word 2010」以上がインストールされているかご確認ください。
付属CD-ROMを開封された場合、以下の事項に合意いただいたものとします。

●動作環境について

本書付属のCD-ROMを使用するには、下記の環境が必要となります。CD-ROMに収録されているWordデータは、本書では、文字を入れるなど、加工するにあたり、Microsoft Office Word 2010を使って紹介しています。処理速度が遅いパソコンではデータを開きにくい場合があります。

○ハードウェア
　Microsoft Windows 10 以上推奨
○ソフトウェア
　Microsoft Word 2010 以上
○ CD-ROMを再生するにはCD-ROMドライブが必要です。
※ Mac OSでご使用の場合はレイアウトが崩れる場合があります。

●ご注意

○本書掲載の操作方法や操作画面は、『Microsoft Windows 10』上で動く、『Microsoft Word 2010』を使った場合のものを中心に紹介しています。
　お使いの環境によって操作方法や操作画面が異なる場合がありますので、ご了承ください。
○データはWord 2010に最適化されています。お使いのパソコン環境やアプリケーションのバージョンによっては、レイアウトが崩れる可能性があります。
○お客様が本書付属CD-ROMのデータを使用したことにより生じた損害、障害、その他いかなる事態にも、弊社は一切責任を負いません。
○本書に記載されている内容に関するご質問は、弊社までご連絡ください。ただし、付属CD-ROMに収録されているデータについてのサポートは行なっておりません。

※ Microsoft Windows、Microsoft Wordは、米国マイクロソフト社の登録商標です。
※ その他記載されている、会社名、製品名は、各社の登録商標および商標です。
※ 本書では、TM、®、© マークの表示を省略しています。

●本書掲載おたより、指導計画など CD-ROM 収録のデータ使用の許諾と禁止事項

CD-ROM収録のデータは、ご購入された個人または法人・団体が、営利を目的としない掲示物、園だより、その他、家庭への通信として自由に使用することができます。ただし、以下のことを遵守してください。

○他の出版物、企業のPR広告、商品広告などへの使用や、インターネットのホームページ（個人的なものも含む）などに使用はできません。無断で使用することは、法律で禁じられています。なお、CD-ROM収録のデータを変形、または加工して上記内容に使用する場合も同様です。
○ CD-ROM収録のデータを複製し、第三者に譲渡・販売・頒布（インターネットを通じた提供も含む）・賃貸することはできません。
○本書に付属のCD-ROMは、図書館などの施設において、館外に貸し出すことはできません。
（弊社は、CD-ROM収録のデータすべての著作権を管理しています）

● CD-ROM 取り扱い上の注意

○付属のディスクは「CD-ROM」です。一般オーディオプレーヤーでは絶対に再生しないでください。パソコンのCD-ROMドライブでのみお使いください。
○ CD-ROMの表面・裏面ともに傷を付けたり、裏面に指紋をつけたりするとデータが読み取れなくなる場合があります。CD-ROMを扱う際には、細心の注意を払ってお使いください。
○ CD-ROMドライブにCD-ROMを入れる際には、無理な力を加えないでください。CD-ROMドライブのトレイに正しくセットし、トレイを軽く押してください。トレイにCD-ROMを正しく乗せなかったり、強い力で押し込んだりすると、CD-ROMドライブが壊れるおそれがあります。その場合も一切責任は負いませんので、ご注意ください。

CD-ROM 収録データ一覧

付属の CD-ROM には、以下のデータが収録されています。

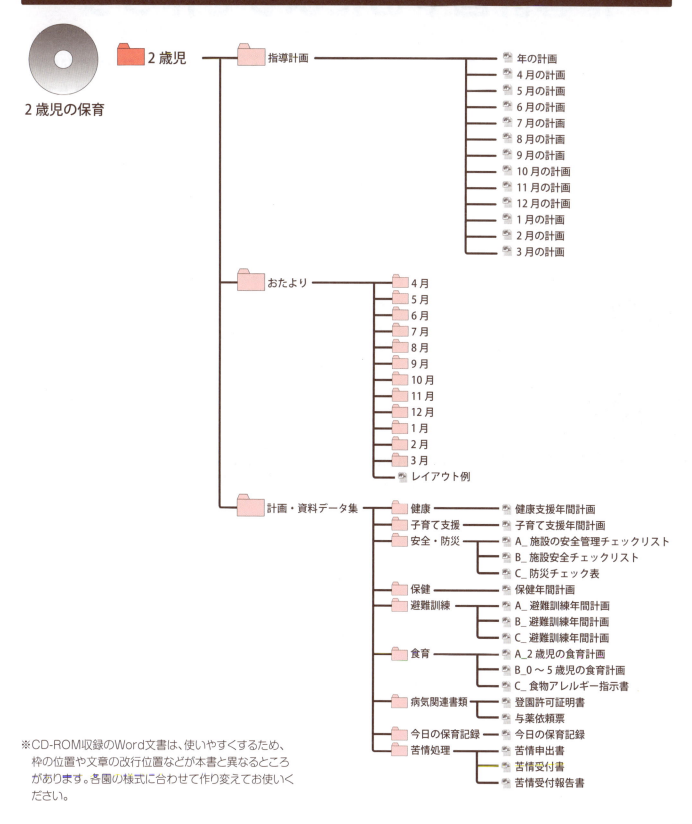

2歳児の保育

2歳児
- 指導計画
  - 年の計画
  - 4月の計画
  - 5月の計画
  - 6月の計画
  - 7月の計画
  - 8月の計画
  - 9月の計画
  - 10月の計画
  - 11月の計画
  - 12月の計画
  - 1月の計画
  - 2月の計画
  - 3月の計画
- おたより
  - 4月
  - 5月
  - 6月
  - 7月
  - 8月
  - 9月
  - 10月
  - 11月
  - 12月
  - 1月
  - 2月
  - 3月
  - レイアウト例
- 計画・資料データ集
  - 健康 ── 健康支援年間計画
  - 子育て支援 ── 子育て支援年間計画
  - 安全・防災
    - A_施設の安全管理チェックリスト
    - B_施設安全チェックリスト
    - C_防災チェック表
  - 保健 ── 保健年間計画
  - 避難訓練
    - A_避難訓練年間計画
    - B_避難訓練年間計画
    - C_避難訓練年間計画
  - 食育
    - A_2歳児の食育計画
    - B_0〜5歳児の食育計画
    - C_食物アレルギー指示書
  - 病気関連書類
    - 登園許可証明書
    - 与薬依頼票
  - 今日の保育記録 ── 今日の保育記録
  - 苦情処理
    - 苦情申出書
    - 苦情受付書
    - 苦情受付報告書

※CD-ROM収録のWord文書は、使いやすくするため、枠の位置や文章の改行位置などが本書と異なるところがあります。各園の様式に合わせて作り変えてお使いください。

指導計画やおたよりを作ろう

『Word』を使って、指導計画やおたよりを作ってみましょう。付属のCD-ROMのWord文書はMicrosoft Word 2010で作成されています。ここでは、Windows 10上で、Microsoft Word 2010やペイントを使った操作手順を中心に紹介しています。

（動作環境についてはP.220を再度ご確認ください）
※掲載されている操作画面は、お使いの環境によって異なる場合があります。ご了承ください。

CONTENTS

基本操作

マウス

マウスは、ボタンを上にして、右手ひとさし指が左ボタン、中指が右ボタンの上にくるように軽く持ちます。手のひら全体で包み込むようにして、机の上を滑らせるように上下左右に動かします。

クリック
カチッ

左ボタンを1回押します。ファイルやフォルダ、またはメニューを選択する場合などに使用します。

ダブルクリック
カチカチッ

左ボタンをすばやく2回押す操作です。プログラムなどの起動や、ファイルやフォルダを開く場合に使用します。

右クリック
カチッ

右ボタンを1回押す操作です。右クリックすると、操作可能なメニューが表示されます。

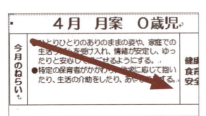

ドラッグ
カチッ…ズー

左ボタンを押しながらマウスを動かし、移動先でボタンを離す一連の操作をいいます。文章を選択する場合などに使用します。

元に戻る・進む

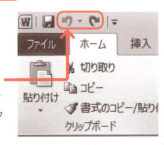

操作を間違えたら ↰（元に戻す）をクリックすると、ひとつ前の状態に戻ります。戻した操作をやり直す場合は、↱（やり直し）をクリックします。

I ファイルの基本操作

1 ファイルを開く

① CD-ROMをパソコンにセットする

② 「自動再生」画面の「フォルダを開いてファイルを表示」をクリック

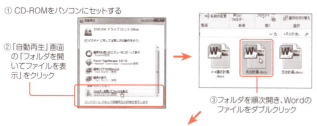

③ フォルダを順次開き、Wordのファイルをダブルクリック

〈テンプレートの文書構成〉

収録されているWordテンプレートは、A4横または縦の表で構成されています。表内にカーソルがあるので、リボンには「表ツール」が表示されています。

- リボン:ツールが並んでいる領域
- タブ:操作の種類によって、クリックしてリボンを切り替えます
- 表ツール

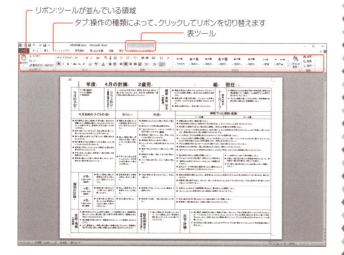

2 文字を入力する

表の各枠をセルといいます。文字を入力するには、セル内をクリックします。各セルには、左揃え、中央揃えなどの配置があらかじめ設定されています。年度、組名、担任名など、セル内に文字を入力します。

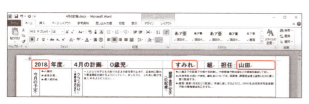

→セル内の文章を変更するには、P.224「Ⅲ文章を変更する」へ。

→セル内の文字列の配置を変更するにはP.225「Ⅲ文章を変更する 2.文字列の方向・配置を変更する」へ。

→これで作成完了の場合は、次の「3 名前を付けて保存する」「4 印刷する」へ。

3 名前を付けて保存する

① 「ファイル」をクリック

② 「名前を付けて保存」をクリック

③ 保存先を選択

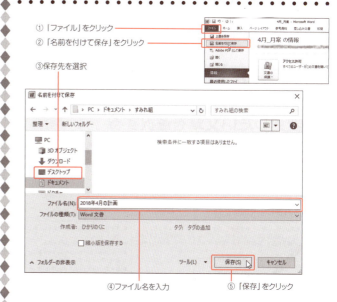

④ ファイル名を入力

⑤ 「保存」をクリック

4 印刷する

① 「ファイル」をクリック

② 「印刷」をクリック

③ プレビュー画面で確認

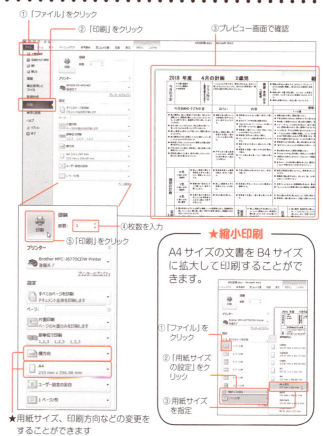

④ 枚数を入力

⑤ 「印刷」をクリック

★用紙サイズ、印刷方向などの変更をすることができます

★縮小印刷

A4 サイズの文書を B4 サイズに拡大して印刷することができます。

① 「ファイル」をクリック

② 「用紙サイズの設定」をクリック

③ 用紙サイズを指定

Ⅱ 文章を変更する

担当クラスの様子や、子どもたちに合わせて文章を変更しましょう。
文字の書体や大きさを変えるなどアレンジしてみてください。

1 文章を変更する

1. 変更したい文章を選択する

変更したい文章の最初の文字の前にカーソルを合わせてクリックし、ドラッグして変更したい文章の範囲を選択します。

今月初めの 子どもの 姿	ねらい	内容
新入園児は、新しい環境に不安を感じ、泣きながら登園したり、保護者と離れようとしなかったりしている。その様子を見て、進級児も不安で泣いてしまうことがある。	簡単な身の回りのことを保育者に見守られながら、自分でしようとする。	保育者とのふれあいを通して安心して過ごす。
自分で食べている子どもや、好きな物だけ食べて、食べさせてもらうのを待っている子どももいる。	自分のマークや持ち物の場所を知る。	こぼしながらもスプーンやフォークを使って自分で食べようとする。
新しい場所での昼寝に戸惑ったり、便器に座らなかったりする。	新しい環境に慣れ、保育者や友達と一緒にいろいろな遊びを楽しむ。	保育者と一緒にトイレへ行き、手伝ってもらいながら排せつしようとする。
新入園児は不安で布団に入るのを嫌がったり、泣いてしまったりする子どももいる。		保育者に見守られて安心して眠る。
保育者に手伝ってもらいながら簡単な衣服の脱ぎ着を自分でしようとしている。		パンツやズボンの脱ぎ着を自分でしようとする。
戸外に出ることを喜び、保育者と一緒に虫探しや砂場遊びをしている。	戸外に出て春の自然にふれながら、伸び伸びと体を動かして遊ぶ。	草花や虫などを見たり、触れたりして楽しむ。
保育者の膝の上に座り、絵本を読んでもらったり、触れ合い遊びを喜んだりしている。		保育者や友達と一緒に十分に体を動かして遊ぶ。
		バスや砂の具を使ってなぐり描きを楽しむ。

ここにカーソルを合わせて、変更したい所までドラッグします。

ここでマウスをはなすと、クリックした所から、ここまでの文章が選択されます。

選択された文字の背景の色が変わります。

今月初めの 子どもの 姿	ねらい	内容
● 新入園児は、新しい環境に不安を感じ、泣きながら登園したり、保護者と離れようとしなかったりしている。その様子を見て、進級児も不安で泣いてしまうことがある。	● 簡単な身の回りのことを保育者に見守られながら、自分でしようとする。	● 保育者とのふれあいを通して安心して過ごす。
● 自分で食べている子どもや、好きな物だけ食べて、食べさせてもらうのを待っている子どももいる。		● 自分のマークや持ち物の場所を知る。
● 新しい場所での昼寝に戸惑ったり、便器に座らなかったりする。	● 新しい環境に慣れ、保育者や友達と一緒にいろいろな遊びを楽しむ。	● こぼしながらもスプーンやフォークを使って自分で食べようとする。
● 新入園児は不安で布団に入るのを嫌がったり、泣いてしまったりする子どももいる。		● 保育者と一緒にトイレへ行き、手伝ってもらいながら排せつしようとする。
● 保育者に手伝ってもらいながら簡単な衣服の脱ぎ着を自分でしようとしている。		● 保育者に見守られて安心して眠る。
● 戸外に出ることを喜び、保育者と一緒に虫探しや砂場遊びをしている。	● 戸外に出て春の自然にふれながら、伸び伸びと体を動かして遊ぶ。	● パンツやズボンの脱ぎ着を自分でしようとする。
● 保育者の膝の上に座り、絵本を読んでもらったり、触れ合い遊びを喜んだりしている。		● 草花や虫などを見たり、触れたりして楽しむ。
		● 保育者や友達と一緒に十分に体を動かして遊ぶ。
		● バスや砂の具を使ってなぐり描きを楽しむ。

2. 新しい文章を入力する

そのまま新しい文章を入力します。

今月初めの 子どもの 姿	ねらい	内容
A児(3か月) ● 家庭では、	● ミルクをゆっくり飲んで満足する。	● 特定の保育者に抱かれ安心して飲む。
	● 目覚めているときに、保育者とふれあって楽しむ。	● 特定の保育者に抱かれて、心地良く過ごす。
	● 音声のやり取りを通して愛着関係を深める。	● 保育者と音声のやり取りを繰り返す。

2 書体や大きさ、文字列の方向、行間、文字の配置を変える

1. 文字の「書体」や「大きさ」を変える

文字を好きな書体（フォント）に変えたり、大きさ（フォントサイズ）を変えたりしてみましょう。

まず、「2 1.変更したい文章を選択する」の方法で、変更したい文章の範囲を選択します。

次に、「ホーム」タブのフォントやフォントサイズの右側「▼」をクリックし、書体とサイズを選びます。

※フォントサイズ横の「フォントの拡大」「フォントの縮小」ボタンをクリックすると少しずつサイズを変更できます。

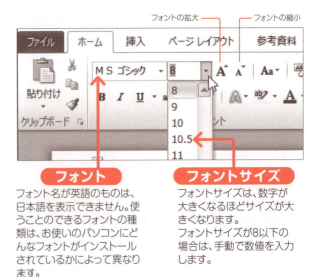

フォント
フォント名が英語のものは、日本語を表示できません。使うことのできるフォントの種類は、お使いのパソコンにどんなフォントがインストールされているかによって異なります。

フォントサイズ
フォントサイズは、数字が大きくなるほどサイズが大きくなります。
フォントサイズが8以下の場合は、手動で数値を入力します。

下の例のように、文章が新しい書体と大きさに変わりました。

変更前	変更後
フォント:MSゴシック フォントサイズ:8	フォント:HG丸ゴシックM フォントサイズ:10

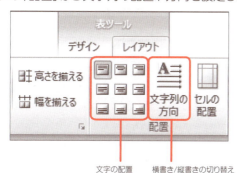

2. 文字列の方向・配置を変更する

変更したいセルを選択し、【表ツール】の「レイアウト」タブの「配置」から文字列の配置や方向を設定します。

文字の配置　　横書き/縦書きの切り替え

左端揃え（上）
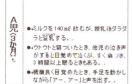
- ミルクを140mℓ飲むが、授乳後ダラダラと吐乳する。
- ウトウト寝ついたとき、他児の泣き声がすると目覚めて泣くが、すぐ寝つき、3時間以上眠るときもある。
- 機嫌良く目覚めたとき、手足を動かしながら「アー、アー」と声を出す。

中央揃え（中央）
- ミルクを140mℓ飲むが、授乳後ダラダラと吐乳する。
- ウトウト寝ついたとき、他児の泣き声がすると目覚めて泣くが、すぐ寝つき、3時間以上眠るときもある。
- 機嫌良く目覚めたとき、手足を動かしながら「アー、アー」と声を出す。

両端揃え（下）
- ミルクを140mℓ飲むが、授乳後ダラダラと吐乳する。
- ウトウト寝ついたとき、他児の泣き声がすると目覚めて泣くが、すぐ寝つき、3時間以上眠るときもある。
- 機嫌良く目覚めたとき、手足を動かしながら「アー、アー」と声を出す。

縦書き
横書きのセルを選択し、「文字の方向」ボタンをクリックすると、縦書きの「両端揃え（右）」の配置になります

配置も縦書きに変わります。下図は、文字の配置を「両端揃え（中央）」に設定しています。

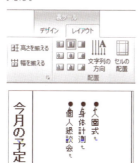

3. 「行間」を調整する

行と行の間隔を変更したい段落を選択して、「ホーム」タブ「段落」にある「行と段落の間隔」ボタンをクリックして、数値にマウスポインターを移動させると、ライブプレビュー機能により、結果を確認することができます。行間の数値をクリックすると決定します。

行間1

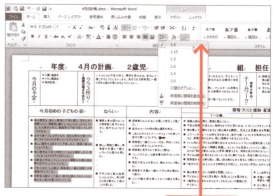

行間・間隔

ヒント

行間などの段落書式を詳細に設定する場合は、「ホーム」タブ「段落」の右下の▱ボタンをクリックして、下図の「段落」の設定画面を表示します。インデント（行の始まる位置）や段落前後の空きなども設定できます。

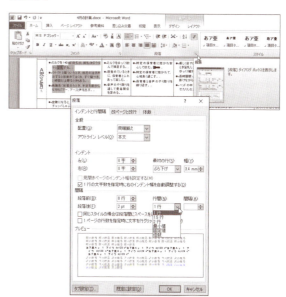

Ⅲ 枠表の罫線を調整する

枠表の罫線を動かしてセルを広げたり狭めたりして調整してみましょう。
自分で罫線を引いたり消したりすることもできます。

1 セルを広げる・狭める

表の罫線上にマウスを移動すると、マウスポインターが ÷ や ⊣⊢ に変化します。そのままドラッグして上下または左右に動かすと、セルの高さや幅を変更することができます。

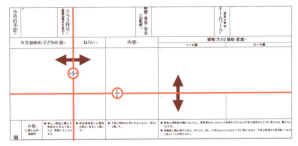

※特定のセルの幅を変更する場合は、そのセルを選択し、【表ツール】「レイアウト」タブ「表」にある「選択→セルの選択」をクリックしてから左右の罫線をドラッグします。

2 セルを結合する・分割する

1. 複数のセルを選択して、結合する

結合したいセルをドラッグして選択し、【表ツール】の「レイアウト」タブ「結合」の「セルの結合」ボタンをクリックします。

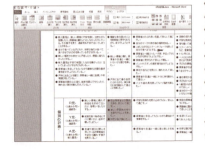

右図のように2つのセルが結合されて1つになります。

2. 1つのセルを複数のセルに分割する

表の行数や列数を変更したい場合、一旦、セルを結合してから分割します。

①行数と列数を変更したいセルをすべて選択します。

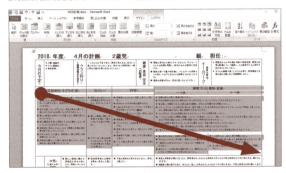

②「Delete」キーを押して文字を消去します。

③もう一度、行数と列数を変更したいセルをすべて選択します。

④【表ツール】「レイアウト」タブ「結合」の「セルの結合」ボタンをクリックすると、下図のように大きな1つのセルになります。

⑤【表ツール】「レイアウト」タブ「結合」の「セルの分割」ボタンをクリックして表示された画面で、列と行を設定して「OK」をクリックします。

列数を「3」、行数を「5」に設定してみます。

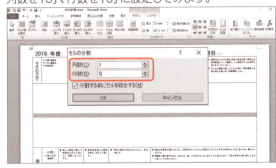

3列5行に分割されました。

Ⅳ イラストを挿入する

CD-ROMに収録されているイラストはPNG形式の画像データです。Word文書に「挿入」して使います。

① イラストを挿入したい場所をクリック

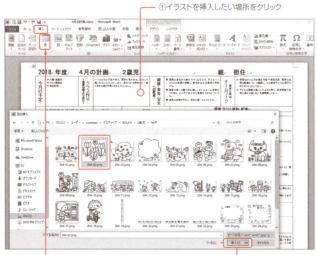

② 「挿入」タブに切り替えて「図」をクリック

③ 「CD-ROM」から使いたいイラストを選択して「挿入」をクリック

図が挿入されると一時的にレイアウトが崩れるので設定を変更します

④【図ツール】の「文字列の折り返し」をクリックして「前面」を選択

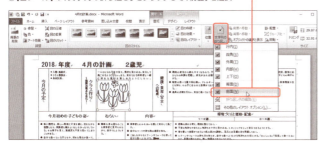

イラストのサイズ変更と移動

⑥ イラストの角のハンドル（○）をドラッグしてサイズを調整します。

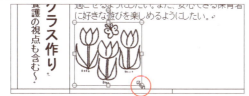

⑦ イラストをドラッグして任意の場所へ移動します。

★文字列の折り返しについて

「文字列の折り返し」は、挿入したイラスト（画像）と、画面に入力した文字列（テキスト）との関係を設定するものです。

【行内】(I)：イラストを文字列の行内に配置します。（挿入した際の初期設定はこの状態）

【内部】(H)：イラストの内部にも文字列が配置されます。

【四角】(S)：文字列がイラストの周囲を四角く囲むように配置されます。

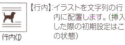【上下】(O)：文字列がイラストの上下に分かれて配置されます。

【外周】(T)：文字列がイラストの外側の輪郭に沿って配置されます。

【背面】(D)：イラストが文字列の背面に配置されます。

【前面】(N)：イラストが文字列の前面に配置されます。

※囲みイラスト付き文例については、P.230 を参照下さい。

Ⅴ イラストに色を塗る

Windowsに付属しているお絵かきソフト「ペイント」で、イラストにクレヨン調の色を塗ってみましょう。

1 ペイントからCD-ROMのイラストを開く

1. ペイントを起動する

① デスクトップのスタートボタンの右側にある検索ボックス (Cortana) に「ペイント」と入力します。

② デスクトップアプリの「ペイント」が表示されるので、クリックします。

② クリック

① 「ペイント」と入力

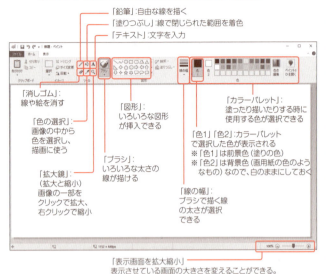

〈ペイントを開いたときの画面と主なボタンの役割〉

「鉛筆」：自由な線を描く

「塗りつぶし」：線で閉じられた範囲を着色

「テキスト」：文字を入力

「消しゴム」：
線や絵を消す

「色の選択」：
画像の中から
色を選択し、
描画に使う

「拡大鏡」：
（拡大と縮小）
画像の一部を
クリックで拡大、
右クリックで縮小

「図形」：
いろいろな図形
が挿入できる

「ブラシ」：
いろいろな太さの
線が描ける

「カラーパレット」：
塗ったり描いたりする時に
使用する色が選択できる

「色1」「色2」：カラーパレット
で選択した色が表示される
※「色1」は前景色（塗りの色）
※「色2」は背景色（画用紙の色のような
もの）なので、白のままにしておく

「線の幅」：
ブラシで描く線
の太さが選択
できる

「表示画面を拡大縮小」
表示させている画面の大きさを変えることができる。

2. ペイントからCD-ROMのイラストを開く

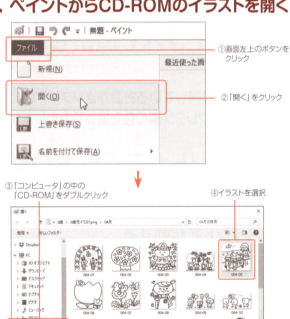

①画面左上のボタンを
クリック

②「開く」をクリック

③「コンピュータ」の中の
「CD-ROM」をダブルクリック

④イラストを選択

⑤「開く」をクリック

2 色を塗る

1. 閉じている面を塗るとき

「塗りつぶし」を使って色を塗ります。

失敗したら「元に戻す」ボタンをクリックして元に戻せます。

①「カラーパレット」から塗りたい
色をクリック

②イラスト上でマウスポインターが に変わ
るので、塗りたい場所でクリック

2. 閉じていない面を塗るとき

閉じていない面で塗りをクリックすると、線がとぎれた部分
から色がはみ出して広い範囲で着色されます。このような場
合は、とぎれている部分をつないで面を閉じてから塗りつぶ
します。

線が離れているので
植込みと背景が同じ
色で塗られてしまい
ます。

「鉛筆」を使って途切れている線をつなげてみましょう。

①「鉛筆」をクリック　②「線の幅」をクリック

③イラストと同じぐらいの太さを選択

ブラシボタンの▼をクリックしてブラシの
種類を変えることができます。

④キャンバスのマウスポインターが 🖊 に変化するので、途切れている線の端を
ドラッグして線を描き足します。

⑤面が閉じたら、「塗りつぶし」🖌 を使って色を塗ります。

★線や色を消す場合

① 「ホーム」をクリック
② 「消しゴムツール」をクリック

③ マウスポインタが □ に変わるので消したい所をドラッグする

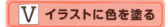
🔳名前を付けて保存する

完成したら、いつでも使えるように名前を付けて保存します。

①画面左上のボタンをクリック

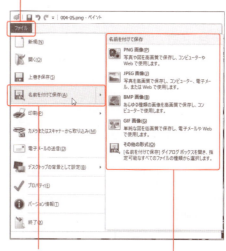

②「名前を付けて保存」をクリック

本書では「PNG」形式で保存して
いますが、「JPEG」や「GIF」など
の形式でも保存できます。

③保存先をクリック　　　　　　④「ファイル名」に名前を入力

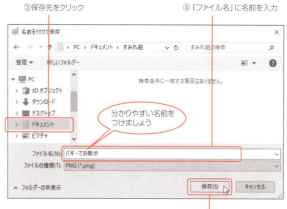

分かりやすい名前を
つけましょう

⑤「保存」をクリック

できあがり

ヒント

イラストをべた塗りするには

ペイントの「塗りつぶし」ツールは、クリックした場所と同じ色に適用されます。CD-ROMのイラストは、きれいに印刷できるように同じ白でも少しずつ色味が異なる階調を持っているため、クレヨンで塗ったようになります。

そこで、一旦、色数の少ない画像形式（16色ビットマップ）に変換してからPNG形式に戻すと、べた塗りすることができるようになります。

① 色を塗りたいイラストを開き、「ファイル」タブをクリックして、「名前を付けて保存」を選択します。

② 「ファイルの種類」のVをクリックして「16色ビットマップ」を選択して「保存」をクリックします。

③ 次のようなメッセージが表示されたら、「OK」ボタンをクリックします。

④ もう一度「ファイル」タブをクリックして、「名前を付けて保存」を選択し、「ファイルの種類」のVをクリックして「PNG」を選択して「保存」をクリックします。

P.229の手順で色を塗ると、右図のようにきれいに塗ることができます。

VI 囲みイラスト付き文例を利用する

CD-ROM内の囲みイラスト付き文例はWord文書にイラスト（PNG形式）とテキストボックスが組み合わさってできています。毎月のおたよりなどにご利用ください。

① 囲みイラスト付き文例を挿入したい Word 文書を開いておきます。

② CD-ROM から使いたい囲みイラスト付き文例を開きます。

④ 「ホーム」タブ「クリップボード」の「コピー」をクリックします。

③ イラストの端の部分をクリックすると、外枠が表示されます。

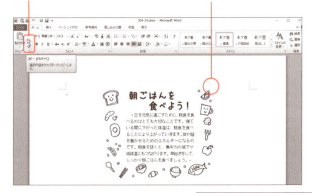

⑤ 作成中の文書に切り替えて、挿入したい部分をクリックしてから、「ホーム」タブ「クリップボード」の「貼り付け」ボタンをクリックします。

※Excel で使用される際は、ここでご使用の文書を開いてください。

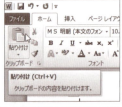

→ 囲みイラスト付き文例のイラストとテキストボックスは、グループ化されているので、ひとつの図のように移動することができます。

→ 「文字列の折り返し」については、P.227へ

★文例の書式を解除したい場合

（字下げだけではなく、文字サイズや行間なども）

囲みイラストつき文例の文例だけをコピーして、別の場所に貼り付けると、元の書式も一緒に貼り付きます。このような場合は、次のいずれかの方法でテキストだけを貼り付けます。

[A]「ホーム」タブ「クリップボード」の「貼り付け▼」をクリックして「A」（テキストのみ保持）をクリック

[B]貼り付け後、右下に表示される「貼り付けオプション」ボタンをクリックして「A」（テキストのみ保持）をクリック

Ⅶ 文例を利用する

CD-ROM内の文例はリッチテキスト形式として収録されており、Wordで開くことができます。

※リッチテキストとは、文字と文字の書式情報（フォントやフォントサイズ、色、太字、斜体など）を持つ文書ファイル形式です。
CD-ROM内の文例の書式は、MSゴシック、10.5ptです。

①文例を使いたいWord文書を開いておきます。
② CD-ROMから文例ファイルを開きます。

③使用したい文章をドラッグして選択します。

④「ホーム」タブ「クリップボード」の「コピー」をクリックします。

⑤文例を使いたいWord文書に切り替えて、貼り付けたい位置をクリックします。

⑥「ホーム」タブ「クリップボード」の「貼り付け▼」をクリックして「A」（テキストのみ保持）をクリックします。

Ⅷ テキストボックスを挿入する

テキストボックスは、囲み罫やイラストに重ねて文章を入れたいときに使います。

イラストの「文字列の折り返し」を「前面」に設定する

イラストにテキストボックスを重ねる場合、イラストの「文字列の折り返し」は「前面」に設定しておきます。

①イラストをクリックして選択します。　②【図ツール】の「書式」タブ「配置」の「文字列の折り返し」をクリックします。

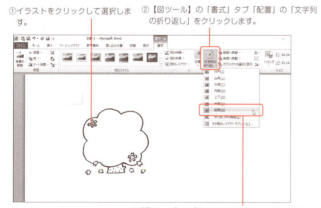

③【図ツール】の「書式」タブ「配置」の「文字列の折り返し」をクリックして「前面」をクリックします。

テキストボックスを挿入する

囲みケイやイラストに重ねて文章を入れたいときに使います。

① 「挿入」をクリック　　　　　② 「テキストボックス」をクリック

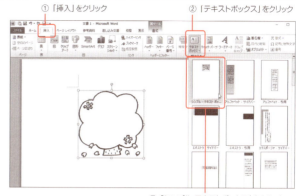

③ 「シンプル-テキストボックス」をクリック

④テキストボックスの文章が反転している状態で、文字を入力します。

⑤テキストボックスのサイズは枠のハンドル（○、□）をドラッグして調節します。

⑥テキストボックスの外枠をドラッグして、イラストの上に配置します。

テキストボックスの枠を選択すると、ボックス内の文字の文字書式や段落書式を「ホーム」タブの「フォント」や「段落」のツールで変更できます。

既定のテキストボックスは、塗りつぶしが白色、枠線が黒色です。イラストに重ねる場合は、【描画ツール】「図形のスタイル」で両方とも「なし」に設定します。

▼塗りつぶしなし　　　　　　　　　　▼枠線なし

できあがり

監修
神長美津子

國學院大學教授
幼保連携型認定こども園教育・保育要領の改定に関する検討委員会
中央教育審議会 教育課程部会幼児教育部会主査代理
元・文部科学省初等中等教育局幼児教育課教科調査官
『月刊 保育とカリキュラム』総監修

保育のきほん

監修・執筆　神長美津子
　　　　　　馬場耕一郎（聖和短期大学准教授、厚生労働省保育課保育専門調査官、
　　　　　　　　　　　　大阪・幼保連携型認定こども園 おおわだ保育園 理事長）

2歳児保育のきほん

監修・執筆　神長美津子

●発達と生活・発達と遊び
監修・執筆　塩谷 香（國學院大學特任教授、NPO法人「ぴあわらべ」理事）

環境とあそび

●環境づくり
執筆　　　　塩谷 香
写真協力園　東京　　荏原西第二保育園
　　　　　　　　　　千束保育園
　　　　　　　　　　西五反田第二保育園
　　　　　　　　　　二葉つぼみ保育園
　　　　　　神奈川　おおつな保育園
　　　　　　兵庫　　武庫川女子大学附属保育園

●手作り玩具・あそび
執筆　　　　小倉和人（KOBEこどものあそび研究所所長）
写真・実践協力園　兵庫　須磨区地域子育て支援センター
　　　　　　　　　　認定こども園まあや学園
　　　　　　　　　　美山保育園
　　　　　　　　　　よこやま保育園

指導計画・連絡帳

執筆　　　　『月刊 保育とカリキュラム』2歳児研究グループ
チーフ　　　田中三千穂（奈良・ふたば保育園園長）

●月の計画　書き方のポイント
執筆　　　　清水益治（帝塚山大学教授）
　　　　　　寺見陽子（神戸松蔭女子学院大学大学院教授）

●連絡帳　書き方のポイント
執筆　　　　田中三千穂

●連絡帳　発育・発達メモ
執筆　　　　川原佐公（元・大阪府立大学教授）
　　　　　　寺見陽子
　　　　　　田中三千穂

おたより

文例・イラスト案　永井裕美（保育士・幼稚園教諭）

もっとサポート 計画・資料データ集

協力園　　　東京　　武蔵野東学園幼稚園
　　　　　　千葉　　柏井保育園
　　　　　　大阪　　寺池台保育園
　　　　　　　　　　たんぽぽ学園
　　　　　　奈良　　ふたば保育園

※本書掲載の一部は、『月刊 保育とカリキュラム』2013～2017年度の
　内容に加筆・修正を加え、再編集したものです。
※所属は、本書初版当時のものです。

STAFF

本文デザイン　　株式会社フレーズ（宮代佑子、武田紗和、岩瀬恭子）
本文DTP　　　　株式会社フレーズ（江部憲子、小松桂子）
製作物・イラスト　石川元子、菊地清美、白川美和、
　　　　　　　　鈴木えりん、中小路ムツヲ、なかのまいこ、
　　　　　　　　楢原美加子、福島幸、町田里美、
　　　　　　　　みやれいこ、Meriko、やまざきかおり
編集協力　　　　太田吉子
　　　　　　　　川城圭子
　　　　　　　　株式会社どりむ社
　　　　　　　　pocal（本城芳恵、和田啓子）
楽譜浄書　　　　株式会社クラフトーン
校正　　　　　　株式会社どりむ社
　　　　　　　　永井一嘉
企画・編集　　　安部鷹彦
　　　　　　　　山田聖子
CD-ROM制作　　NISSHA株式会社

年齢別クラス運営シリーズ
2歳児の保育

2018年　2月　初版発行
2024年12月　第9版発行

監修者　神長美津子
発行人　岡本 功
発行所　ひかりのくに株式会社
　〒543-0001　大阪市天王寺区上本町3-2-14
　TEL06-6768-1155　郵便振替00920-2-118855
　〒175-0082　東京都板橋区高島平6-1-1
　TEL03-3979-3112　郵便振替00150-0-30666
　ホームページアドレス　https://www.hikarinokuni.co.jp
印刷所　NISSHA株式会社

©2018　乱丁、落丁はお取り替えいたします。　　Printed in Japan
<JASRAC 出1715536-409>　　　ISBN978-4-564-61553-5
　　　　　　　　　　　　　　　　NDC376　232P　26×21cm